只死一次的人生

{ 一生不過 4000 週，與其倒數，不如行動
正向心理學教你如何立刻改變、不留遺憾 }

JODI WELLMAN

YOU ONLY

HOW TO MAKE IT TO THE END WITH NO REGRETS

DIE ONCE

喬迪・威爾曼 著　　蕭寶森 譯

謹將此書獻給死神，
以表示我對他的敬重，
他激勵我，讓我過著充滿活力的一生。
我看到你躲藏在那暗處，死神。
讓我們做個約定：我負責把握每一個白日，
夜晚，則由你上場！

目次

好評推薦　　7

前言　我想見你到快死了　　9

第一章　死前驗屍：你的人生　　25

第二章　你想讓自己置身何處？　　61

第三章　與死神約會：認識生命的終點　　81

第四章　致命的否認：避免存在危機　　105

第五章　當頭棒喝：與死神擦肩而過　　135

第六章　遺憾的好處　　155

第七章　習慣：削弱生命力的殺手　　175

第八章　增進生命的廣度：有趣＋玩樂＋生活的樂趣　　219

第九章　增進生命的深度：追尋活著的意義　　253

第十章　數字油畫：讓生活多采多姿的方法　　281

第十一章　現在該怎麼做　　309

謝辭　　333

參考資料　　337

好評推薦

這本書令人耳目一新。它教我們如何充分運用所剩無幾的時間，內容出奇有趣，而且一定會讓你有所收穫。

——亞當・格蘭特（Adam Grant）／紐約時報暢銷書排行榜冠軍《隱性潛能》（*Hidden Potential*）與《逆思維》（*Think Again*）作者及播客節目《ReThinking》主持人

作者提出了一個頗為深刻但我們往往試圖迴避的問題：你還剩下多少個星期可活？這本書會敲醒你，讓你不再自滿，轉而開始用有限的生命追求喜悅與意義。

——丹尼爾・品克（Daniel Pink）／紐約時報暢銷書《後悔的力量》（*The Power of Regret*）與《未來在等待的人才》（*A Whole New Mind*）作者

這本書是我們目前所需要的一記生命警鐘！它會讓你放聲大笑，但同時也會提供一些實用策略，讓你得以擁抱死亡，認真生活。

——勞麗・桑托斯（Laurie Santos）博士／播客節目《The Happiness Lab》主持人

聰明、有趣、大膽，且非常實用。本書有助我們無畏地面對必然到來的死亡，並讓每一天都充滿意義。

——瑪莎・貝克（Martha Beck）博士／紐約時報暢銷書《The Way of Integrity》作者

死亡是生活中再正常不過的一部分，但卻往往被視為禁忌。這是多麼奇怪的一件事。作者在書中試圖挑戰這個觀念，並幫助我們過上更美好、更快樂的生活。

——亞瑟・布魯克斯（Arthur C. Brooks）／紐約時報暢銷書冠軍《打造你要的人生》（*Build the Life You Want*）共同作者

如果你正在閱讀這段文字，那表示你還活著（至少現在如此），但你有多少生命力呢？對那些渴望全心全意投入生命的人而言，這是一本活潑有趣但非常深刻也極其實用的手冊。

——奧利佛·柏克曼（Oliver Burkeman）／紐約時報暢銷書《人生4千個禮拜》（Four Thousand Weeks）作者

以一種嶄新、富有創意且令人耳目一新的方式看待死亡以及生命的有限性……提供實在且接地氣的忠告，可以幫助我們對死亡和生命抱持著一種比較正向的態度。

——羅伊·鮑梅斯特（Roy F. Baumeister）／紐約時報暢銷書作者暨「國際正向心理學協會」會長

《只死一次的人生》邀請讀者踏上一場深刻的自我探索之旅，鼓勵我們重新評估生命中的優先順序，並充分利用時間。作者以既機智又風趣的手法說服我們接納死亡，並藉此激勵自己要過著更精彩豐富且更有意義的人生。

——奇普·康利（Chip Conley）／紐約時報暢銷書作者暨「現代長者學院」（Modern Elder Academy）共同創辦人兼執行長

還沒讀這本書之前不要死！這是教我們如何把握今天的一部傑作。

——史考特·巴瑞·考夫曼（Scott Barry Kaufman）／「人類潛能中心」（the Center for Human Potential）創辦人兼主任暨「心理學播客」主持人

前言

我想見你到快死了

嗨，我是喬迪。目前我還有1,821個星期一可活。等你看到這本書時，可能只剩下821……或82個了，誰知道呢？我可能已經掛了，也可能躺在一個甕裡，耐心地等著我老公想好要把我的骨灰撒在那裡。

不過，如果此刻我已經躺在一個甕裡（對我來說這真是一件很不幸的事），而你正在閱讀這本書（太棒了），這就意味著在死神敲我的門之前，我得以把這本書寫完，說明我這一生對死神的迷戀（請稍微忍耐一下，我發誓我很快就會說明箇中原因）以及我如何熱切地想要在那無可逃避的死亡陰影之下過著精彩豐富的一生。很高興你也加入了我的行列。

本書的目的是要指引那些有朝一日可能會死去（無論他們願不願意承認）的人。知道自己來對了地方，你是不是感到比較安心了呢？說得更確切一些，我猜你之所以會來到這裡，是因為你希望你的人生還有更多的可能性。或許你感覺你並沒有把握住自己的生命，一直將它視為理所當然……而且陷入了慣性的模式，儘管有了一些成就，但總覺得人生應該不僅止於此……

下面哪一種情況你聽起來很熟悉呢？

- ☠ 你有一個揮之不去的惱人念頭，總是覺得自己太放不開，一直在打安全牌，而且你相信你還可以從自己的人生當中獲取更多。
- ☠ 你希望自己更有行動力，但不知道要如何才能找到這種力量，因為一

直以來都沒人教過我們要怎麼做。
- ☠ 你感覺自己一直渾渾噩噩的過日子,並且因此感到人生乏味。
- ☠ 你一直努力在學習、成長並追求自我實現,但還想要更多更多。我可以理解你的感受!你覺得自己如果沒有持續成長,就會停滯不前甚至腐朽,對嗎?
- ☠ 你很好奇自己是否可以過著另外一種更好的人生,有點像是電影《雙面情人》(*Sliding Doors*)的葛妮絲‧派特洛(Gwyneth Paltrow)那樣。
- ☠ 夜闌人靜,獨自一人時,你心想:「難道我這一生就僅止於此?」我想告訴你的是:還有許多多的事物正等著你探索、發掘。
- ☠ 你不想在彌留之際心裡還想著:「如果當時我……就好了。」你已經準備要真正的活著,不希望此生再有任何遺憾。

我看到你在閱讀這一頁了。我懂你。現在我要為你開個歡迎派對。

我是何許人也?

你可能會很好奇:這個說她只剩下1,821個星期一可活而且喜歡「把握今天」的女人究竟是誰?

我是個企業主管,後來變聰明了,就成為一名高階主管教練,然後又變得真正聰明,現在是一位專門教人不要再浪費人生的講師和教練。

接下來,我會就我的背景再做一些詳細的說明(好讓你們知道可以信任我,跟著我規劃你往後精彩而豐富的人生),但我保證之後就會回到正題,討論你的人生。

- 我曾經擔任企業集團領導人長達二十五年的時間，因此我知道全心投入一份很有意義、令人渾身是勁的工作，但也因此整個人都被搾乾、變成一具了無生趣的空殼子何種滋味。幸好我後來不僅脫離了永無休止的競爭，還過得很好。
- 我是一位經過認證的專業教練，也是一名有執照的共創式生活教練（Certified Professional Co-active Coach）。這意味著我有成千上萬個小時針對個人和團體的教練經驗，因此擁有極其豐富的資歷。過去這些年來，我一直在訓練公司機構的高層主管，帶領執行長私董會（CEO peer advisory baord，這很像是放牧一群貓一樣，幸好我喜歡貓）並輔導像你我一樣的普通人，教大家如何做好工作，並且把日子過得更好。
- 我是賓州大學（University of Pennsylvania）應用正向心理學碩士，目前也在賓大的碩士課程擔任助教。這表示我曾和全球頂尖的研究人員一起研究有關快樂的議題，以及「有哪些因素使生命變得有價值」（稍後我會說明什麼是「正向心理學」）。我曾寫過一篇101頁的論文，探討本書的主題，也就是：如何運用死亡來激勵我們活出生命的廣度與深度（附有324篇參考文獻）。科學不會欺騙我們：死亡確實能夠讓我們重新開始生活。
- 我創辦了一家名為「4,000個星期一」（Four Thousand Mondays）的公司。它的使命是：讓我們在死前清醒過來，過著自己想要的生活。我的興趣是為那些不想活得像行屍走肉，並且想要找到生命目標的人演講、舉辦工作坊並制定訓練計畫。

好的，關於我的經歷，說得已經夠多了。接下來要談談我的使命了。我已經下定決心要幫助大家在有生之年充分利用剩餘的時間，不要將生命視為理所當然，不要感覺自己在浪費時間、沒有活出精彩豐富的人生。我希望當

最後一刻到來時，我們都能擁有讓自己引以為豪而且無悔無憾的一生。

接下來，我要先介紹一下我那位已經往生的母親。

快速瀏覽我個人的背景

一般來說，喪父或喪母是一件很不幸的事，但當我的母親在58歲那一年帶著許多遺憾撒手塵寰時，我的感覺卻是憐憫與恐懼。

當我親愛的母親死去時，她的夢想也結束了。我在清理她的公寓時，發現一個又一個卷宗、抽屜和櫃子，裡面裝滿了各種手稿、草圖、名片和物件，上面記錄著她要開業的夢想，只不過她從來沒有足夠的自信付諸行動。她的家就像一個包包，裡面裝著各種被她擱置的夢想。看著這些沒有實現的願望，我除了因為失去母親（她給了我生命，也留下一隻名叫泰迪的橘色虎斑貓）而哀慟之外，也很怕自己死時會像她一樣，留下許多未沒有實現的夢想。

因為母親，我才得以清醒，開始正視自己的生命，避免可能留下的遺憾。因為她，我才決心要幫助你們，讓大家不致帶著遺憾告別人世，並因而招致別人的憐憫。

母親死後，我為了在人生中不留遺憾，便全力在企業界拚搏，追求自己的成就。我以為可以靠著努力，一步步升遷、加薪，在這場生命的遊戲中獲勝，但我逐漸發現：要藉由獲得老闆的肯定來定義自己的成功，下場可能是：我們不但不能因為升職與加薪而過著成功、美好、奢華的人生，反而會開始執著於自己所能控制的一些小事，同時還得應付隨著功成名就而來的壓力。為了控制體重，我規定自己要吃少一點。這一招起初還挺管用，但後來

不再有效,我開始暴飲暴食。

如今我才明白,當初之所以會這樣,是為了要麻痺自己,藉以逃避生命中那些令人痛苦的部分,包括我對自己的工作有愈來愈強烈的不屑感。當時,我相信那份工作就是我存在的意義,唯有把它做好,我的人生才能稱得上成功。我一方面感覺自己無法擺脫這份工作,另一方面又不想像我的母親那樣,在死時充滿悔恨,於是就做出了一些不是很有建設性或正向的事。有將近十年的時間,我一直讓自己處於挨餓的狀態,好讓自己不去想那些令人煩心的事情。

你可能沒有什麼上癮的症狀(希望你沒有),但我猜你應該多少能夠體會我當時那種無聲的絕望。直到我釋放出心中那股一直被我壓抑的熱情,決心用死亡來激發人們的生命動力,我才修正了自己的生命航向。當我開始修習應用正向心理學課程,並允許自己研究這個獨特的主題後,我便開始真正活出自己想要的生命。

在研究正向心理學之初,我便開始數算自己還剩下多少個星期一可活。在算出自己浪費了多少時間、還有多少時間可以過著有意義的生活時,我就像被人打了一巴掌一般,瞬間清醒過來。從此,我不再浪費自己的生命。我有了目標,也有了生活的重心與熱情。

死亡給了我生命動力,但這股動力並非出自恐懼。當我知道自己很快就會死去時,我便萌生了一股強烈的慾望,想要充分利用這一生,讓自己在生命的盡頭不留一絲遺憾(如果我活得像一般人那麼久,沒被大貨車撞死,我應該還有1,821個星期五的夜晚可活,那麼我該如何充分利用這些夜晚,才不致在星期六的早晨宿醉得一塌糊塗呢?)我希望「過著無憾的一生」也能成為激發你的一股動力。

我希望大家能看清這個荒謬的事實:每一個人遲早都會死,但卻往往避而不談。我希望能激勵你們,在自己的生命中做出一些小小的改變(哪怕只有一個也好),以免徒留遺憾,因為唯有如此,才算是善用你那寶貴的

生命。我的目標不僅是要讓你們睜開眼睛，看清自己究竟想要什麼，也要讓你確切地明白該如何活在當下。請容我引用那部經典的影集《辣妹過招》（*Mean Girls*）裡的台詞：「來吧，魯蛇！」（Get in, loser）[*]讓我們把握每一個星期一。

一枚奇特的銅板

我會把一枚已經褪色的銅板放在身邊，目的純粹是提醒自己不久就會死去。每次我在書桌左上角的抽屜、我皮包裡放口紅的那個小口袋，或前門放鑰匙的桌子上看到那枚銅板時，也會說著同樣的話。我會摸著那枚銅板，鄭重地對自己輕聲說道：「我不久就會死去。」這聽起來有點戲劇化，而且那枚銅板上除了 memento mori 這幾個拉丁字之外，還鑲刻著一個看起來不太吉利的骷髏圖像。memento mori 的意思就是：「記住你一定會死。」這幾個字給了我極大的動力，讓我從此一腳跨入了「活著」的世界。當我想到自己會死，就會重新調整生活。這件事（用一枚銅板來提醒自己）聽起來很簡單，卻讓我有了生活的動力，幫助我優先處理那些重要的事情。在本書中我們也將給你這樣的動力。

因此，無論你現在是處於生氣勃勃，還是行屍走肉的狀態，無論你是否只是慣性地、無意識地活著，無論你多麼怯於碰觸生死的議題，我想告訴

---

[*] 譯註：這裡的 loser 並沒有輕蔑的意味，而是好友之間的調笑之語。

你：我也是過來人，但在我克服了恐懼、淡漠和揮霍時光的習慣之後，我終於找到了真正的生命，而我所做的只不過是換一個視角來看待自己的死亡罷了。

這是你我之間共同的連結，因為我們都是世間的過客，是有限的存在，終有一天會消亡。說得難聽一些，我們最終都會成為一具具屍首，而且很快就會被人遺忘。

既然我們都是一夥的，何妨讓我們踩著輕快的步伐，沿著人行道走到那家冰淇淋店，和死神一起邊吃著冰淇淋，邊聊聊死亡？不過，在開始吃第二球冰淇淋之前，我想說明幾件事，以免你受到太大的驚嚇：請你放心，我身為死神的啦啦隊員，目的並不是要把大家搞得很沉重悲傷，而是要幫助大家過著生氣蓬勃的人生。

你：好是好，但可不可以不要請死神來和我們一起吃冰淇淋呢？
我：好問題，但答案是「不行！」

為什麼需要請死神和我們一起吃冰淇淋

我們都想要認真地活著，不是嗎？我們的咖啡杯上寫著「把握光陰」這幾個字。聽到「你只能活一次」這樣的話語時，我們會忙不迭地點頭，表示贊同，也都迫切地想要像《獅子王》裡的那首歌曲《HAKUNA MATATA》所唱的那般過著「放下一切，無憂無慮」的生活。是的，我們都希望能夠充分利用自己的寶貴時光！

然而，我們往往把自己的生命視為理所當然，總以為自己還有很多時間可以做想要做的事，於是遲遲沒有採取行動，想等到「以後」再做。然後，為了應付眼前種種不得不做的事務，我們便進入了「自動導航」的模式，行禮如儀、虛應故事地過著日子，然後才猛然發現一個月的時間就這樣不知不

覺過去了。在這種情況下，我們經常會感覺錯過自己的生命。

那麼，怎麼做才能實現自己的心願，在死前真正活一次呢？

答案是：和死神做朋友。這話聽起來很矛盾，但與死神為友能夠讓我們清醒過來，過著更朝氣蓬勃的生活。根據我的經驗，當我們意識到自己或許很快（希望不是立刻）就會死去時，往往就不會再渾渾噩噩地過日子。

大多數人在想到死亡時可能會感到焦慮，但思考死亡終究是一件很勵志的事，能讓我們認真地對待自己的生命，明白哪些事情才是最重要的，尋求生命的意義，並且有意識地採取應有的行動。唯有如此，我們才能夠在臨終時擁有許多精彩的回憶，對自己的一生感到滿意，而非悔不當初，悲歎不已。

我知道你可能會想：有關死亡的議題聽起來令人毛骨悚然，但請不要害怕，我們不會在停屍間裡流連。不，我們會巧妙地運用和死神的關係，以正向心理學的原理和精神（我對這個主題略知一二）來幫助我們剪裁人生，過著有意義的生活。

> ### 等等,什麼是「正向心理學」呀?
>
> 正向心理學是一門研究哪些事物讓生命具有價值,以及我們該做些什麼才不會浪費生命的學問。一九九九年時,擔任美國心理學會(American Psychological Association)會長、號稱「正向心理學之父」的馬丁・塞利格曼(Martin Seligman)博士發表了一篇宣言,呼籲心理師「讓心理學遠離黑暗,迎向陽光」。他提出了一個問題:「我們為什麼不將重點放在**心理健康**而非**心理疾病**之上呢?」從此,正向心理學便將研究的重點放在人類的潛能與福祉之上。
>
> 塞利格曼在賓州大學創辦了應用正向心理學的碩士課程。二〇一九年,我開始修習該課程之後,他便成了我的老師,讓我見識到何謂存在主義的正向心理學。這是一門研究生與死如何緊密相連,以及我們如何能活得更好的學問。它改變了我的生命。我希望它也能改變你的生命。在本書中,我們所探討的一切都是以正向心理學為本。

人人都想過更有朝氣的生活

這些年來,我在治療客戶時,發現了一些共通的模式。大家都想活得更精彩,但卻面臨了種種困境。有些人不想踏出自己的舒適圈,因為比起直視死亡並採取行動,把頭埋在沙子裡要更容易一些(稍後我們會再度談到這一點)。有些人分不清「過著忙碌的生活」和「過著有意義的生活」有何不同(稍後我們也會講到這個),於是便一味地瞎忙。有些人雖然覺得日子過得很無聊,卻不知道該如何使自己的生活更有興味(你猜對了,稍後我們也會談到這個)。有些人則有著我先前在這篇序言中提到的一些狀況。

你可能也像這些人一樣,對自己和人生有著更高的期待,卻擔心自己可能無法充分發揮自己的潛能,害怕自己會帶著許多悔恨死去,無法實現心中的願景。你不願虛擲光陰、浪費生命,卻不知道該怎麼做。

別擔心,我之所以會撰寫這本書,就是為了引導你朝著這個目標前進。

我們的探險計畫

我們即將展開一場探險,因此需要一張地圖!

你:我需要打包什麼呢?要帶我的吹風機嗎?

我:你只需要帶著開闊的心胸和一本筆記本就可以了。我強烈建議你不妨帶著最喜歡的飲料,以便在路上啜飲(無論是特大杯的香草拿鐵、咖啡因減半的抹茶拿鐵奶昔,或一整杯的柯夢波丹雞尾酒都可以,但冷壓果汁我可不愛)。

地圖如下:

- ☠ 一開始會先做「死前驗屍」(pre-mortem):看看你目前的生活過得如何,以及你希望以後過著什麼樣的生活。我們會判斷你在哪些地方卡住了,並且讓你做好必要的準備,讓自己變得更有生命力。
- ☠ 接著,我們會掘開傳說中的死亡之墓:讓你了解「記住你一定會死」這句話可能對你的生命產生怎樣的影響、為什麼我們通常會避免談論死亡,以及可以從那些直視死亡的人身上學到什麼。此外,也會找出扼殺你生命的習慣,以及之後可能會讓你感到遺憾的事,藉以幫助你思考要如何過下半輩子。
- ☠ 然後,我們就會開始談論如何生活:

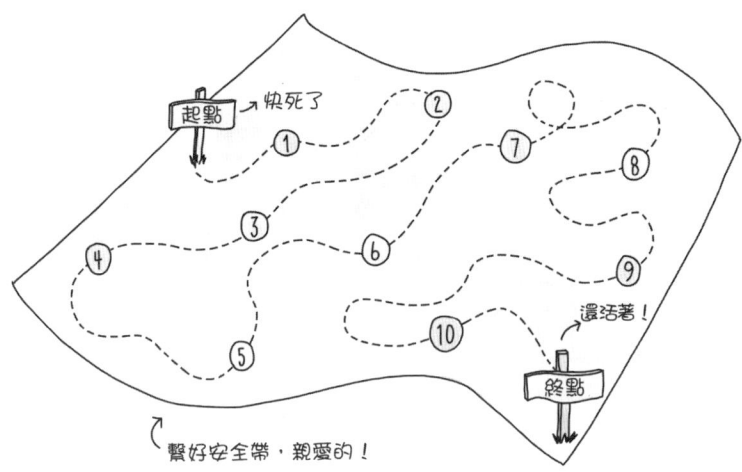

- 我們將討論要如何讓你的生命更加豐富多元，充滿各式各樣好玩、有趣的體驗，藉以拓寬生命廣度，以免到了臨終時才怨嘆自己沒有機會再坐一次雲霄飛車、沒去拜訪你在米蘇拉（Missoula）的死黨、沒有每天提早20分鐘下班（這樣你每個月就會多出將近7小時的時間）從事一些休閒活動，或不曾擁有足夠的生命力。我們將讓你變得朝氣蓬勃，並且讓生命變得更加寬廣。
- 美好的一生不可能只有歡笑和嬉戲，因此除了拓寬生命廣度之外，也會設法提升它的深度。我們將會探討生命的意義，讓你思考自己的目標、該如何規劃以便過著健全和諧的人生、如何讓你的生命變得有意義並且充滿你所喜愛的事物。我們將深入探討人與人之間的連結、付出、靈性、敬畏、反思、挑戰等各項主題。當你意識到生命何其寶貴而短暫時，你的內心深處將會湧出感恩之情。
- 最後，我們將逐一列舉你可以採取哪些行動來點燃生命的火焰，同時有效回顧檢視。我不知道你們是不是跟我一樣，不過我超討厭那種心裡充滿夢想、點子和靈感，卻不確定該如何付諸行動的感覺。那就像

是參加了一次精彩的腦力激盪會議,但之後卻不知道下一步該怎麼做,並懷疑那些精彩的點子是否會跟著自己一起進棺材。因此,我不會讓你們在讀完這本書後,雖然得到了一些答案、有了一些夢想,卻不知何去何從!我們會幫助你擬定明確具體的步驟,讓你能夠在死神上門之前過著兼具廣度和深度的精彩人生。

◉ 閱讀本書的路上你要注意觀看沿途那些小小的專欄,例如下面這些導航標示:

教練的話(coaching chestnuts):這是身為教練的我對你們所做的建言。

正向心理學小語(positive psychology interlude):這是出自正向心理學(快樂的科學)的一些明智而有趣的短語。

在我們繼續之前,簡短且重要的免責聲明

儘管我認為討論有關死亡的議題並沒有什麼,但當我們談到死亡時,你的心裡可能會湧現各種情緒,尤其是在你最近才剛失去某位親人或愛人的情況下。因此,在閱讀這本書時,你可能會產生害怕、悲傷、焦慮等感受。且讓我們覺察並且珍惜這些感受,並且善用它們來為自己創造更充實的人生。這些不舒服的情緒可能會讓你產生一股動力,想要在你的人生中做出一些改變,例如:重新聯絡那些已經漸行漸遠的朋友、好好照顧自己的身體、完成你的夢想清單上所列的事項、帶領社區民眾大掃除,或多吃一些豆類食物(如果你看過那些關於世界上幾個以長壽知名的地區,例如「藍區」〔blue zones〕的報導,就會發現那些長壽之人的共通之處就是吃很多豆類)

等等。要面對自己即將死亡的事實並不容易，但如果不面對，那就像是把自己活生生地埋葬了一般。

在開始探險之前，你或許應該簽署的契約

（為了不讓在座的律師們生氣，我應該換一種表達方式。這裡所謂的「契約」，指的是：為了創造充實的生命，我們以打勾勾的方式訂立的一種不具法律效力、卻有道德強制力的協議）請跟著我唸：

- **我會努力（不是有點，而是非常）。** 你的生命會出現多麼驚人的改變，完全取決於你所付出的努力。如果你願意做書中的練習時，就表示你是願意付出一些努力。你可能會選擇那些你喜歡的練習來做，而忽略你不想做的。這樣做當然沒有什麼不可以，畢竟你已經是個大人了，可以自己作主。但我希望你都能試試看。你不想做的那些練習或許正是你需要做的。你願意為自己的生命而努力嗎？
- **我願意忍耐那些不舒服的感受。** 當你回顧自己的生命（遑論是你的死亡）時，可能會產生一些很有意義的想法和情緒。你要對它們保持好奇心，不要因為感覺不舒服而停止向前。唯有越過恐懼的藩籬，你才能得到想要的東西。你願不願意嘗試一下，看看會有什麼結果？願不願意試著忍耐那些不舒服的感受？
- **我願意克服生活中的種種阻礙。** 當你處於忙碌的狀態時，可能會告訴自己：「天哪！我連晚餐都搞不定，哪有時間讀書？」不要急，你可以依照自己的步調慢慢來。你是否願意在閱讀這本書的過程中疼惜自己、善待自己呢？
- **冒一些風險發掘你的熱情之所在。** 沒有人只是躺在沙發上就能發掘自己的熱情與興趣。你得走出去實際嘗試一下、吃點苦頭，才知道自己

真正喜歡什麼。你必須願意參與自己的生命。我之所以用「參與自己的生命」這樣的字眼，是因為你得親自下場，而非在場外觀望，期待能發現自己真正熱愛的事物，期待可以奇蹟般地多出一些時間做自己一直想做的事。你願不願意克服心中的恐懼，去追求自己所熱愛的事物？

☻ **以平常心對待別人的意見**。當一個人開始努力變好時，身邊的人可能會覺得不太自在。這是因為他的改變會影響到所有相關的人。如果你重拾吹奏長笛的嗜好、去戶外健行並修習線上課程，減少看電視的時間、做菜時也不再用那麼多的鹹肉油脂，但你原本以為會支持你的人卻不贊同你的做法，你也無須訝異。你所要做的就是專心提升自己的生命體驗。如果你聽到朋友、姊妹、繼父或老闆潑你冷水，讓你很不開心，那就盡可能關起耳朵，繼續做你該做的事。你是否願意對他人意見持保留的態度呢？

☻ **不自我批判**。當你意識到自己或許一直沒有好好把握生命時，不免感到難受與失望。但請不要批判自己。你已經開始閱讀這本書了。這就表示你已經有了進步。

☻ **允許自己做夢**。你要允許自己想像未來的事業、生活方式、計畫、嗜好以及想過的生活。如果你任由腦海裡的聲音告訴你：「那並不實際。」或「我沒那麼多錢。」還是「他們會認為這樣做很不智。」那就等於是在你還沒把氣球吹起來之前，它就洩氣了。請給自己一個機會想像一些很酷的事物。你不需要付諸實行每個點子，但可以允許自己有遠大的夢想。

☻ **我會在這個過程中找到樂趣**。這些樂趣在於你願意嘲笑自己，嘲笑生命的荒謬。成長的過程並不總是一帆風順，因此如果我們不能拿它來開開玩笑，那我們很快就會放棄。

現在，你要明白表示你願意遵守前述七點。請你在下面簽名。如果你願意的話，可以用你的鮮血簽署：

———————————— 　　　　　　　*Jodi Wellman*
　　你的簽名　　　　　　　　　　　　　　　我的簽名

這真是太令人興奮了！我們要讓你把心思放在自己的夢想和希望之上，關注它們、灌溉它們，並讓它們成真。透過本書，我們將幫助你在注定會死的情況下過著朝氣蓬勃的生活。

希望我們能夠開心的死去，尤其是在只能死一次的情況下。希望我們能過著無憾的一生，就像我那枚銅板一樣：陳舊磨損、歷盡風霜，但很有價值，而且物盡其用。

生命短暫。讓我們在死囚牢房裡辦一場派對！你有沒有多點一些奶油焦糖、彩色巧克力米，並且多要一顆櫻桃呢？因為我們要來一份豪華聖代！

第一章

死前驗屍：你的人生

親愛的未亡人，我們今天聚在這裡是為了要解剖你目前的生活，以便讓你能充分利用人世剩餘的時間。這將會是你這輩子最有趣的一個驗屍經驗。

你：（看起來惶恐不安，但這也難怪）你可以再說明一下什麼是「死前驗屍」嗎？結束之後，我身上會不會有福馬林的氣味？

我：你真是太可愛了。

在這一章中，我們將會讓你深刻而認真地審視自己的生命，看看你的生命有哪些部分是朝氣蓬勃，又有哪些部分是麻木不仁（也就是徹底處於「活死人」的狀態）。此外，我們將會讓你明白，有哪些事物會讓你充滿能量、哪些事物正在消耗能量，而生命又有哪些部分可能已經開始腐爛了。

美國著名的作家和詩人馬雅・安傑洛（Maya Angelou）（願她安息）曾說：「盡你所能去做，直到你懂得更多。當你懂得更多時，就要做得更好。」這次死前驗屍的重點就是：我們要讓你更了解自己，以便能做個更好的自己。

如果我們面對面在一起，這一章就會像是在我們的「教練與學員」關係中的第一個階段：「探索與發現」，其目的是讓我對你有全盤的了解。因此，現在，就讓我們假裝自己正一起坐在兩張非常舒服的椅子上，手裡拿著一杯「含羞草」雞尾酒，試著了解你的生活：你目前的生活是什麼樣子、如果可以過著自己期望的生活，那會是怎樣的一種生活？請記住，你可以過那種生活的時間已經不多了。

　　等等，你說什麼？時間不多了？（這時，我們又叫了一杯「含羞草」雞尾酒）。

　　現在你應該已經知道這本書「有點病態」，但可能不知道它哪裡病態以及病態的程度。請放心，它絕對不會過分病態。現在我們要做的是讓你正視自己的死亡，以便能活出想要的人生：一種朝氣蓬勃、電力滿滿、有目標、有靈感的精彩人生。

　　你是否將目前的生活視為理所當然，並且感覺只是在走個過場，而且日子過得空洞、單薄且乏味？那麼，請趕緊收拾行李，我們就要朝向另外一種形態的人生出發了。

　　雖然我在這一章中會問你許許多多的問題，以便更了解你想要過的生活，但我知道你們這些行動派一定會迫不及待地想要改變現狀。不過，請有點耐性並且對自己仁慈一些，不要急急忙忙就辭掉工作，搬到峇里島去，徹頭徹尾地改變自己的人生。希望你能思考自己如何才能過著充滿活力的人生，但不要立即採取行動，而是讓播撒意念的種子，讓它在你的心裡生根，一起澆灌它，給它足夠的日照，並且輕聲細語地對它說些好話，讓它逐漸長大。

　　在這趟探險中，我將亦步亦趨，與你們同行，因為這一場探險的目的就是要讓你發現自己，而我們都明白：唯有在歷經一番探險之後，才能發現巨大的藏寶箱。

所以,你感受到那種微微透不過氣來的感覺了嗎?那是我為了歡迎你而給的溫暖擁抱呢!(但如果你感覺胸口很緊,喘不過氣,就要打119,因為那可不是我在擁抱你,而是你的心臟病發作。請不要在讀完第一章之前就先死掉,這樣就太可惜了,況且你買的書也無法退錢。)

要認真過活,第一步就是在死前檢視你的生活中有哪些地方需要修正。我猜想在你們的願望清單中一定有一項是「死而無憾」,對吧?果真如此,那你們就來對了地方。我要為你喝采,因為你一定有興趣充分利用你剩餘的生命。

你:「認真生活」是什麼意思?

我:正等著你提問呢!

認真生活 VS. 活得了無生氣

「認真生活」看起來像是……	「活得了無生氣」看起來像是……
追求驚人的活力:過著足以讓我們自豪,且在臨終時絲毫不會後悔的生活。在各方面(無論工作、友誼、婚姻、夥伴關係、居住地或髮型)都有勇氣重新開始,即便要踏出舒適圈也在所不惜。	活在其實並不怎麼舒適的舒適圈中:做著勉強忍受的工作,惋惜自己沒有用掉休假,打算重新開始編織、每天做十下伏地挺身或真正學會講法語,但一天天過去,卻始終沒有採取實際行動。
追求成就:例如公開宣稱你要爭取升職、參加國際演講會(Toastmasters)、參加賽跑、從事任何一種冒險活動、做重要的事情時全力以赴。	只求不輸:抱著只求不要出錯的心態,心想:「我最好不要冒險。反正湯姆的機會比我大。」
不到最後關頭,絕不放棄:全力以赴,拼到最後。無論玩遊戲、拚業績、開獨奏會、做作業、愛情與婚姻或生命都是如此。	事情不順利的時候就放棄:一遇到困難、阻礙,或者因為擔心自己看起來像個笨蛋就早早放棄。
以健康的態度面對失敗:知道如何讓自己振作起來、重新出發並且從失敗中學習。	認為失敗就表示自己很糟糕、很可恥:這會讓我們一直限縮自己,無法發揮潛能。

「認真生活」看起來像是……	「活得了無生氣」看起來像是……
過著多采多姿的生活，讓自己的生命增添趣味，願意偶爾做點改變（例如試著吃墨魚麵）。	遵守常規、固守習慣：這會讓我們的每一天都過得千篇一律，大同小異。
願意嘗試新事物：例如臨時應邀參加公園裡的音樂會、在Etsy平台上販賣自己的作品、參加朋友在偏遠的地方（如土克斯或開科斯群島）所舉辦的婚禮，以及所有不見得很容易但卻會使你充滿活力的事物。	總是說不：躺在沙發上想著「萬一……會怎樣」，讓自己日後充滿悔恨。
重新安排事物的優先順序：把時間、精神和注意力放在生命中真正重要的事物上。	沒有目的：隨波逐流、沒有積極作為。我的許多顧客都悔恨自己無所作為，例如在事業上非常被動，以致他們最後會納悶：「我怎麼會變成現在這個樣子，經過這麼多年後還在替湯姆工作？」我們很容易在應該開啟生命的開關時處於沉睡的狀態。
心態積極而正面：努力讓自己過得好，活出有價值的生命，知道有能力追求可以讓自己發光發熱的人生。	心態消極而負面：得過且過、勉強接受自己不喜歡的事物，甚至感覺自己像是一個無助的受害者，注定一輩子無法掙脫生命的困境

在看了前述這個表格之後，你比較想要「認真生活」，還是「活得了無生氣」呢？或許你是右邊那一欄所描述的某個樣子，但這無妨，你不是唯一的一個。要過著充滿活力的生命，第一步就是要準確地觀察並記錄你有哪些方面正在「認真生活」，又有哪些方面是「活得了無生氣」。

我發現我們很容易讓自己陷入「活得了無生氣」（就像上表右邊那一整欄那所描述的樣子）的狀態。我們很希望自己能過著充實而豐富的生活，卻往往因為若干因素而無法做到，例如太過忙碌、要寫報告、車子需要維修等等。另外，我們也會感到疲累：每天早晨三點半，就會被小孩吵醒，因此到了星期五晚上，我們只想待在家裡（最好能躺下來，手裡拿個遙控器）。此外，我們或許不想千篇一律的生活節奏，那樣的生活雖然狹隘，卻是可預期且感到安心。在這樣的情況下，有多少人能認真地照顧自己的身體、維繫自己的人際關係，並追求自己的目標、嗜好與生活樂趣呢？有多少人不滿意自

己的生活？又有多少人過著並不適合自己的生活？我們總是把生命視為理所當然。

若問「有多少人沒有認真的生活？」我的答案是：所有人。我們之所以如此，是因為大家都這樣。當然，有些人的情況比較嚴重，但在這裡我們並不想批評任何人，我也不在乎你是不是最嚴重的一個。我只想讓你知道眼前還有希望。我們有能力讓自己不再揮霍光陰，讓自己的生命充滿活力。

所以，現在你要回答的問題是：「你的生活過得如何？」

你的生命之梯

讓我們很快診斷一下你目前的生命狀態。下面這座可愛的小梯子[1]讓你可以評估自己所處的狀態。

梯子最上面一級代表的可能是你擁有的最佳生命狀態。梯子最下面一級代表的可能是你所處的最糟生命狀態。

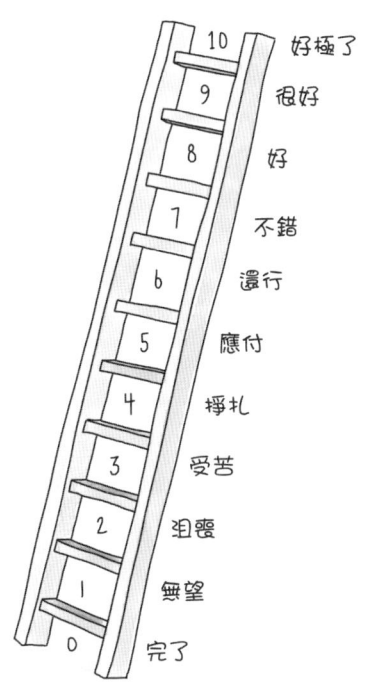

1. 此時此刻，你站在梯子的哪一級？
2. 你認為五年後你會站在哪一級？

你的情況可能屬於下面三種之一：

☺ 如果你目前的分數很低（4以下），未來五年的展望也不樂觀（4以下），屬於「活得很辛苦」的範疇，你的身心健康很可能會出現問題。生活辛苦的人比較有可能會出現身體疼痛、壓

力、悲傷、憂慮和憤怒等現象。如果你屬於這個範疇，我很高興你來到這裡。你將學到如何照顧自己的身心健康。

☠ 如果你覺得目前的生活情況以及對未來的展望都不怎麼樣（介於5和6之間），屬於「活得有點辛苦」的範疇，同時你的身心狀況也不是太好，或者時好時壞。比起梯子上一級那些「過得很好」的人，更容易有金錢上的壓力與煩惱，請病假的次數也會比他們多一倍以上。此外，根據研究，[2]你比較不可能吃健康的食物，抽煙的可能性也更高。

☠ 如果你滿意現在的生活（7以上），**也滿意未來五年的展望（8以上）**，屬於「活得很好」的範疇。太棒了！你的身心都很健康，而且不斷在進步中。這類人往往更加快樂，活得更有興味，更能享受生活，也更受人敬重。有趣的是，這類人往往也很努力，會一直想要提升自己的生活滿意度，並追求更高程度的自我實現。他們雖然已經到了梯子的頂端，也不會停下來，翹起二郎腿，抽煙休息。我有許多客戶即使已經到了七級以上，還是很想更上一層樓，看看梯子最高級的生活是什麼樣子。幸好，這座梯子的級數不受限制，因此你不需要在第十級止步。

根據二〇二三年的「世界幸福報告」（World Happiness Report），[3]美國人的平均生活滿意度是6.89，而全球人口的平均生活滿意度則是5.54。換句話說，有44％的美國人活得很辛苦或有點辛苦（6以下），而56％的人則活得很好（7以上）。

我們都很想進入那個「活得很好」的世界，不是嗎？無論此時此刻你處於何種狀態，根據正向心理學的研究，我們都想要沿著那座梯子往上爬，哪怕一次只上升八分之一級也好。現在，就讓我們暫停一下，花點時間看看以下這則很值得一讀的「正向心理學小語」。

**正向心理學小語：快樂不是天生的，需要努力。**我們可以提升自己對生活的滿意度，而且這樣的能力比我們所想像的更強。我們可以主動出擊，也有能力這麼做。

研究人員[4]已經證實：可以透過刻意的努力讓自己變得更加快樂。許多人都以為快樂是遺傳的，認為父母親的個性會決定這一生過得快樂或憂傷。沒錯，DNA確實會影響我們的快樂體質。如果我們有一個快樂的母親或一個陰沉的父親，他們的基因確實會影響我們，但這是可以改變的。

我們是否快樂，也會受到生活環境（例如是否罹患某種殘疾或生於某個社經階層）的影響，但程度沒有我們所想像的那麼嚴重。

所以，我們不能為自己找藉口，把自己的不幸歸咎於遺傳或外在環境。事實上，如果我們能刻意採取一些行動，以增進自己的快樂與幸福，就能大幅提升生活滿意度。分析人們快樂因素的圖表有時被稱為「快樂派」（happiness pie）。在這個派中，究竟「遺傳」、「環境」和「刻意的努力」這幾個因素所占的比重各有多少？這是學界目前熱烈討論的議題，但一般認為，「刻意的努力」這項因素占了40%。也就是說，如果你能刻意努力讓自己變得快樂，就有可能會真的變成一個快樂的人。當然，正如同我們需要長期練習瑜伽才會變成一個比較高明的瑜伽士一般（你不可能不花一段時間練習，就突然會烏鴉式），你如果不設法讓自己快樂，也不可能哪天一覺醒來就變成一個快樂的人。

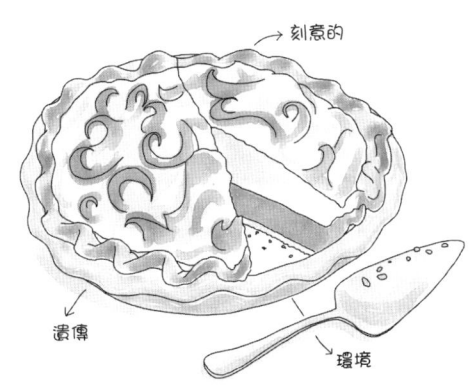

> 所以,要如何讓自己變得快樂呢?你是否已經開始刻意參與一些能夠讓你快樂的活動?快樂有很大一部分操之於自己手中。所幸,要讓自己快樂,並沒有那麼困難,只要我們:(a)明白能掌控自己的生活(b)能夠克服自己的惰性和恐懼。

我的親身體驗

我是在歷經一番慘痛的經驗後才領悟「快樂與否取決於自己」這個道理。

二○一一年時,我很不滿意自己的工作,覺得自己只是不斷用訂書機把一些無關緊要的文件釘起來,可說乏味至極。我很清楚地記得,當訂書針用完,我小心翼翼地把一排訂書針(共兩百根)裝進訂書機裡時,曾在心中鄭重許願:「希望這些訂書針用完時,我已經離開這裡了。」想到我的忍耐有了一個明確的期限,我對未來滿懷樂觀,心情變得很好,臉上不禁露出微笑。如今想來,這種做法實在有些荒謬:當我們害怕改變時,往往會執著於一些小事,不是嗎?

大約一年後,我升職了,但並未因此而變得快樂。我感覺自己所做的工作只是繼續用訂書機把一些沒有意義的文件釘在一起罷了。後來,訂書針又用完了。我感覺自己好像被人踢了一腳,只不過踢我的人是我自己。我輕聲地對著我的文件櫃說:「希望下次訂書針用完時,我已經不在這裡了。」多麼熟悉的一句話!一切彷彿又回到了原點。

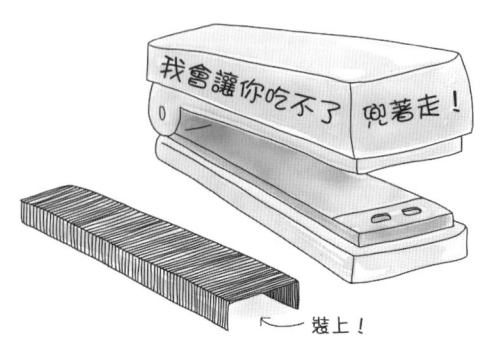

其後，我還是沒有採取任何行動。正如人們所說，一個沒有計畫的夢想就像一個人喝多了酒之後所許的願。

我之所以要提到這件事，不是為了勉勵你們在工作不順利時還是要「堅持下去」，而是要表達我後悔的心情（在第六章中我們還會討論「後悔」這件事）。當時，我很希望自己能夠擁有更美好的事業，卻因為太過忙碌、害怕，而沒有採取行動改變現狀。

後來那三年，每當我把兩百根訂書針裝進我的訂書機裡時，心情就一次比一次糟。我相信自己可以過得更好，卻不知道該怎麼做。

二〇一四年時，我終於鼓起勇氣將未來掌握在自己手中。我開始按部就班地做出各種努力：我請了一個職涯教練幫助我擬定策略，又報名了為期一年的教練認證課程，接著又鼓起勇氣開始創業。我知道，如果我想要重獲生命力，就必須轉換跑道。

這件事讓我學到了一個教訓：要想達成目標，光有意圖和期望是不夠的。為了避免重蹈覆轍，我一直把那支訂書機放在身邊（我離職時把它帶走了，現在它正躺在我的辦公桌右上角的一個抽屜裡），藉以提醒自己必須採取行動，不要將就妥協。我不斷提醒自己：如果要活出自己想要的人生，就必須採取行動，不能光是等待機會從天而降，或等別人來拯救你，幫助你脫離泥淖。

你是否曾經對自己的工作感到不滿呢？算了，你不必回答，我已經知道答案了。根據統計，[5]這世界上，對自己的工作感到滿意的人不到三分之一。有一半的人對自己的工作不感興趣，只是在混日子。有大約17%的人甚至很討厭自己的工作（就是在職場評價平台上炎上自己的公司，並且在凌晨四點偷戳老闆車胎的那些人）。我之所以告訴你們有關訂書機的故事，除了讓你們明白我能理解你們的感受之外，也希望能給你們一些希望。要活出自己想要的人生，就要掙脫既有的成就、恐懼或不確定性所加諸在你身上的束縛。當我們感覺自己過得了無生氣時，不能一味地將就、忍耐，等待別人

來拯救我們。我想，如果我能夠打造出一番新的事業，你們一定也可以。我們可以刻意採取行動來讓自己變得更快樂。無論還剩下多少時間，只要還活著，就有能力大幅改善現狀

說到這裡，該是把你的計算機拿出來的時候了！

數算你的生命

你知道自己還剩下幾個星期一可活嗎？我指的是你這一生的總和。

下一章我們將會深入討論一個哲學性的議題：為什麼數算此生還剩下幾個星期一要比數算口袋裡的錢更加重要，不過，現在先請你把計算機拿出來，並且遵照以下的指示操作：

- 將81（如果你是女性）、76（如果你是男性）或79（如果你自認兩者都不是）這個數字減去你目前的年紀。
- 將這個數字加1，因為你讀了這本書，所以我們得幫你加點分數。
- 將你得到的數字乘以52個星期，你就會得出最後的答案。
- 看到這個數字，你有什麼感覺呢？這個數字看起來很多嗎？還是少的讓你心驚膽跳？

如果還不過癮，想不想再算一下你還剩下幾個星期一可以工作呢？

- 想想看你還打算工作幾年？
- 將這個數字乘以你每年打算工作的星期數（扣掉渡假、過節以及放有薪假的那幾個星期），你就知道還剩下幾個星期一可以工作了。

- 你覺得太少還是太多呢？現在是不是該去找一份讓你感覺躍躍欲試而非無聊透頂的工作呢？還是你想像我從前那樣，等到把兩百根訂書針用完再說呢？

還意猶未盡嗎？想一想在你的餘生中，還有幾個星期一可以做以下這些事情呢？

- **你還能休幾次長假？**許多人每隔幾年都會休一次長假。假設你身體不錯，到了70歲還可以旅行，那麼在你死前還可以搭幾次巨無霸噴射機呢？我有一位55歲的女性客戶，最近在意識到她以後或許只能出國五趟時，臉色霎時變得慘白，接著立刻報名參加了一個旅行團，前往她之前很想去，但卻一直未能成行的蒙特內哥羅（Montenegro）。
- **你還有幾次機會去探訪遠方的家人或朋友？**如果你的母親住在土桑市（Tucson），而你每年去看她兩、三次，請想想看：在她死前，你還能吃到幾次她做的燉牛肉？想到這裡，你會不會想多去看她幾次？（如果你的答案是：「謝了！我才不要！」，那也完全沒有關係。）
- **你在職場還有幾次晉升的機會？**還能拿下幾個大客戶（如果你每隔兩、三年就能爭取到一筆大訂單的話）？我有一名客戶是一家企業的領導人。有一次他突然發現，在退休之前只能再收購一、兩家公司了，於是便調整了優先順序，又收購了一家很棒的企業。「趁著我還沒掛點之前再幹一票。」他開玩笑地說。
- **你還有多少時間可以追求自己的嗜好？**如果你每隔一年就去跑馬拉松，在你的膝蓋出狀況之前，你還能跑幾次？如果你每隔兩、三年就會自己動手整修老舊的汽車，那麼你還能修幾台？我認識的一位作家在意識到她只能再寫五本書（她原先打算寫二十本）之後，便開始將寫作重心放在她最想寫的那幾個故事上。傑克・坎菲爾（Jack Canfield）（沒錯，就是創作《心靈雞湯》系列的作者之一）最近訪問

了我。在訪談中，他告訴我，有一次有人問他：「如果你未來只能講十場演講，你會談些什麼主題？為什麼你到現在都還沒談呢？」這讓他猛然驚醒，之後便開始把演講的重點放在他必須要（而非想要）談的主題上。

☠ 在你的孩子尚未離家時，你還有多少年時間可以跟他們相處？在他們開始不想跟你去旅行，甚至不想在星期六的晚上跟你一起坐在沙發上看電影之前，你還可以和他們共度幾個暑假和春節？想到這裡，你會不會想在放假時和他們一塊兒做些別開生面的事（無論是否要花很多錢）？我有位客戶要她的孩子們填寫一個趣味問卷，問他們在放假時想做些什麼。等到假期結束後，她便用她所拍攝的影片和照片剪輯了一部影片，紀念他們一起去湖邊遊玩、比賽吃冰棒以及其他有趣又實惠的活動時光。

平均來說，我們一生大約有4,000個星期一。如果你已經過了約莫半輩子，那麼在你離世前你或許只剩下大約2,000個星期一可活了。你想要如何度過這些有限的時光呢？

你要不要拿出你的筆記本或日記本思索以下這些問題？

☠ 看到自己還剩下多少個星期可活，你有沒有受到什麼衝擊？
☠ 看到這個數字，你心中是否產生了一種迫切感？
☠ 當你想到自己的生命如此短暫時，心裡有什麼感覺？
☠ 這是否引發了你的存在危機？
☠ 你還有多少個星期可以工作？這對你來說是好消息還是壞消息？
☠ 你未來還有幾次升遷或發展事業的機會？你為什麼遲遲沒有展開行動呢？你在等什麼？

- 你還有幾次機會可以來一場規模較大的旅行？你想去哪裡？
- 你還有多少機會可以探視家人，並且和他們一起渡假？你是否應該趕緊多安排一次旅行？
- 你還有多少機會可以拜訪朋友，並且和他們一起出去走一走？你是否能再和他們聊聊，並安排一次週末的聚會？
- 你在業餘愛好上有哪些成果？你要如何慶祝這些成果？

請想一想要如何回答前述這些問題，並寫下可能會（或考慮要）採取的行動。你不需要立刻做出任何承諾。我們的目標是要擬定一份可以對你產生激勵效果的清單。請保留這份清單，我們稍後還會用到。

當想到自己的一生何其短暫時，或許將更能體會生命的價值。如果你知道自己永遠不會死，你的生命就會變得平淡無奇，並且將一切都視為理所當然。當你知道還有 5,750,000 次以上的機會去馬爾地夫群島（the Maldives）時，你就不太可能會享受去那裡渡假的感覺。當你知道未來還可以從事好幾十億種職業時，你就不會有動力去夢想中的公司求職。當你知道還可以交到 85,345,950 以上的朋友時，你就很難體會友誼的價值。當死神無法打倒你時，你就不會珍惜生命。所以，面對現實吧，你並非不死之身。事實上，你即將成為一具屍首，而且正在逐漸腐爛。你的細胞正以一種無法察覺但確切無比的速度腐壞，因為你得了一個被我們稱為「生命」的絕症。因此，要不要讓你有限的餘生變成一股動力，促使你過自己真正想過的生活呢？

你會建議別人過你目前的生活嗎？

你可以用一種別出心裁的方式來看待你的生活：我相信你們都聽說過「淨推薦值」（Net Promoter Score, NPS）這個名詞。這是衡量客戶體驗的重要指標。但如果我們繼續解釋它的意涵，肯定會讓你打瞌睡。所以，與其為

你上一堂有關「淨推薦值」的乏味課程，我將開門見山，直接切入正題。「淨推薦值」的調查問卷會問你兩個問題，其中一個被稱為「終極問題」，其內容如下：

「您有多大可能會向朋友或同事推薦這項服務／這家公司／這個產品？」

你之前可能已經填寫過這類問卷。在填寫時，你得用心想想：你是否願意把在地的目標百貨公司（Target Corporation）推薦給你的朋友，是否願意把你的醫生推薦給鄰居，或是否會把你去過的那家熱蠟除毛沙龍推薦給一位亟需除毛服務的同事。你必須根據自己推薦意願的強弱給出介於0到10之間的一個分數。10代表「我絕對樂於推薦⋯⋯」，0則代表「絕對不會推薦⋯⋯」

如果有人要你填寫一份生活調查問卷，你會如何回答？

你有多大可能推薦你的朋友、同事或別人過著你目前在過的生活？從0到10分來評分：你有多大的機會會推薦另一個人和你過完全一樣的生活，細節不差分毫？

讓我們用一個圖表來幫助你：

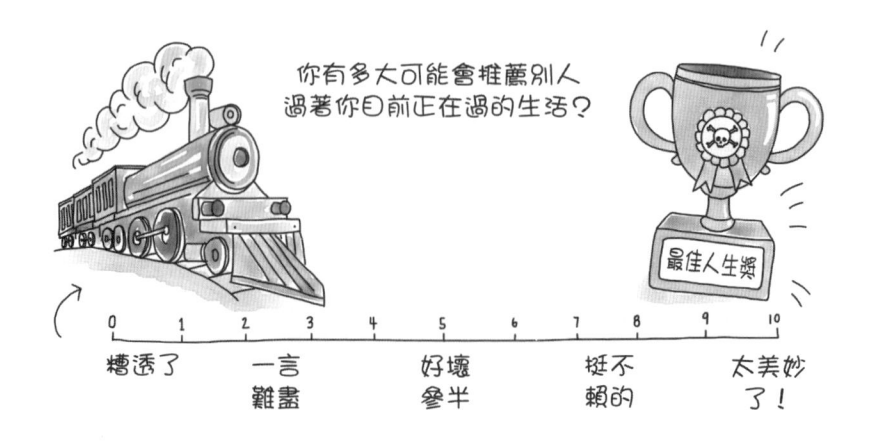

你給出的分數是多少呢？

- 我們的目標是要達到10嗎？或許是，但也不見得要如此（完美的境界固然令人嚮往，但我的腦子足夠清醒，知道那只是一個幻象）。我們為了追求完美的生活，已經承受了太多的壓力，所以就不要再為難自己了。因此，期望自己能夠達到10，或許不切實際（除非你已經在9.4了。如果這樣，我有什麼資格叫你不要更上一層樓呢）。
- 如果你給的分數位於「推薦」的範疇（大約5以上），那你對這樣的分數有什麼感覺呢？是看著鏡子裡的自己豎起大拇指，還是心裡有一個聲音告訴你：「還可以做得更好」？這個聲音究竟是對自己無止盡的批判，還是那個最好的自己在鼓勵你要活得更大膽、更有興味一些？答案只有你自己知道。要如何才能讓你的「淨推薦值」增加0.5分呢？
- 如果你給的分數落在「不推薦」的範疇（大約5以下），你很可能是遇到了一些情況（例如離了五次婚、破產或者出了車禍）。有什麼方法可以讓你以後的生活過得愈來愈起勁呢？目前你可以做些什麼來讓自己的分數逐漸提升到5以上，以便下次在接受這樣的問卷調查時可以給出不同的答案呢？

所幸，你可以決定從現在起要如何過活。研究顯示，[6]一個人如果相信自己有能力透過行動掌控外在的事件和結果──即所謂的「內控者」（internal locus of control）──就會更有幸福感，也更有自信。那些「外控者」（external locus of control）（相信命運是上天注定的，自身只是環境的受害者，無法活出自己想要的人生）的情況則截然相反。

外在的情況確實有可能非常惡劣，例如車子拋錨、債台高築、被愛人傷透了心、被老闆炒魷魚或，野餐時碰到一大群螞蟻等等。無論我們的計畫多麼周詳完善，還是有可能會出現意外（人生就是這麼一回事兒！）但這並不意味著這一切都結束了。

我有一名客戶計畫要和許久不見的家人和親友一起去滑雪，但臨行前她不慎扭傷腳踝。儘管如此，她並未因此而取消行程，留在家裡顧影自憐，而是照舊前往，坐在旅館的火爐邊，喝著熱巧克力或熱威士忌，和那些前來探視她的表哥、堂妹、姪女和外甥閒聊。如果她能去滑雪，就無法享受這種待遇了。

我們往往高估了快樂的條件，以為要很有錢才能過著多采多姿的生活。同時，也低估了小確幸對幸福感的影響力。的確，我們難免會受到自身財務狀況的限制（例如身上如果揹了沉重的學生貸款，可能就無法花50美元去手工藝品店買自己想要的東西），儘管如此，還是可以為自己創造快樂的生活。比方說，安排一些不太需要花錢的娛樂，例如在午餐時間花20分鐘去附近的公園走一走，一邊走一邊聽自己喜歡的播客節目，再邁著輕快的腳步回去上班。要過著深刻而豐富的生活，並不需要有很深的口袋，因為生命中有許多很棒的東西都是免費的。

即使到目前為止，你的生活一直很糟，絲毫不值得推薦，你也可以從今天起朝著一個值得推薦的人生前進，決定你要如何渡過餘生的每一個星期，分辨有哪些事物能夠讓你的人生發光發亮，並且找到生命的目標，過著更有意義的生活。但首先，你要⋯⋯

評估你在哪些方面過得了無生氣：你的生命力評估表

現在我們就要進入本章最重要的一節了。但在你回答下面這68個問題之前，我要很快地說明一下為什麼我要請你做這份評估表。你知道嗎？商學院的畢業生經常會把彼得・杜拉克（Peter Drucker）的一句格言掛在嘴邊：「你無法管理你不能衡量的事物。」你如果不知道自己目前在哪些方面過得了無生氣，就無法活出精彩的人生。所以，我們現在要做的就是要讓你看出你在哪些方面正過著死氣沉沉的生活。

我不是一個掃興的人,所以在此同時,我也會請你關注生命中那些充滿活力的部分,因為這些部分通常很值得重視。

所以,請準備回答這些和你的幸福息息相關的問題。我之所以會問這些問題,都是有原因的。現在,請你讓自己坐得舒舒服服的,手裡拿杯飲料,抱持開放的態度,憑著直覺回答這些問題,不要想太多,因為你的答案只是反映目前所處的狀態,而這樣的狀態以後可能會有所改變。

		5 ☺	4	3	2	1 ☹	
1	我認為快樂是很重要的。						快樂固然很美好,但就像洗泡泡澡一樣,並非必需品。
2	我認為自己過得很幸福。						我最近過得不太好。
3	我的工作是我喜悅的泉源						我的工作是一個邪惡的黑洞,把我的靈魂都搾乾了。
4	我全心投入我的工作。						我恨死我的工作了。
5	我對公司有很大的貢獻,並且以此自豪。						老實說,我對公司沒什麼貢獻。
6	我感覺我在公司裡很受重視,別人也說我很重要。						我在公司裡不受重視。如果我死了,他們可能要過好幾天才會發現。
7	我在公司裡受到公平的對待。						哪有公平這回事!
8	我對未來的事業已經有了大致的計畫/想法。						我毫無打算。
9	我是時間管理大師。						時間是什麼?它太難捉摸了。我無法掌控時間,因為時間是不受人指揮的。
10	我經常有機會發揮自己的優勢。						我確信自己有些強項,但從來沒有機會發揮。
11	我做起事來得心應手,經常處於心流的狀態,渾然忘我,非常開心而且很有效率。						我對我做的許多事情都沒什麼感覺,也從來不曾有渾然忘我、勝任愉快的經驗。
12	我總是在學習新事物。學習和成長對我來說就像氧氣一樣不可或缺。						從11歲開始,我就再也沒有進步,也沒再學到任何東西了。

		5 ☺	4	3	2	1 ☹	
13	我還有好多東西要學呢！						我會的已經夠多了。
14	我有某項專長（技能、才藝或技術）。						我沒有什麼專長。
15	我總是能把該做的事做完，並且以此自豪						我有好多事情要做，但很少把它們列入清單，更別說要把它們做完了。
16	我會把生命中最重要的事項一一完成，例如立遺囑和買人壽保險等等。						所有生命中最重要的事情都被我忽略了。
17	我感覺自己是個成功人士，因為我已經達到自己所設定的許多目標。						我感覺自己很可悲，因為我一事無成。
18	我很高興我正逐步朝著自己的目標邁進。						我沒有什麼目標，所以也沒有什麼可高興的。
19	我對我的環境（地方與空間）超級滿意。						我的家／辦公室／環境還有很大的改善空間。
20	我的衣櫥／地下室／辦公室／抽屜都井井有條。						我的衣櫥／地下室／辦公室／抽屜等等都亂七八糟。
21	我賺的錢已經足以滿足基本開銷，讓我衣食無憂。						我賺的錢不夠多。
22	我已經制定了我的財務方案，包括生活預算和退休計畫。						我的財務比我的待辦事項清單更亂。我根本沒有編列任何預算，也沒有擬定任何計畫。
23	我和我生命中的其他人有連結，並因此感受到他們給我的溫暖與支持。						我不是個隱士，但我和其他人沒有連結。
24	我和另一半關係良好，這讓我的日子很好過。						我和另一半之間有很多問題。
25	我擁有一個讓我充滿活力與激情的親密肉體關係。						我唯一的親密關係是一年一度的身體檢查。
26	我的生命裡充滿了愛。我感覺自己是被愛的，我也會關愛別人，而且不只是在情人節和生日的時候。						我感受不到愛。

第一章　死前驗屍：你的人生　43

		5 😊	4	3	2	1 ☹	
27	我每個星期都定期與朋友和家人互動。						我從不刻意與人見面。我喜歡動物，但對人不感興趣。
28	我從來都不覺得寂寞。						寂寞是我生命的寫照。
29	我對我的社群很有歸屬感。						我一點都沒有所謂的「歸屬感」。
30	我社交圈子裡的人都很快樂，尤其是那些經常和我在一起的人。						我認識的人都過得很淒慘。
31	我社交圈子裡有許多人都對我的生命有正向的影響。						我社交圈子裡盡是一些被社會拋棄的可憐蟲。
32	拜定期健身之賜，我的身體還挺健康的。						每週150分鐘的中強度活動外加阻力訓練？開什麼玩笑！看150分鐘的Netflix影片還差不多！
33	我幾乎一天到晚動個不停，一會兒站，一會兒走，一會兒爬樓梯什麼的。						我幾乎一天到晚都不動，要嘛就是坐著，要嘛就是搭電梯，停車時也盡量停在靠門口的位置。
34	我也是健康飲食達人，愛吃羽衣甘藍。						羽衣甘藍！什麼噁心玩意兒！
35	我可以覺察食物對我的身體、能量和心靈產生的影響。						我通常無法察覺我的飲食和心情之間的關聯。
36	我認為健康至上。我會定期看醫生，並且好好照顧自己。						我不認為健康有多麼重要。
37	我經常到戶外，與大自然連結並透過曬太陽補充維他命D。						我只有在火災警報器已經響起，待在室內很危險的時候才會出門。
38	我每天晚上可以睡足7－9小時。						我經常失眠。
39	我覺得自己有得到充分的休息。						我感覺自己面容憔悴、精疲力竭。
40	我可以清楚感覺自己有多少能量，知道什麼事會讓我更有能量，什麼事會耗損我的能量。						我完全沒有意識到自己能量消長的狀況，甚至不知道能量是會變化的。
41	我會主動做一些事情，以便增強自己的能量。						我不會主動做任何事情讓自己更有能量。
42	我勤於照顧自己，認為寵愛自己（例如打扮、按摩，讓自己享受獨處的時光等）是一件很重要的事。						我從未花時間照顧自己，連做這個問卷都覺得是在縱容自己。

		5 ☺	4	3	2	1 ☹	
43	我很滿意自己的外貌。						我對自己的外貌、服飾什麼的一點兒也不滿意。
44	人們都覺得我很陽光、正向。						人們都認為我很陰沉，經常流露出負面的情緒。
45	我臉上經常有笑意。						我有一張臭臉。
46	我的生活中總是有著大大小小的盼望。						我的生活中從來沒有什麼盼望，只有一堆不堪回首的往事。
47	我每年都利用自己應得的休假去旅行。						唉，我有許多假都沒休！
48	我對生活中所發生的大大小小事情充滿感激。						我沒有什麼好感謝的。
49	縱使遇到困難，我還是可以找到一些值得感謝的事。						困境中的希望是弱者的幻覺。
50	我對人充滿善意。						我並不反對以善意對待別人，但那不是我的強項。
51	我很大方，經常送東西給別人。						我絕對不是個大方的人。
52	我很清楚哪些事情能讓我快樂。						我一點兒都不知道要怎樣才能讓自己快樂起來。
53	我會設法安排自己的生活，以便有時間去做那些讓我快樂的事。						我不會安排也不會花時間去做那些可能會讓我快樂的事。
54	我感覺自己生活是有目標，有意義的。						在某些日子裡，我的目標就是設法活到明天早上。
55	我知道自己想要什麼樣的未來，而感覺我的未來一片光明。						我一點兒也不清楚自己想要什麼樣的未來。
56	我經常活在當下，覺察周遭的一切和自己的感受。						我從來不曾活在當下。所有的時刻都顯得模糊不清，包括現在。
57	我會停下手邊的事，品味當下的美好。						我在美好的時刻常會分心，而且事後幾乎都想不起當時的情景。
58	我總是會回想過往的美好，並品味其中的細節（例如在義大利吃的義式冰淇淋）						義大利的義式冰淇淋確實好吃，但我從來不會回顧那些美好的往事。
59	我相信世上有神靈。						我不相信世上有神靈（除非外星人也算神靈）。

		5 ☺	4	3	2	1 ☹	
60	我可以感受到我和那些靈性存有之間的連結。						我和任何一種靈性存有毫無連結連結。
61	我相信事情最終都會獲得解決。						我相信事情最終都會搞砸。
62	我認為失敗只是短暫的挫折，並不能定義我這個人。它是成長過程中的一部分。						我認為如果我失敗了，就代表我不行，而且它會造成永久性的傷害。所以，我不想要失敗。
63	當我把事情搞砸了，我會像對待一個好朋友那般，善待自己、疼惜自己。						當我把事情搞砸了，就證明我這個人毫無用處，不受歡迎。
64	我覺得我能掌控這一生所做的各種選擇。						我覺得我這一生充滿無奈。
65	我會根據自己所看重的價值來做決定。						我做決定時幾乎不會考慮自己所在意的價值。
66	我從頭到腳都散發著自信。						我嚴重缺乏自信，只是不敢承認。
67	我相信我有能力實現自己的目標。						我相信自己無法實行任何一個構想。
68	適量地吃些布朗尼蛋糕可以使人生中的大多數難題迎刃而解。						吃布朗尼蛋糕會使人生愈來愈糟。

了解這項評估的意義

你答完這六十八個問題了，真不簡單。希望這些問題能給你一些啟發，而不是讓你感到洩氣。以下是這些問題大致的意義：

- ☠ 問題1-2（和68）是要了解你的生活概況。
- ☠ 問題3-22和你的工作有關。
- ☠ 問題23-31和你的社交生活有關。
- ☠ 問題32-43和你的身體健康有關。
- ☠ 問題44-67和你的內在生活有關。

1. 請看看你在哪些問題上的得分是最低的,並決定你是否要設法在那些方面做出一些改變,以便提升生活滿意度。人不可能在各方面都拿到5分,但如果你能在某方面把分數從1提高到2,或者從2提高到3,你的生活會變成什麼樣子呢?

#	我得分最低的問題	我是否想要立刻做出改變?	如果是,我下個月可以做什麼事?

2. 看看你在哪些問題上得分最高,然後想一想⋯⋯

#	我得分最高的問題	我的得分為何如此之高?	我可以如何運用這點來改善得分較低的項目?

3. 你在哪些方面(工作、社交、健康或內在生活)得分特別高或特別低?看到這個,你有沒有什麼發現呢?
4. 去吃一塊布朗尼蛋糕吧!

免責聲明

在我們繼續討論之前,我想回答你之前問的一個很重要的問題(或許你是幫朋友問的?)在我們繼續攜手探險時,有些事實必須加以澄清。

你：能過著自己想要的精彩生活固然很好，但可能也很累人。我不認為我有足夠的精神可以讓我全天候過著那樣的生活。

我：你說得對！我需要發表一、兩個免責聲明。

第一個免責聲明

你或許想要一種充滿刺激、令人興奮的生活，也可能想過饒有禪意的生活。無論是哪一種，我都沒有意見。我只想幫你得到那樣的生活。在這本書中，我們所討論的不是如何大刀闊斧的改變你的生活方式，除非那是你想要或需要的。你想這麼做嗎？需要這麼做嗎？還是你希望以細水長流的方式改變自己的生活呢？

我之所以經常談到活力，是因為我們都希望能夠在死神的陰影之下過著充滿活力的一生，但我不希望你們為了改變自己枯燥無趣的生活而尋求強烈的刺激。一味地追求刺激、挑戰危險（例如穿著「YOLO」的T恤徒手攀岩）或許太過極端。如果能做些細微的調整（例如穿著「YOLO」的T恤去上很安全的攀岩課程），讓自己的生命更有活力，或許會比較持久。要「活出100%的人生」，壓力太大了。事實上，對大多數人而言，這幾個被印在馬克杯、茶壺套並且到處出現在Instagram上的字給人的感受不像是一種鼓勵，反而比較像是一個命令，而且往往具有批判的意味。

本書的目的是要激勵你，讓你做出一些小小的改變，以便更能體會生命的美好，並且有更多的收穫，而不是要讓你們感覺自己的生活方式有什麼不對勁。我們要談的是「可以做些什麼」，而非「應該做些什麼」，因為人生充滿了各種可能性。

→ YODO T恤大勝！

（參見306頁）

> **教練的話**：小心「應該」這兩個字。無論任何時候，只要你聽到自己說出「應該」這兩個字，最好打一下自己的嘴巴，因為這通常表示你正要屈從於某個我們不得不遵守，或者符合他人利益的規矩或標準。當你想到或說出「我應該……」這幾個字時，就應該（哈哈！）打住，並提出質疑。你要注意自己是否被這類「應該」或「必須」的想法綁架，並質疑這種想法究竟是不是事實。你可以問自己一個問題，例如：「我這個週末真的需要幫尤蘭達搬家嗎？」（我們大家是不是可以講好，以後絕對不要再幫別人搬家，也不要請任何人幫我們搬家，除非是要搬進大學宿舍？）這是為了要讓我們從「應該」的心態轉換成「可以」的心態，藉以拓寬我們的視野並跳脫傳統的思惟。「我可以幫尤蘭達把她那張特大號的床墊搬下樓，但我寧可用那段時間來寫我的電影劇本。」「我可以志願去辦公室撰寫『多元、平等、共融方案』。雖然我已經忙得不可開交了，但因為那很符合我的理念，因此我還是要去。」「可以」這兩個字意味著「可能性」，帶有主動性。「主動性」能帶給我們幸福快樂的感覺，因為身為人類，我們都希望自己能有決定權以及為自己做選擇的自由。大多數人都需要更常對別人說「不！」，至少在面對那些會讓我們失去活力的事情時。

第二個免責聲明

我之所以鼓勵你們活出精彩的人生，並非要讓你們設法過著表面上看起來很「香草」的人生。有些人喜歡吃香草冰淇淋，但對巧克力脆片餅乾不感興趣，但這絲毫沒有關係。我的目的是要鼓勵你們根據自己的需求與愛好，讓生命變得更有活力、更有目標。當我們想到自己來日苦短時，可能會想要大啖香草冰淇淋，因為這樣做能帶來一些單純的樂趣。但我們也可能會因為

希望自己變得更健康,而決定少吃一點冰淇淋,或者吃老式的加了一顆櫻桃的香草冰淇淋。我有一些客戶喜歡把他們的行程排得滿滿,還會參與許許多多的社交活動,並體驗各種事物,但也有許多人想過一種比較寧靜的生活,做一些經過精挑細選、能為他們帶來喜悅的事。我也是這樣。談到生命的體驗,我更在意的是質,而不是量。身為一個性格內向的宅女,我喜歡過安靜的生活,也喜歡帶著正念享受一些簡單的樂趣。

有哪些事情會讓你快樂（而且有活力）

在了解你在哪些方面比較缺乏活力之後,現在我們要換個方向,請你想一想有哪些事情會讓你開心。

說來奇怪,大多數人並不知道有哪些事物會讓他們感到開心。但如果我們不知道有哪些事物會讓我們的人生變得精彩而豐富,我們就很難活得充實。

這並不是什麼高深的科學,而是基本常識。但有許多人都低估了「做讓我們開心的事」和「真正感到開心」這兩者之間的關聯。

我看過太多這樣的情況了。我的客戶當中,有許多人（通常都是扮演照顧者的婦女）都不知道要怎樣才能讓自己快樂起來。她們把全副心力都放在照顧家人、養育孩子以及取悅別人之上,連自己最喜歡的顏色都忘記了。如果你就是這樣的人,沒有關係,我們會讓你重新和自我產生連結。

我有一些客戶雖然知道自己喜歡什麼,渴望做些什麼,而且過去也經常會做,但現在卻再也不做了,只是期盼「有朝一日」能重拾自己的愛好。所幸,我們只要有些覺察、意念和行動,就能為自己的生活增添許多歡樂。

以我的客戶為例。她就像許多人一樣,工作非常忙碌,而且覺得日子過得平淡、空虛、無聊。當她把那些會讓她快樂的事情寫在一張單子上（待會兒你們也要這麼做）之後,突然想到了至少十種不需要花太多力氣、時間

或金錢就能讓自己快樂起來的方法。由於她喜歡八〇年代的音樂，於是她便列了一張播放清單，把所有喜愛的歌曲——包括邦‧喬飛（Bon Jovi）和辛蒂‧羅波（Cindy Lauper）的歌——都放進去。此外，她發現她很想念在午餐時間獨自散步的感覺，於是便開始一邊散步一邊聽著歌單裡的歌曲。她過去大多在睡前看些商業類的書籍，現在則開始看小說，因為她還記得她在成長過程中有多麼沉迷於小說。同時，她也打電話給大學時期一個總是能逗她發笑、讓她想起往日美好時光的老朋友。吃飯時，她也開始會去泰國館子點外賣，因為她已經忘記她從前有多麼愛吃酸辣蝦湯了。從此，她便有了一些可以持續讓她感到喜悅的小確幸。這些小事原本可以帶給她一些快樂，卻在不知不覺間被她遺忘了。如今，她再度重拾這些習慣，就感覺自己變得有活力多了。

現在，請你備好紙筆或一台筆記型電腦，舒舒服服地坐在你喜歡的某個地方（例如你最喜歡的那把躺椅、你最愛的那家咖啡店裡靠窗的位置，或湖邊的一張長椅上），在下面的空白處填寫你的答案：

☐　我喜歡的活動（例如健行、飛靶射擊、逛書店、打盹、看藝術展覽、做白日夢、巴西柔術等）：
　　_____
　　_____

☐　我喜歡和這些人在一起：
　　_____
　　_____

☐　我一個人時喜歡做這些事情：
　　_____
　　_____

☐ 我喜歡的地方（例如我的家鄉、大飯店的大廳、水池旁邊、阿第倫達克山脈、浴缸裡等等）：
_____
_____

☐ 我喜歡的旅遊景點：
_____
_____

☐ 我喜歡吃的食物：
_____
_____

☐ 我喜歡喝的飲料：
_____
_____

☐ 我喜歡的甜點：
_____
_____

☐ 我喜歡的顏色：
_____
_____

☐ 我喜歡的歌曲／樂團：
_____
_____

☐ 我喜歡的書：
_____
_____

☐ 我喜歡的電影：
　_____
　_____

☐ 我的嗜好：
　_____
　_____

☐ 在一天當中，我喜歡的時刻：
　_____
　_____

☐ 我喜歡的花：
　_____
　_____

☐ 我喜歡的氣味：
　_____
　_____

☐ 我喜歡的景象：
　_____
　_____

☐ 我喜歡撫摸的東西：
　_____
　_____

☐ 我喜歡的聲音：
　_____
　_____

☐ 我喜歡的工作時間：
_____
_____

☐ 我喜歡做的事情：
_____
_____

☐ 我喜歡用來照顧自己的方式：
_____
_____

☐ 我喜歡的日子：
_____
_____

☐ 在什麼時候我會喜歡自己：
_____
_____

☐ 我還喜歡：
_____
_____

想一想

　　填寫這張單子對你來說難不難呢？有些人每題都可以立刻想出幾十個答案，有些人卻要苦思良久。如果你答得很慢或根本答不出來，也沒關係。在未來幾天或幾個星期內，如果想到什麼，再加進去就可以了。當你開始注意有哪些方式會讓你感到快樂時，答案往往就在眼前。現在，只要想一想有哪些事情會讓你開心，使你的精神為之一振，或者心跳加速就可以了。

在你目前的生活中，你有多常做你列在清單上的那些事情呢？或許你已經讓自己的生活充滿喜悅，就像我的一位客戶一樣（她每個星期都會向花店訂一束鮮花送給自己）。或許你一直不允許自己享受若干簡單的樂趣，就像我的妹妹一樣（她喜歡做美甲，卻幾十年都沒有這麼做，還打算等到60歲之後再去定期做美甲，但現在她會說：「興趣是值得追求的。」）

我的意思當然是要你定期去做這些會讓你快樂的事。在之後的某一章中，我們將會討論要如何安排這些事情。**它們不會自動發生，你必須擬定計畫才行。**在大多數時候，你只要獲得一點小小的樂趣，就可以提升你的生活經驗（所以，我迫不及待地想問你：「下個星期你可以做哪一件『快樂』的事，讓人生變得更有活力呢？）

問自己一個問題

先不要急著離開你的躺椅、咖啡店的座椅或公園裡的長椅，還有一個問題等著你回答，而且這個問題會引導你過著你真正想要的生活：

我在＿＿＿＿＿＿＿＿＿＿時候感覺自己最有生命力。

這個看似簡單的問題還有幾個不同的版本：

1. 什麼事情會讓你充滿生命力？
2. 什麼事情會讓你在做的時候感覺渾身是勁，興奮的簡直像是要爆炸了？
3. 什麼事情會讓你覺得自己充滿能量、精神百倍？
4. 有哪一件事情會讓你感覺充滿能量，而且你在做它的時候會感覺自己的生活變得更美好，甚至做完後有一段時間還有這種感覺？
5. 類似的事情還有哪些？如果這樣的事情不只一件，還有很多很多，那就太棒了！

從你的答案，或許可以看出原本想要好好生活的你，為何到頭來卻因為自己「沒有過著該過的生活」而感到失望。

舉個例子，如果最能讓你充滿活力的事情是激流泛舟，而你卻住在密西根州的卡拉馬祖市（Kalamazoo），那麼你確實遇到了一點麻煩。身為「你一定會死運動」（the Memento Mori Movement）的倡導人，我本能地想要勸你立刻收拾行李，搬到懷俄明州的羅格河（Rogue River）畔，但另外一個100%合理的選項，則是刻意安排定期到那些適合激流泛舟的地方渡假。不過，久久才做一次讓你感覺充滿活力的事情（例如每隔幾年去泛舟一次）是不夠的。你需要去激流泛舟。這是攸關生死的事（這裡的「死」指的是「活死人」的那種「死」，有人可能會認為這種死比真正的死更加悲哀）。

如果最能讓你感覺充滿活力的那件事並不容易做到（就像我的一個客戶，讓他最起勁的事是在他的車庫裡做家具），你可以試著調整做的次數。如果編織籃子讓你感覺很有活力，那麼你多久才做一次呢？你多久去跳一次國標舞呢？如果在社區中心幫忙讓你感覺活力滿滿，那麼你多久才去一次呢？如果你在重新裝潢住家時，感覺特別有精神，那麼你多久才裝潢一次呢？這對你來說夠不夠？如果夠，那就太棒了！假使你能多做幾次，有沒有可能會覺得更有活力？除了在節日時做幾個籃子送人之外，你或許偶爾可以

利用晚上的時間坐在爐火旁編織。我那位喜歡製作家具的客戶原本一年只做三、四張咖啡桌，後來他決定一個月做一張。出乎他意料之外的是：他現在感覺自己精神抖擻，渾身是勁。你可以在那些能讓你感到滿足，而且時常會做的事情旁邊打勾，然後在那些你想要更常做的事情旁邊打上星號，之後再決定是否要將它們列入最優先的事項。

> 別問這世界需要什麼，要問你自己，有什麼事能讓你充滿生命力，然後就去做吧！因為這世界需要的正是充滿生命力的人。
> ──霍華德・瑟曼（Howard Thurman）／美國作家、哲學家

我們只剩下這麼多個星期一可活了。雖然我們不需要每天都像過嘉年華會一般（這樣會很累，所有的小丑到了某個時刻都會變得很奇怪），但我們可以讓自己變得更有生命力，其方法就是：看看有哪些事情能讓我們充滿能量，然後更常做這些事。

你……是活死人嗎？

> 你知道我們最終都會有什麼結局，是吧？不，不是死亡（還不是）。班傑明・富蘭克林（Benjamin Franklin）曾說：「有些人25歲就死了，但直到75歲才被埋葬。」因此，請你誠實地回答以下問題：
>
> - 你上一次感覺自己過著自己想要的生活，日子非常充實並且做著讓自己活力滿滿的事是什麼時候？
> - 如果之前你有一段時期覺得自己很有生命力（不只是在迪士尼樂園

> 才這樣），那是什麼時候的事？
> - 如果你是富蘭克林所說的那種人，你還記得你是在什麼時候放棄自己的生命嗎？是在什麼年紀放棄你生命中的某個（或某些）領域（如愛情、友誼、事業、娛樂、靈性、健康、個人成長、閒暇活動等等），成為一個活死人的？

我知道我提出這些問題挺討人厭的，但如果我這麼做可以幫助你恢復一些生命力（例如讓你終於著手安排哥斯大黎加旅遊、放下電話並和你那個7歲大的孩子用培樂多黏土做義大利麵，或開始經營你已經說了十年的那個生意），那就很值得了。這會讓死神很不高興的。

現在我之所以如此慎重看待生命，是因為我之前有很長一段時間雖然有許多好的點子，卻從來不曾付諸實行。這樣的生活一點都不有趣。後來，我下定決心要在掛點前實現自己的願望，過著會讓我感到自豪的生活。在換了幾次訂書針之後，我愈來愈清楚地意識到這點。我知道，我必須採取行動，過自己想要的生活。

我希望你也能審慎對待自己的生命。你只有一個機會可以這麼做。你只能活一次，也只能死一次。所幸你還有很多機會可以決定下半輩子要怎麼過。

總結：即使你還有呼吸，那並不代表你仍然活著。

> 魯迪・弗朗西斯科（Rudy Francisco）的這句話讓我很有感，我猜想你也是這樣。他說：「人的心臟每小時大約跳動四千次。每一次脈搏、每一下跳動、每一個悸動都是一座獎盃，上面刻著：『你還活著』這幾個字。既然你還活著，那就過得像個活人吧！」

你的生命是一個令人驚嘆的奇蹟。你的心臟每年跳動3,500萬次，而且還會繼續跳動，直到你倒下為止（到目前為止，我的心臟已經跳動了16億4,000萬次。由於我的母親早逝，因此我很感謝我的心臟還願意每天跳動10萬次。）你雖然經歷過種種鳥事，但你還活著，還有脈搏，這不是一件很美妙的事情嗎？

我們很幸運，能夠活在這人世。剩餘的歲月就像一條紅地毯，在我們面前開展。你不能辜負這一生，要慎重地對待它。

現在，該怎麼做？

我之前問了你不少問題。你承受了不少壓力，卻沒有崩潰，真不簡單。

你願意開始創造自己的生命，找回你對生命的熱情，委實值得嘉獎。在思考你所剩不多的歲月之後，內心是否有一個小小的聲音在對你說：「是該認真地生活了！」或許你應該開發一些新的嗜好，而不只是繼續那些你為了能夠撐下去而從事的活動。或許你應該著手安排幾次旅遊，例如來一趟公路旅行，並且一路享用俗氣又懷舊的餐點。或許你該開始多運動、參與你認為很有意義的活動，或者學習一種新的語言。或許你應該開始好好的照顧自己，上某個課程，為大腦充電。或許你應該和所愛的人好好相處，因為他們的生命就像你的一樣，正在一點一滴的消逝？無論如何，只有你自己知道什麼事情會讓你充滿生命力。從你之前的筆記上，是否已經有了想法？說到你的筆記……

在繼續討論之前，讓我們先整理一下，想一想你之前做過的幾個練習：

☠ 認真生活 VS. 活得了無生氣（第27頁）。
☠ 你的生命之梯（第29頁）。
☠ 你會建議別人過著你目前的生活嗎？（第37頁）。
☠ 你的生命力評估表（第40頁）。
☠ 有哪些事情會讓你快樂？（第49頁）。
☠ 你在什麼時候感覺自己最有生命力（第54頁）。
☠ 25歲就死了，75歲的時候才被埋葬（第56頁）。

在做了這麼多評估，並且想到你的時間已經所剩無幾之後，你會如何回答以下問題？

1. 你想要多花點時間在哪些事情上？
2. 你想要少花點時間在哪些事情上？
3. 你想要做出哪些改變？
4. 你需要做出哪些突破？

請記住，目前只需要做筆記就可以了。想一想你所觀察到的事實，並在接下來幾章回顧。你會發現一個很有意思的現象：你今天很感興趣的事情，到了明天可能就沒什麼吸引力，但有些你意想不到的事情，卻可能會成為你的第一優

先。所以，請把自己當成一個絕佳的樣本繼續觀察，並且將你的筆記放在隨手可及之處，以便在我們開始進入「現在該做什麼」的章節時，做好採取行動的準備。

　　看到你的生命當中有這麼多方面有待突破，你是否感覺有點受不了呢？請記住：正因為你對目前的生活不滿意，你才會有朝著自己想要的方向前進的動力。要有催化劑，才會產生變化。

　　我之所以在這裡為死神打廣告，是因為他是世上最好的催化劑。他是「自救達人」，只是偽裝成死神的形式出現。當然，他有些壞心眼（他希望我們都死掉），但如果你繼續看下去，就會從他那隻瘦骨嶙峋、拿著長柄大鐮刀的手中得到他想給我們的禮物。我們每天都活著，卻只能死一次，讓我們在死神執行他的天職之前活出自己想要的人生吧。

　　既然我們的「死前驗屍」到這裡就結束了，而且我也為我們喝的那幾杯含羞草雞尾酒都買了單，現在，就讓我們來幫你規劃生活吧。

第二章

你想讓自己置身何處？

> 人類是唯一需要鼓勵才能活下去的動物
> ——尼采（Friedrich Nietzsche）／德國哲學家

　　我們的目標是讓你為自己打造一個兼具廣度與深度的人生，因此你可以把這一章當成你在深深凝視鏡子裡的自己，藉以做好準備，以規劃並活出精彩豐富的人生。唯有明白自己目前所處的位置，以及未來想要到達的位置，才能為自己畫出一張絕佳的人生藍圖。

象限圖

　　還記得我在前言中為我們的旅程畫了一張路線圖，並談到該如何讓自己的生命兼具廣度（更多的歷練、旅遊、嗜好、樂趣，更有生命力）與深度（有目標、有意義）嗎？在我們開始規劃該如何朝著這兩個方向邁進之前，你必須先了解自己的起點在哪兒。也就是說，你要先了解目前自己的生命力有多麼旺盛以及人生有何意義。

　　接下來這個架構是我在撰寫研究所的論文，探討「記住你一定會死」這個議題時所創造出來的，至今我仍然為此而感到雀躍。它說明了我們的生命廣度與深度之間的關係，也描繪了目前所處的狀態以及未來想（或不想）達到的境地。

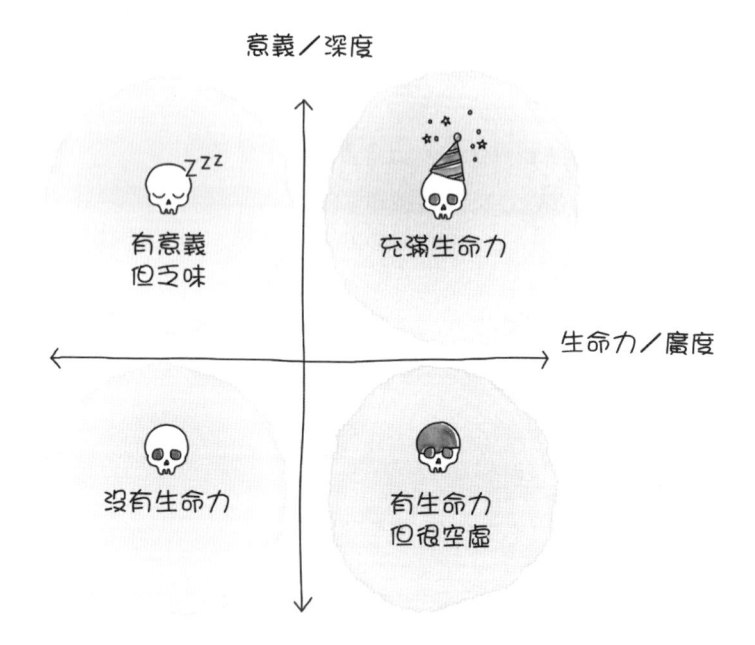

```
        意義／深度
            ↑
    ╱‾‾╲      ╱‾‾╲
   ( 💀zzz)   ( 🎉💀)
    ╲__╱      ╲__╱
   有意義      充滿生命力
   但乏味
                        生命力／廣度
   ←─────────┼─────────→
    ╱‾‾╲      ╱‾‾╲
   ( 💀 )    ( 💀 )
    ╲__╱      ╲__╱
   沒有生命力   有生命力
              但很空虛
            ↓
```

生命的廣度（X軸）代表我們的生命力強度。它的一端是「處於行屍走肉的狀態」（廣度不足），另一端則是「每一天都像是在過節」（極具廣度）。相關的關鍵字包括：生命力、愉悅、樂趣、快活、各種體驗和皮納塔（Piñata）*。

生命的深度（Y軸）代表我們認為自己的生命具有多少意義。它的一端是「感到無比空虛」（深度不足），另外一端則是充滿意義（極有深度）。相關的關鍵字包括：目標、連結、自我實現、美德、善行。

當X軸和Y軸交會時，美妙的事情就發生了。

我的架構是這樣的：

---

* 譯註：一種內裝糖果和玩具的動物形狀物件，在聚會上孩子們可以用桿子將其打破，取出其中的糖果和玩具。

- **沒有生命力**：還有脈搏，但很微弱，最好趕緊看看最近的電擊器放在哪裡。在這個象限裡，既沒有生命力，也缺乏意義。雖然很慘，但還有希望。
- **有意義但乏味**：處於這個象限的人感覺生命有其意義，卻乏味無聊。日子過得單調平凡、毫無歡樂可言，一點都不令人興奮。
- **有生命力但很空虛**：處於這個象限的人過著樂趣十足的生活，可以盡情享樂（就像一邊看馬戲團表演，一邊吃著粉紅色的爆米花），但回家後內心還是有一種空虛感。
- **充滿生命力**：處於這個象限的人，其生命既有廣度，也有深度。這是我們想要達到的目標。

規劃生命的練習

還記得小孩子開生日派對時常玩的那種「釘上驢尾巴」的遊戲（pin the tail on the donkey）*嗎？在這裡，我們不玩這個。

你要做的是一個很需要思考、但不需要矇住眼睛的練習。必要時可以回顧你在「死前驗屍」那一章所填寫的「生命力評估表」（第40頁），看看可不可以從中得到一些靈感。

第一步：想一想你到目前為止的生活。你覺得它有多少生命力（廣度）？多少意義（深度）？請在象限圖上相應的區域畫一個點。

在畫點的時候，請盡量用細字筆，因為就以「沒有生命力」的那個象限為例，你的點是畫在象限的左下角還是右上角，兩者之間有很大的區別。所

---

* 譯註：參加這種遊戲的小孩必須矇上雙眼轉圈，感到暈眩後，再開始尋找掛在牆上的一隻紙作的驢子，為其釘上尾巴。

以畫點時,要盡可能畫得精確。

第二步:請你想像一下,六個月之後,你希望自己在哪裡?在哪一個象限的哪個角落?請你在想到達的地方畫一個星號。

第三步:自我省思。

☠ 在知道自己所處的位置之後,你是否產生了一股動力?還是心情平靜、好奇、驚訝、沮喪或心如死灰?

☠ 這個「今天 vs. 未來」的練習和「死前驗屍」時所做的「生命之梯(第29頁)的練習給你的感受有何不同?

☠ 你的「工作」和「生活」所在的區域是否不同?即使不同,也沒有關係。許多人都會將工作和生活區隔開來。如果請你將兩者融合,用一個圓點來標示目前所在的位置,並且用一個星號來代表六個月之後想要達到的位置,它們會落在哪裡?

☠ 在「廣度」與「深度」這兩方面,有沒有哪一個是你特別欠缺的呢?比方說,你的生命或許很有意義,卻沒有活力,也可能剛好相反:你盡情享樂,內心卻很空虛。請記下你想把重點放在「廣度」還是「深度」之上。

☠ 你是否很想知道其他人位於這個象限圖的哪個地方?不用說,這個答案必然是肯定的,因為與他人比較固然會剝奪我們的喜悅,但身為人類,我們天生就喜歡拿自己和其他相似處境的人比較,所以我們自然會很想知道別人是位於哪一個象限。關於這點,我們稍後將會談到,但首先⋯⋯

第四步:去吃一塊布朗尼吧。

調查結果

回過頭來談談我們和他人比較的結果。

我喜歡研究，尤其是我自己做的研究。我調查過成千上萬人，想知道一般人的生命狀況。不過，想知道我的研究結果，你得做些努力才行。

這裡有一個選擇題（但答對了沒有獎品）。你認為以下哪個選項是我做的「生命力調查」的真正結果？

選項A
- 有意義但乏味：17.3%
- 有生命力但很空虛：33.2%
- 沒有生命力：9.1%
- 充滿生命力：16.2%
- 中間地帶：11.3%

選項B
- 有意義但乏味：2.9%
- 有生命力但很空虛：2.9%
- 沒有生命力：73.5%
- 充滿生命力：2.9%
- 中間地帶：2.9%

選項C
- 有意義但乏味：39.3%
- 有生命力但很空虛：15.1%
- 沒有生命力：10.1%

☻ 充滿生命力：7.6%
☻ 中間地帶：28.0%

如果你猜A，你或許沒有注意到那幾個數字加起來甚至不是100。不過，並非所有人都是數學比賽的選手。

如果你猜B，你就是死神，請退後一步。

如果你猜C。讓我們擊掌，因為你猜對了，可以得到另外一塊布朗尼。

研究結果的筆記與觀察

你或許已經注意到我後來加上了一個區塊：「中間地帶」。這是為那些經常在各個區塊中擺盪的人準備。我記得在我的一個工作坊的休息時間，有個女人輕聲地問我：「我發現自己同時屬於這四個區塊耶，我在一天當中就會出現這四種狀況。這樣的情況正常嗎？」是的，這樣的情況完全正常。

這項統計最令人驚訝的結果是：認定自己「沒有生命力」的人（10.1%）比那些認為自己「充滿生命力」的人（7.6%）更多。確實，那些自認屬於「中間地帶」的人偶爾可能會進入「充滿生命力」的區塊，不過顯然有十分之一的人都感覺自己毫無生命力，而且感覺他們的人生也沒有什麼意義。那些自認充滿生命力且人生很有意義的人不到10%。其餘的人都希望自己能更有生命力。其中有些人已經放棄希望，如同富蘭克林所說的：在25歲的時候就已經死了，等到75歲時才埋葬。相反地，你卻希望自己能更有生命力（因為你之所以會讀到這裡，並非出自一時的衝動），而且這個願望一定會實現。

很顯然，大多數人（將近40%）都認為自己的生活有意義卻乏味。無論在疫情期間或疫情之後，這個數字都維持在這個水準。也就是說，我們在封城期間感到人生乏味，在封城之後依然如此。這些研究結果對我所做的工作

產生了深遠的影響。我還是會鼓吹大家追求深刻且有意義的生活，但我更鼓勵大家尋求更廣闊、更充滿活力的人生，因為我知道那是許多人渴望達到的目標。

你：那麼，我們該追求什麼樣的目標？讓自己進入象限圖的右上角？
我：好問題！答案可能會讓你嚇一跳。

理論上，是的，我們都想要到達那個「充滿生命力」的區域，那麼為什麼不乾脆全力以赴，衝到象限圖右上角的頂端，讓自己擁有極致的生命力、極致的意義乃至極致的一切呢？大多數人看到這裡不免會有些遲疑。

我必須提醒你，正如本書開宗明義所說：所謂「活出自己想要的人生」並沒有一定的標準。你所謂的「充滿生命力」的生活可能和別人大相逕庭。你是否過著「充滿生命力」的生活，是否進入象限圖的右上角，完全取決於你是否感覺自己的生活充滿活力、多采多姿而且具有深刻的意義。因此，在這方面，並沒有一體適用的標準。

對大多數人而言，要從自己目前在象限圖上的那個點到達未來的那個星號，這段路程看起來似乎遙遠且費力，甚至還有點危險。這一點都沒關係。或許對你來說，要從「沒有生命力」的區塊到達「有意義但乏味」，感覺很不容易。或許要從「有生命力但空虛」的區塊到達象限圖的中央（也就是X軸和Y軸在中心交會的地方）感覺也很困難，但請答應我，先不要管你是否能到達那個「充滿生命力」的區塊，只要你往圖的右邊或上面移動一點點，就應該慶祝一下。

兩、三年前，我有位客戶決心要從「沒有生命力」那個區塊（她已經在那裡待了許多年了）的中間移動到「有生命力但空虛」那個象限。她花了好幾個月的時間努力地讓自己活得更有滋有味。當她達到目標後，我們用Zoom舉行了一次令人難忘的會談。她在客廳對著螢幕激動地大喊：「我

現在有生命力但空虛！」讓站在她身後那個10幾歲的兒子聽得滿頭霧水。後來，她便設定了新的目標：她要繼續享樂，但同時多做一些深化生命的事情，以便讓自己進入那個「充滿生命力」的區域。幾個月後，她就達標了。

了解地形，瞄準方向

你不妨了解自己目前所在的區塊、想要避免的區塊，以及你想獲得更多生命力的區塊。

在閱讀以下描述時，要注意那些你聽起來很耳熟的想法，包括真實的讓你難以忍受的描述、你引以為豪的事項，以及那些讓你感到害怕的部分。寫下那些以後可能會列入你的行動計畫的事項。

有意義但乏味（39%）

有堅定的目標，但缺少樂趣。

如果你落入這個區塊，應該把重點放在第八章。這一章的主題是生命力。

以下這些想法有沒有哪個是你聽起來很耳熟的呢？

- 我在我的生命中創造了一些意義。這點我很自豪，但我也想感受一下生命的樂趣。
- 只用功，不玩耍，聰明的孩子也變傻。〔希望最後不要變得像電影《鬼店》(The Shining)那樣。〕
- 別人的週末一定比我的刺激。
- 我喜歡我的日常工作，但它們或許也讓我感到有些窒息。
- 我的生活可以說是米灰色的，也就是米色加灰色。
- 我想我已經陷入了慣性，不知道如何才能跳脫。

- 我從來不是派對上的靈魂人物。不知道像我這樣一個內向的人如何才能讓生活增添一些趣味。
- 我在許多方面都不太敢冒險。
- 我對自己所做的貢獻感到滿意，不希望因為尋歡作樂而讓自己的生命變得淺薄。

你過著如此深刻、有意義的人生，就連亞里斯多德（Aristotle）也會向你脫帽致敬。在2400年前的希臘，所謂「快樂」指的並非「滿足」，而是過著符合自身價值觀的「賢德生活」。孩子，你已經做了許多好事，現在只需要在生活中注入更多的生命力，讓日子充滿新奇有趣的事物，活得有滋有味，而且更能休息、放鬆。

一個美好的生活可以既有樂趣也有意義。我有許多很看重生命意義的客戶擔心樂趣與意義不可兼得。他們以為若是允許自己享樂，就無法對這個世界做出太大的貢獻。但事實上，利用中午休息時間去湖邊散個步，看一本怪誕的小說、週末待在泳池邊無所事事，晚餐吃一客聖代或是心血來潮做一些事情，生活並不會變得比較沒有意義，反而可能變得更加深刻。

如果你覺得自己的生活雖有意義，卻很乏味，你認為是哪些行為讓你變成這個樣子？如果你多做一些新鮮有趣的事情，生活會變得如何？你會有什麼收穫？

有生命力卻空虛（15%）

在瘋狂的玩樂過後，靈魂一片荒涼。

你很有生命力，積極參與各項玩樂活動，品嚐生命的諸般滋味。這種感覺很美妙，只是缺少意義，就像一盤缺少肉和馬鈴薯的水果沙拉。

如果你一直覺得自己很有生命力卻有一種空虛感，下面這些評論你聽起來或許會很熟悉：

- 我玩得很開心,但到了一天即將結束時,卻感覺很空虛。
- 但願我的工作能夠更有意義。
- 老實說,我覺得自己很膚淺。
- 我認識的每一個人似乎都有人生目標,所從事的工作也有意義,唯獨我沒有。
- 創造意義是否就意味著捨棄玩樂呢?
- 我很想做一件重要的事,卻不知道那是怎樣的一件事。
- 我很想知道隸屬於一個團體(例如一家剛起步的小型企業、一個教會或附近的社區)是怎樣一種感覺。
- 生命應該不僅只於此吧?
- 有時我感覺自己就像一個快樂的小丑,獨自一人回家時,一滴淚水從我臉上緩緩滑落。

　　說到尋歡作樂,我有一些位居要職的客戶就很擅於此道。他們享受美食、美酒,去非洲打獵,週末想去哪裡渡假就去哪裡,可以盡情玩樂,過著奢華、揮霍的生活。但我也遇過一些人,他們雖然沒有什麼資源,卻能設法享受生活的樂趣。例如有位女士每週日都在社區公園舉辦大型活動,邀請同伴一人帶一道菜同樂;有一位請我舉辦工作坊的企業界領袖則在沒有預算的情況下仍然努力讓他的員工得以快樂的工作。他所用的方法包括:經常舉辦遊戲之夜,讓員工下班後有些娛樂、唱唱卡拉OK並且有便宜的啤酒可喝。

　　這些人(無論有沒有錢)確實擁有豐富的生命體驗,活得非常帶勁,但他們當中有許多人的內心卻有一種苦惱,認為生命應該不僅僅是尋歡作樂而已,並且覺得自己太過膚淺。不過,也有許多人認為盡情吃喝玩樂、不追尋人生的意義也沒有什麼不對。總而言之,每個人想要的東西可能不盡相同,對「美好生活」的定義也不一樣。這並沒有什麼好壞對錯可言。我想說的是:大多數對自己的生活感到滿意的人,往往都是那些能夠兼顧生命的廣度

與深度的人。吃喝玩樂、光鮮亮麗的生活,剛開始時可能會讓人覺得很過癮,但久而久之,這種感覺就會逐進褪去了。

> 剛才有幾分鐘,我們都沒有談到死亡。這怎麼行呢?現在就讓我們來聽聽:關於死亡與空虛感,佛洛伊德是怎麼說的吧! 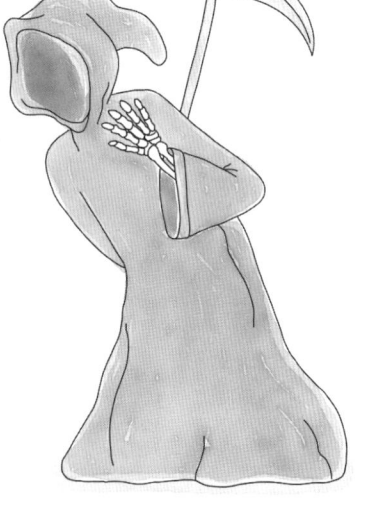 
>
> 「嗨!又是我!」
>
> 「我們對死亡的態度對我們的生命具有重大的影響。在生命這場遊戲中,當你知道不可能會輸掉最高的賭注(也就是生命本身)時,生命就會變得貧乏、無趣,就像美國式的調情那般膚淺、空虛,因為當事人一開始就知道什麼情都不會發生,不像歐式的風流韻事,雙方都必須記住它所帶來的嚴重後果。」
>
> 美國式的調情聽起來很好玩,但對於生命,我們要的是歐式的風流韻事,對吧?如果我們記住自己會死,就會比較能夠進入「充滿生命力」那個區塊,而不致在「有意義卻空虛」的區塊中浮沉。
>
> 請你根據每天醒來時的感覺為自己目前的人生意義/目標打分數(1分到10分)。你要怎麼做才能讓自己的分數提高0.5分呢?想一想你過去感覺人生比較有意義的時刻。那時你的生活和現在有何不同?許多人都對自己太過嚴苛,認為自己沒有一個「足夠遠大」的目標。你是否明明做著很有意義的事,卻硬要和你那位負責攔截人口販子的鄰居相比,並因而批判自己呢?你什麼時候才會覺得你的人生比較有意義呢?

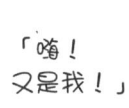

沒有生命力（10%）

這種情況感覺挺慘的，是吧？

別擔心，我的朋友。如果你覺得自己屬於這個區塊，你其實並不孤單。有許多人都覺得自己的人生既枯燥又空虛。這種感覺可能偶爾會出現，也可能一直揮之不去。所幸你有很多方法可以讓自己恢復生命力。我們的目標是依次拓寬你的人生經驗，並深化生命意義。你會讀這本書就是一個訊號，表示你已經在朝這個方向努力了。

接下來哪個想法聽起來很熟悉呢？

- 我一度覺得自己充滿生命力，因此我知道我有可能重新回到那樣的生活狀態。
- 我的生活並非每一面都毫無生氣，但在工作和健康上，我確實需要一點刺激。
- 我感覺生活很乏味，而且我認為能做的應該不止於此。
- 我不希望自己感到無聊，但有時確實覺得很無聊。
- 我擔心自己沒有足夠的能力提升生命的廣度與深度。
- 我希望自己能夠重拾生命力，以便成為孩子的榜樣。
- 多年來我一直被工作和家庭壓得透不過氣。我希望能稍事喘息，並且再度感覺生命是有趣而且有意義的。

你不妨問自己一個問題：是否得了憂鬱症？美國國家心理衛生研究院（The National Institure of Mental Health）指出，在二〇二一年，美國有2,100萬名成人曾出現至少一次的嚴重憂鬱現象。可以和醫生或心理衛生專家諮詢是否得了憂鬱症？我認識的許多人在這樣做之後，他們的人生都出現了重大而正向的改變。如果你對將來感到絕望，我勸你要去看看醫生。

無論你是因為憂鬱症還是一時不慎才落入「沒有生命力」這個區塊，請不要一下子就做出大幅改變。在本書的最後幾章，我們將會進一步談到該如何一小步一小步地循序漸進，不一定要立即做出重大的改變（例如立刻辭職搬到芬蘭，因為那裡連續多年都被評為全世界最快樂的國家）。

如果你現在感覺自己了無生氣，請試著想一想：你內心有哪個部分比較想做出改變呢？你有沒有興趣加入一項會激發生命力的活動呢？還是你寧可做某件有意義的事，藉以提升生命的深度？如果你不確定（因為當你感覺自己很沒勁時，確實會對任何事情都不感興趣），我建議你先試著做一件能拓寬自己生命廣度的事，因為一般來說，當你變得更有活力後，自然就會開始尋求生命的意義。

中間地帶（28%）

歡迎來到這個非常籠統的區塊。

這個區塊裡的人並非了無生氣（所以，這是一件好事），但他們的生命中有某些地方缺少了一些活力和意義。他們並未置身痛苦的深淵，但如果你認為自己可能落入這個區塊，你也要注意，因為可能會因為你的人生不夠痛苦而沒有動力做出任何重大且必要的改變。不要因為自己沒有碰到什麼大問題，就任由自己過著「將就」的生活，總是退而求其次，將「半條麵包總比沒有麵包好」（half a loaf of bread is better than no loaf at all）奉為座右銘。各位，**我們有能力得到更多麵包。**事實上，我們之所以在這裡，就是為了要得到一整條麵包，甚至是一根精巧的法棍或一塊匠人手作的酸種麵包！

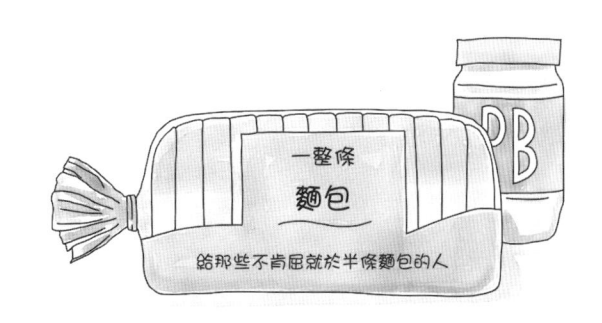

如果你一直待在這個區塊，你可能會說類似下面這樣的話：

- ☠ 有時候我覺得我的生命力很夠，但缺乏意義，但有時又剛好相反……我很少完全屬於任何一個區塊。
- ☠ 我的情況上上下下，時好時壞。
- ☠ 這個星期，我感覺自己有點活力，到了下個星期，就變得更有活力了。
- ☠ 大致上來說，我的生活中沒有什麼太糟糕的事。
- ☠ 如果不是真的壞了，就不應該修理。
- ☠ 我希望自己的生命能夠更加豐富，但不知道如何才能做到。
- ☠ 我的朋友大多都覺得他們的人生有意義卻乏味；我至少有時候能落入「充滿生命力」這個區塊。

為何有些人會落入這個範疇？這可能有950種狀況，而且每一種都情有可原。我的一些客戶大部分時間都屬於「充滿生命力」這個區塊，但偶爾也會落入別的區塊（例如「有意義但乏味」）。我那些擔任稅務會計的客戶每到報稅季節就忙得不可開交，因此每年一到四月，他們的生活都沒有什麼樂趣可言（然後很想瘋狂一下）。

有些人經常處於「充滿生命力」的區塊，但每隔一個月左右就會刻意從事一項他們感覺有意義的活動，藉以提升自己的生命深度。這樣加加減減下來，他們就落入了「中間地帶」。

身為教練，我得勸你們去尋找一個比「中間地帶」更好的地方。在鐘形曲線上，「普通」、「中等」並沒有什麼不好，但如果我們想過一種值得過的生活，就不能只追求「普通」或「中等」。我們要進入那個「充滿生命力」的區塊。不過，在此之前，我們得再談談鐘形曲線……

正向心理學小語：正向偏差

所謂「正向偏差」（positive deviance）指的是偏離常態，但是往好的方向走。這指的不是你的父母親告誡你不要有的那種偏差行為（例如在高中時和異性約會），而是偏離鐘形曲線中段的卓越行為。

我們不希望消失在中間地帶。我們想走向正向偏差。如果我們像一般人那樣依照慣性過活，就不可能成為一個充滿生命力的人。當然，你要依照慣性過活也行，但我們之所以來到這裡，就是為了要更上一層樓。我們必須打破常規，離開那陳腐的「中間地帶」，去過真正想要的生活。

正向偏差鐘形曲線

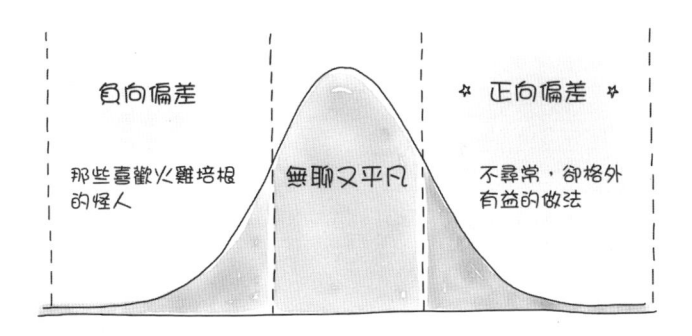

負向偏差 — 那些喜歡火雞培根的怪人

無聊又平凡

正向偏差 — 不尋常，卻格外有益的做法

充滿生命力（8%）

對這類人來說，生命是一場狂歡派對！那就像是把這本書的後半部（你知道，我指的是那些有關生命力而非死亡的部分）丟進一台果汁機，和蘭姆酒與鳳梨汁一起攪打一樣。

如果你位於這個區塊，那就表示你的生命兼具廣度（豐富精彩）與深度（充滿意義）。你的心態可能非常正向：經常處於「心流」的狀態、懂得感恩並具有各種正向的心理特質。

你的心裡可能常有這些想法，搞不好還會說出來：

- ☠ 我已經開始嚐到了生活的真滋味！
- ☠ 我很慶幸自己能創造出這樣的生活。
- ☠ 我感覺自己精神煥發。
- ☠ 我的生命大部分都掌握在自己手中。我是自己生命之舟的舵手。
- ☠ 我經常會斷然調整自己的生活，以便符合我的價值觀。
- ☠ 我覺得我能品味生命中每個時刻，雖然還不是做的很完美。
- ☠ 我會尋求挑戰，而且喜歡學習如何克服挑戰。
- ☠ 我喜歡嘗試新事物。
- ☠ 我通常能在生命力和意義這兩者之間取得平衡。
- ☠ 我熱愛生命！
- ☠ 我很在意自己把時間花在哪些事情上面。
- ☠ 我想充分利用餘生。

儘管你置身於「充滿生命力」這個區塊，但你畢竟是人，生命中並不是每一天都能過得既有廣度又有深度。或許有些日子，你在其中一個方面（甚至兩個方面）有些力不從心。那麼，當你發現自己落入「有生命力卻空虛」或「有意義卻乏味」這些區塊時，該如何掙脫呢？必要時，要採取哪些行動提升生命的廣度與深度？

如果你認為自己屬於「充滿生命力」這個區塊，你必定不會安於既有的成就。你是那種會在馬斯洛金字塔上一路攀爬到最上面，追求「自我實現」

的人。對你來說，你一生的目標就是要到達象限圖的右上角的右上角的右上角。我們在為你加油呢！

你有多少生命力？

以下這些問題來自我那份名為「你有多少生命力」的測驗。到目前為止，已經有成千上萬人做完了。等你看完後，我會問你一些問題。

今天你感覺自己有多少生命力呢？
- □ 生命力爆表。
- □ 很多時候都挺有生命力的。
- □ 雖然活著，但了無生氣。
- □ 如同行屍走肉。

你的休閒時間？
- □ 充滿刺激。
- □ 視當天的狀況而定。
- □ 閒暇時光？那是什麼玩意兒？
- □ 乏味透頂。

你的工作狀況：
- □ 全心投入！
- □ 經常都很投入。
- □ 有時認真，有時打混。
  （大多數時間都在打混）
- □ 真不想上班

☐ 這題對我不適用，因為我沒有工作。

你的墓誌銘上很可能會刻哪些字？
☐ 及時行樂。
☐ 只會工作，不會玩耍。
☐ 只會玩耍，沒有人生目標。
☐ 朝著人生目標全力衝刺。

你的親朋好友會如何形容你？
☐ 渾身活力，日子過得很有情趣。
☐ 許多時候都精力充沛，努力工作。
☐ 雖然活著，卻沒有什麼生命力。
☐ 了無生氣，可能連血都乾掉了。

你對自己的人生意義有何看法？
☐ 我的人生充滿意義，有目標，也有使命感。
☐ 我的人生很有意義，但生活過得很乏味。
☐ 我的人生或許沒有目標，也沒有意義，但我過得可開心了！
☐ 有時我覺得我的人生沒有什麼意義，有時則感覺很有意義。
☐ 我的人生毫無意義；我也沒有什麼使命感，就等著進棺材了。

你目前的生活有多少樂趣？
☐ 我的生活精彩豐富！每天都過得像是一場嘉年華會！
☐ 有時沉悶乏味，有時很快活。
☐ 我的人生有意義，但不是很精彩。
☐ 毫無樂趣可言，乏味的很。

如果你今天晚上就掛了，你會有什麼感覺？
- ☐ 很滿足……因為我已經充分享受生命了！
- ☐ 我這輩子過得很開心，但我希望我的人生能更有意義。
- ☐ 我的人生挺有意義的，但沒有盡情地活。
- ☐ 我錯過了自己的人生，我的生命也沒有意義。

檢視與省思

- ☻ 你會如何回答這些問題？
- ☻ 記下那些讓你有感的答案。它正在告訴你：「我知道我在這方面可以做得更好。」
- ☻ 你會不會很意外？只有16.6%的人說，如果他們今天晚上就告別人世，他們會對自己的人生感到滿意。另外20%的人則說，如果他們今天晚上就死掉，他們會覺得彷彿錯過了自己的人生。這和你對最後一題的答案有何不同？

既然你已經知道你的生活屬於哪一個區塊，應該就很清楚問題所在了。但無論你目前位於那一個區塊，那都是一個很棒的起點。我們要設法讓你往象限圖的右邊和上方移動。

正如杭特・湯普森（Hunter S. Thompson）所說：「人生是一趟前往墳墓的旅程，但我們不應該期望自己在抵達終點時仍然完好無損，而是應該被消耗殆盡、精疲力竭，並且大喊：『哇！好棒的旅程呀！』

我們買了票，要踏上這趟旅程了。下一站我們將和死神來一場約會，所以你要不要先繫好安全帶？

第三章

與死神約會：認識生命的終點

> 儘管死亡本身會摧毀我們，但關於死亡的意念卻可能會拯救我們。
>
> ——歐文・亞隆（Irvin Yalom）／美國精神醫學家

既然我們已經增強你對生命這場盛宴的胃口，現在就歡迎你和死神來一場約會吧！

你：和死神約會？這是什麼意思？我應該盛裝打扮嗎？
我：問得好！請容我解釋：我絕不會在還沒有輔導你之前，就讓你真的去和死神約會，因為我們都知道如果事情進展的不太順利，死神可是會把你當晚餐吃掉的。我可不要眼睜睜地看著你死去。所以，你就把這場和自己的約會當成是認識死神的一個機會吧！死神是個經常受到嘲諷的人物，但他也有吸引人的一面，而且他能夠給你的可能比你所以為的更多。

我可不可以說這一章的內容可能是我的最愛？或者我應該像世上的爸爸媽媽一樣，雖然心裡最疼某個孩子，但還是不要公開說出來，免得太不上道。不過，我向來不太上道，因此我要說：我很迷戀死神，而且願意公開承認，並不感覺這是什麼羞恥的事。他老人家雖然名聲不太好（試想，他每小

時殺死大約6,300人,名聲怎麼可能會好到哪裡去),但也並非毫無可取之處。接下來我就要告訴你為什麼。

在之前的〈死前驗屍〉和〈你想讓自己置身何處?〉這兩個章節,你已經花了不少力氣,所以我猜想你已經開始想了解,該如何實現自己的生命。但我猜想此時你應該有些脆弱,畢竟你在發現自己有許多方面都表現得死氣沉沉之後,很難看著鏡子承認自己在某些方面如同行屍走肉,過得無精打采、萎靡不振。但這樣的自我省思是很重要的,而且你已經做完了,所以你應該給自己一些獎賞。同時,我也應該告訴你死亡和這一切有什麼關係。

你最終(我的意思是到了這本書的末尾)將會總結這一生的想望和期盼,並據以擬定一個行動方案,但我要告訴你,你所有的方案如果沒有死神背書,是不管用的。(等到這一章的末尾,你就會明白我的意思。畢竟所有的方案如果要有結果,就必須有一個最後期限才行,就像繳稅一樣。總要有個截止日期,你才會準時繳交,對吧?)

你和死神的這場約會(呃,也就是這一章),其目標是要讓你徹頭徹尾地接受「記住你一定會死」這個概念。希望你看完後會被我洗腦說服,相信思考死亡會讓你重拾生命力。

因此,就讓我們來看看我的賣力說服是否能打動你。我將會告訴你關於死亡六件值得了解的事,然後讓你做幾個練習,以便更進入狀況。在讀完這章後,如果你有興趣和死神來一場美麗的邂逅,可以和我談談。但我感覺到時你會像我一樣為他癡迷。

六件關於死亡的重要事項

我知道在約會時做這種事有點無趣(即使是在你和自己約會時),但我可不可以建議你在這個過程中做一些筆記?注意你對那些有關死亡的問題有何想法、感受、疑問或反應。

關於死亡，我們應該知道的第一個事實

調查結果非常確定：百分之百的人都會死——是的，包括你在內。

人類是唯一清楚覺知自己必然會死的動物。

我的母親在我小時候，經常會在她那件洗白的牛仔外套上佩戴一枚胸章（別斜眼看人，當時可是八〇年代）。其中最讓我印象深刻的是一枚用亮橘色的字體印著「Life Suks And Then You Die!」（人生糟透了，然後你就死了！）的胸章。那是我對死亡概念的啟蒙。死亡似乎是不可避免的，但人生真的有那麼糟嗎？（我是指對其他的人而言。至於我那位患有躁鬱症的媽媽，她的人生有許多時候確實挺糟的）。一位醫檢員在看到我因為要抽血而差點崩潰時，曾向我引述佛陀的話：「痛是不可避免的，但你可以選擇不要受苦。」在這裡，我要篡改他的話：「死亡是不可避免的，但生命不一定很糟。」

讓我們來看一下關於死亡的統計數字：

- ☠ 二〇二一年時，全球人口的預期壽命是71歲，比一九九〇年多了將近9歲。[1]
- ☠ 全球婦女的預期壽命是73.8，男人則是68.4。
- ☠ 至於平均壽命，各國差異甚大：
  - ☠ 美國人的平均壽命是79歲，婦女的平均壽命是81歲左右，男人則是76歲左右。
  - ☠ 香港人的平均預期壽命是85歲，名列全球第一，中非共和國的人則是54歲，敬陪末座。

☻ 由於現代社會的進步，我們的預期壽命比我們的祖先要長的多。在過去兩百年間，我們的全球平均壽命[2]就從不到30歲增加到超過71歲。如果是在一八二五年，我們當中有許多人很可能都已經去見死神了，根本看不到這本有關死亡的書。

關於死亡，最令人不安的一件事就是：不見得是年紀大的人先死。除了那些在安寧照護中心的人之外，對大多數人而言，死亡都是突如其來的。

這個圖表顯示出一個我們已經知道的事實：雖然年紀愈大，死亡的機率愈高，但意外也可能會發生。我無意掃興，但如果我不提醒你這個事實，我就失職了。這個事實便是：我們每一個人都有保存期限，但有些人腐壞的速度比較快。有13%的人會在15歲到49歲之間死去。說得更戲劇化一些：請你在心裡想著十個不到49歲的朋友和家人，他們當中有一個會在他們的50歲生日派對之前死去。

有整整50%的人活不過70歲。這意味著如果你想把任何計畫延到以後再實施，那將是大錯特錯。如果你想等退休之後才享受人生，那就像是和老千賭博，贏的機率渺茫，只能祝你好運了。

如果你算出還有多少個星期可活之後，就拿開計算機了，那我來幫你算一下吧：所有的人百分之百都會在某個時間點死去。因此我們是不是應該開始認真的過活呢？

好的，我聽到你說這件事並不會讓死神顯得超

不同年齡的死亡率

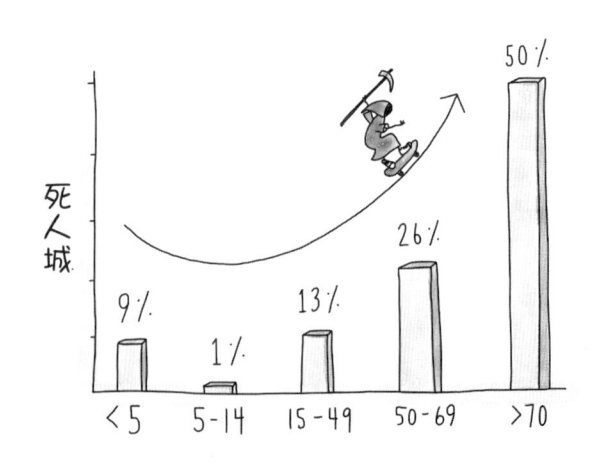

年齡	死亡率
<5	9%
5-14	1%
15-49	13%
50-69	26%
>70	50%

有吸引力，但我保證下一件事一定會。

關於死亡，我們應該知道的第二個事實

死神很擅長讓生命增值，因為物以稀為貴。

你可能聽說過那個有關「豐盛心態 vs. 匱乏心態」（scarcity vs. abundance）的經典理論。[3]在大多數情況下，懷著豐盛心態（認為我們已經或終將擁有所需的一切事物）過活可能比懷著匱乏心態（感覺或擔心我們所擁有的並不足夠）生活更加健康、更有成效。[4]但關於我們的壽命，我們還是懷抱著匱乏心態比較好。

讓我們來談談一個時間稀缺（temporal scarcity）的概念：當一項資源變得稀少時，它在人們眼中的價值就會提高。當某件事（例如讀大學的日子、渡假的時間或我們的生命）有個終止期限時，我們就會開始思考自己還剩下多少時間。研究顯示，如果一件事在某一天會結束，我們就會感覺它格外珍貴。當我們想到死亡，就會想到生命是一項稀有而珍貴的「資產」，值得加以保存。

當我們想到某種體驗終將結束時，當下會更享受這樣的體驗。有一項研究，請大學四年級的學生在他們即將畢業時寫下這四年當學生的體驗。[5]其中一組聽到的是「在你剩下已經不多的大學時光」，另一組聽到的則是「你剩下的時間還很多」。結果在實驗進行的那兩個星期當中，那組經常聽到所剩時間已經不多的學生感覺更加幸福，而且也參加了更多的校園活動（更多酒吧巡禮？更多橄欖球賽？甚至在校園裸奔？）你是否需要有人來提醒你生命有限，才會更享受剩餘的時光呢？當你想到自己明天就要搭機回到明尼蘇達州時，是否會更珍惜你在墨西哥海灘最後一天的渡假時光？是不是暑假快要結束時，才會在假期最後的兩個星期塞滿更多夏天的活動呢？

我有許多客戶因為工作的緣故必須搬到別的地方。你猜他們在動身前往鳳凰城、紐澤西、或慕尼黑之前會做什麼呢？他們會像觀光客一樣在自己的

城市裡遊覽。當他們發現一直不曾真正認識自己所在的城市時，往往會非常驚訝。他們說：「我連美術館都沒去過呢！」於是便開始忙著去拜訪他們之前認為自己「總有一天」會去的地方。你需不需要探索一下你所在的城市，彷彿你只剩下七個星期可以享受這一切？你會看到什麼呢？你會去拜訪哪幾家著名的熱狗店？在搬家前，你會想和哪些人聚一聚？

當我知道自己只剩下大約1,821個星期一可活時，我就想利用這段時間做些什麼，看看是否可以實現自己的夢想。唯有在我們認識到生命的短暫時，它才會顯得珍貴。

關於死亡，我們應該知道的第三個事實

每天都想到死亡是一件很好的事。愈常想到愈好。

「記住你一定會死」不只是一枚放在口袋裡的冰冷錢幣。它能夠出乎我們意料之外地讓生命重新煥發生機。對於死亡的思索就像一串鞭炮一樣，我們需要它來提振生命，讓我們不再對生命抱持著理所當然的心態。

你：記得我們一定會死，這不是很恐怖嗎？
我：我知道你為什麼會這麼想。你可以看看在有關死亡的恐怖故事裡，
　　「記得你一定會死」排名第幾。

「記住你一定會死」並非關乎死亡的猙獰可怖，而是讓我們更能夠讚頌生命並且把焦點放在上面。人們通常都需要經過一次瀕死體驗才會警醒過來，開始過著有目標的生活，但只要我們能時時刻刻提醒自己死亡的必然性，就會生出動力調整自己的生活方式。還記得嗎？在影集《權力的遊戲》（*Game of Thrones*）中，艾麗婭（Arya）正是因為「Valar Morghulis」（人皆必死）這句話才展開了她那史詩一般的冒險，而那也是劇中最精彩的一段情節。

關於死亡，最恐怖的幾件事

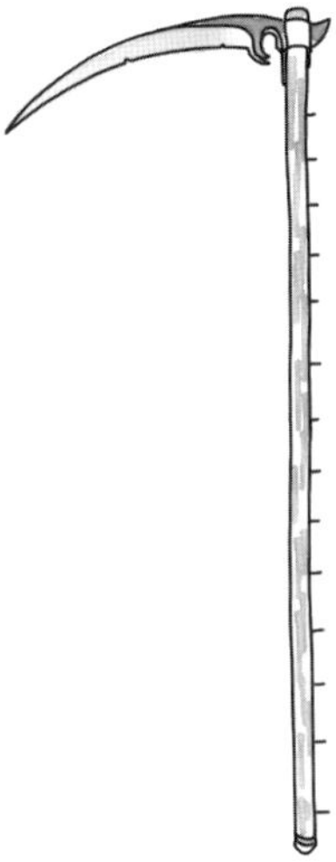

- 戀屍癖（天啊，我居然寫了這個？）
- 連環殺手（好吧，這才是排名第一的）
- 以挖掘墳墓為樂
- 葬禮終結者
- 終年穿著萬聖節的服裝
- 全家人在墓地野餐
- 用頭骨圖案裝飾家具、衣服或刺青
- 記住人必有一死：讓死亡給你動力

　　如果我們能正視死亡，內心便會湧現一股驚奇之感，[6]想知道：「我的命運是什麼？」、「未來會發生什麼事？」、「我要如何改變剩下的每個星期一？」刻意與死亡連結能讓我們受到震撼，進而超越單調乏味的生活，脫離醉生夢死的狀態。[7]

記住你一定會死 → 震驚 → 採取行動

如果我們能時時刻刻記得自己一定會死，不僅會更珍視生命，也會設法提升自我。當你算出自己還有幾個星期可活時，心中是否油然生出了一股難以言喻的急迫感？所以，我們如何能夠不時時提醒自己呢？

你：那麼我要怎樣才能時時提醒自己必有一死，但又不會讓自己變得很怪，以致周遭的人都不敢靠近我呢？

我：去他們的！

我：（重新回答）好問題！既然我已經說服你們要時時刻刻記住自己會死，我們就應該談談該如何才能自然而然地將它落實到日常生活中。

我的大多數客戶都會利用一些具有象徵性的小物，或想出其他方法來提醒自己：

- ☠ 隨身物品：你可以像我一樣用一枚錢幣來提醒自己，也可以隨身攜帶某個會讓你想到死亡的小飾品，或買幾顆用各式寶石雕成的很酷的小頭骨。我有一些客戶還會在自己隨身的皮夾裡放一張卡片，上面寫著一句與死亡有關的名言。
- ☠ 在家裡：我在家裡用噴漆繪製了幾個色彩鮮豔的頭骨……此外，現在市面上也可以買到各種形狀、尺寸的沙漏。
- ☠ 你可以隨處放幾個日曆，用來提醒自己！任何一種日曆其實都是一種倒數計時的裝置。倒數計時的周曆也可以（有一年我把這種周曆當成節日禮物送給幾個客戶，結果毫無作用。這提醒我在送之前還需要做一點鋪陳。）
- ☠ 我有一些刻著「memento mori」字樣的珠寶。每次我看到那些掛著頭骨吊飾的項鍊時，心中就湧現對生命的熱愛。我很羨慕我的一個客戶。她有一個手鐲，上面掛著一個棺材狀的裝飾。

☠ 有些人會用已逝的親人或愛人的照片來提醒自己生命有限。

☠ 在中世紀時期，藝壇很盛行一種勸世靜物畫（vanitas），畫中所描繪的都是一些象徵死亡的物品，例如頭骨、鐘錶、即將爆掉的肥皂泡、沙漏、燃燒的蠟燭和快要枯萎的花朵等。或許從現在開始，對你來說，鮮花就象徵著那必然到來的死亡，因為它們的生命美麗而短暫。或許從今以後，你看到你的手錶時會有一種異樣的感覺。也或許你那些超級昂貴的蠟燭對你來說會產生新的意涵。

☠ 你也可以用一些以死亡為主題的視覺藝術作品來提醒自己。梵谷的《含著香煙的骸骨》（Head of a Skeleton with a Burning Cigarette）就是經典之一。你可以在亞馬遜網站買到它的海報，價錢比達米恩・赫斯特（Damien Hirst）那個價值5,000萬英鎊、鑲嵌著8,601顆鑽石的白金骷髏頭的海報稍微便宜一點。如果你想買這類藝術品，可以在谷歌搜尋「以死亡為主題的藝術」，看看會得到什麼靈感。

☠ 你酷愛讀書嗎？有許多書都是以死亡為主題。狄倫・湯瑪斯（Dylan Thomas）勸我們「不要溫順地走進那良夜」（not go gentle into that good night）。莎劇中的哈姆雷特則有「擺脫塵世紛擾」（shuffled off his mortal coil）的名言。托爾斯泰在經歷了一次存在危機後撰寫了《伊凡・伊里奇之死》（The Death of Ivan Ilyich）這部小說，主題是死亡所帶來的解脫。艾蜜莉・狄金生（Emily Dickinson）對死亡更是關注。她的詩作有四分之一都與死亡有關。如果你還嫌不夠，可以在谷歌搜尋「與死亡有關的文學作品」，然後泡一壺茶，慢慢地讀。

☠ 有許多人一天到晚都想著死亡，例如佛教徒。他們相信死亡是解開生之奧祕的鑰匙。我們稍後會談到這個。

☠ 我有許多客戶會在筆記上書寫他們對死亡的看法，或者每一季抽出一天的時間避靜，以便思索自身生命的短暫。如果你願意花幾個小時重做一次「生命力評估表」（第41頁），就會清楚你的生命中有哪些地方值得提升，又有哪些地方可以更有生氣。在做筆記時，我建議你用封面有骷髏圖案的筆記本，但如果沒有這種筆記本，也沒關係。或許你可以問自己類似以下這些問題：

☠ 我還剩下幾個星期可活？
☠ 到目前為止，我活了幾個星期？
☠ 距離我上次想到自己一定會死，又過了幾個星期？
☠ 上個星期我有哪些時候感覺自己充滿生命力？
☠ 上個星期我有哪些時候感覺自己的人生很有意義？
☠ 我很慶幸自己還活著，因為……
☠ 想到自己一定會死，我有什麼感覺和想法……
☠ 在看了以上這些關於死亡的說法之後，我想要……
☠ 在〈死前驗屍〉那一章，有哪些問題是我該重新再看一遍並且好好想一想的？

☠ 我曾經帶領一家公司的靜修活動。如今他們每執行一個項目都會進行「死前驗屍」和「死後驗屍」，並且經常為了他們能在一個競爭激烈

的市場中存活而感恩。

- ☠ 我有一個信仰特別虔誠的客戶。她在晚飯前和家人一起禱告時,都會感恩他們還活著。她說:「光是為了桌上的食物感謝是不夠的。我們要了解自己多麼幸運,還能活在這世上。」
- ☠ 喔,還有服裝。市面上有很多印著骷髏圖的羊絨毛衣。如果你沒有這個預算,可以買一雙印著:「他媽的把握今日」的好襪子。

記住自己會死可以提升我們的生命品質。人生終究是一場遊戲。雖然死神總是贏得最後的勝利,但如果我們願意專心的玩,他會讓我們升級。當我們知道他一直躲在附近的暗處時,我們就會留心自己還剩下多少時間,直到他派車過來接我們為止。

> 要向你自身消失的弧線學習。
> ——大衛·懷特(David Whyte)/愛爾蘭詩人

一個小故事:要騰出時間去波拉波拉(在你的大限到來之前)

最近我用Zoom和正向心理學之父塞利格曼對談時,曾經問他死亡在他生命中所扮演的角色。

他說:「我經常想到死亡,但我並不怕死。它只是提醒我還剩下多少日子可活,也提醒我為什麼去波拉波拉(Bora Bora)這類地方是很重要的事。」之前他和他的太太去那個法屬波里尼西亞的島嶼浮潛,在我們談話時才剛回來。「對我來說,死亡無所不在⋯⋯在某些方面,它就像是一個日曆⋯⋯似乎是在告訴我:我今年已經80歲了,可能還有十年的好日子可過,所以我得做點規劃。」

接著我又問他,死亡是否有助他把注意力放在重要的事情上。

「就某些方面而言，它確實幫助我分辨事情的輕重緩急。那就像是告訴我一月一日是我最後的交稿期限一樣。我得試著在90歲之前把所有有用的想法寫下來。我要確保把該做的事都做了。」

你呢？你想在「大限」到來之前完成什麼？

關於死亡，我們應該知道的第四個事實

那些差點死掉的人知道一些我們所不知道的事情。

你或許認識一些曾經和死神擦肩而過的人。他們可能因為生了一場大病、發生嚴重的車禍，或在戰場上遇險而差點死掉。你有沒有注意到這些人在事後是否都活得更有目標了？他們是否更加珍惜他們的每一個日子？許多研究顯示：這些曾和死神擦肩而過的人，會用一種新的眼光來看待他們的生命，明白哪些事情才是最重要的，同時他們對生命的態度也會變得大不相同。

重病的人在面臨生命即將結束的時刻，往往會更珍惜當下，甚至很慶幸自己能夠在僅剩的寶貴時光中，去做那些對他們來說真正重要的事情。

一個臨終者的告白

維多利亞在二〇二一年八月時被診斷出第三期的大腸癌，大約六個月後，她的病情發展到第四期。二〇二二年九月時，在她結婚後一個月，她便過世了，得年33歲。死前大約一個月，她寫了一封電子郵件給她的同事：

> 我的病情一直起起伏伏，現在恐怕已經惡化了。但我覺得自己很幸運。你們給了我最大的支持，我的親朋好友也都對我很好。從前我的目標是有一個成功的事業並且生幾個孩子，但現在已經改變了。現在我只想面帶微笑的過好每一天。你們知道嗎？如今，在那些不很難受的日子裡，我過得比從前任何時候都更加開心。但可悲的是，我要等到被診斷

出得了癌症之後才領悟生命的真諦。生命就是喝杯茶、享受陽光、放聲大笑並和他人分享愛。因此，當你們為某些事情而憂慮時（我太清楚我們是多麼容易擔心這個、擔心那個了！），請記住：你們身體健康，有人愛，而且每天太陽升起時，你們就有了一個新的機會能讓自己開心。這件事說起來容易，做起來難，但為了我請記住：能活著是何等的福氣。生命是如此美麗。為了能活久一點，我願意做任何事情，所以請不要和你的生命失之交臂。

獻上我所有的愛
維多利亞

你看這封電子郵件時，心中起了多少波瀾？我看了無數次，每一次都非常感動。你是否感受到文中的痛苦、哀傷、驚慌與一種莫名的絕望呢？或許你的反應是恐懼、逃避或不知所措。這是一般人在遇到危險時經常會有的反應，所以這很正常，不用擔心。不過，光是把這些感受埋藏在內心深處，假裝自己從來沒有讀過這封信，並無法改變事實。你不妨試著把這些感覺轉化

有這麼多美好的事物可以體驗

成某個具有建設性的行動。這也是我們的共同目標。你要如何把從維多利亞的故事中學到的功課應用在自己的生活中呢？

你是否經常會為小事而煩惱，忘了去享受生命中那些簡單而美好的事物（如品一杯茶、曬太陽、放聲大笑、愛人與被愛）呢？你是否經常把「身體健康、有人愛，而且每天太陽升起時，就有了一個新的機會讓自己開心」視為理所當然呢？

希望我們無須歷經生死關頭，就可以像維多利亞以及那些逃過鬼門關的人一般看待人生。關於這點，我們將在第五章中做更深入的討論。

關於死亡，我們應該知道的第五個事實

想到死亡，你自然而然會心懷感恩。

你沒有被死神選中的每一個日子都是好日子。那麼，每天晚上睡覺前，我們是不是應該寫下當天「值得感恩的事」呢？那當然。要知道：如果你今天早上能夠起床，晚上又能上床睡覺，你就已經比那151,200個在這一天被死神選中的人有更多感恩的理由了。

教練的話：關於感恩這件事。如果我不仔細說說感恩這件事，我的教練證照恐怕會被取消。回想我在賓州大學的應用正向心理學研究所上課的第一天，我的老師安琪拉・達克沃斯（Angela Duckworth）──沒錯，她就是《恆毅力》（Grit）[8] 一書的作者──以她那種既科學又機智的方式表示：「感恩就像是番茄醬，不管搭配什麼食物都會變得更加美味。」

研究人員已經發現：如果你在每天書寫日記時練習感恩，你的長期幸福感將會提升10%以上。懂得感恩的人會更滿意自己的生活，對人比較親切友善、心胸比較開朗、與他人的關係比較深刻、對人比較寬容、自尊

心更強、更有自制力、壓力較小、睡得更好、身體更健康、頭髮也比較有光澤。[9]因此，我要說的是：如果你能連續撰寫三十天的感恩日記（列出當天值得感謝的五件事，無論大小），你將會更加熱愛你的生命。只要你能刻意去欣賞當下所發生的事，你就會感謝此刻還活著，可以享受生命。

你願意試著開始撰寫感恩日記嗎？你可以更進一步，在心裡想著生命中某一個特殊的人物，以及之所以感謝他們的五個原因，並且想著他們生命的短暫。這是否會讓更加為你們之間的緣分而感恩呢？

關於死亡，我們應該知道的第六個事實

人類天生就不願意接受自己會死的事實。

如果你本能地畏懼死亡，這很正常。對一般人而言，死亡是最恐怖的一件事，甚至比當眾發言還要令人害怕。但我們一方面畏懼死亡，另一方面又對死亡感到好奇。我們對死亡和破壞有一種病態的迷戀，例如喜歡看血腥的電影或車禍。但如果要我們想一想自己的死亡，我們就避之唯恐不及了。

我們總是不願意面對自己會死的事實，因此許多人都沒有購買足夠的人壽保險，也遲遲不肯把財產轉移給下一代，即便這樣可以省下很多的稅金。除此之外，只有25%的人曾立下生前遺囑。你買了保險嗎？有沒有立下遺囑或生前遺囑？你是否已經交代親人要如何處理你的後事？如果還沒有，那是什麼緣故呢？不過，請別擔心，我不是要鼓吹你接受死亡，而是要勸你好好活著。在下一章中，我們將會討論人們不願正視自己的死亡這個議題。

在讀了前述這六點之後，你是否開始對死神有了特殊的感覺呢？他所能

給你的比你所以為的更多。在後面幾章中，我們將會再度談到死亡的這六個「賣點」。但在我們繼續討論之前，先讓我做個總結：

關於死亡的六個事實：
1. 研究的結果非常明確，每個人都會死。
2. 物以稀為貴。
3. 每天想到死亡對我們有益。
4. 那些從鬼門關前回來的人，知道一些我們所不知道的事，但我們即使不曾與死神擦肩而過，也能認真地過著有目標的生活。
5. 當你記住自己會死，就會自然而然對生命懷抱感恩之心。
6. 我們天生就不願意正視自己會死的事實，但如果我們要拓寬自身生命的廣度與深度，首先就要接納死亡。

和死神約會時要做的三件事

我知道到目前為止，你一直對有關死亡的種種很感興趣。或許你在和死神約會（其實只有你和你自己啦！）時想要採取一些行動。以下是我的三個建議，你可以在今天晚上一口氣做完，也可以在之後逐一進行。

第一件事：進行死亡冥想

位於喜馬拉雅山深處的不丹，自從二〇〇六年起就開始測量他們的「國民幸福指數」，結果發現90%以上的人民都認為自己是快樂的，只是程度各自不同。許多不丹人都會依照佛教的傳統，進行每天五次的死亡冥想。在他們的文化中，死亡絕非禁忌。

傳統上，東方的宗教與哲學對死亡議題抱持著比較開放的態度，而且長久以來一直將死亡與冥想連結。印度的吠陀經經常提到有關死亡的思考。

佛教徒則相信死亡是解開生命奧祕的鑰匙，並且認為有意識想著「人必有一死」是一種美德。所謂Maranasati，指的便是「死亡冥想」。Marana在巴利語（佛陀所用的語言）中是「死亡」的意思，而sati則是指「正念」。用佛陀的話來說：「在所有的腳印中，大象的腳印是最大的。同樣的，在所有的正念冥想中，關於死亡的冥想是最崇高的。

死亡冥想的目的不只是讓我們覺察死亡，也是希望它能對我們產生正面的影響，例如修正我們對生命的態度，更進一步接納死亡，並決心過著有意義的生活。這一切聽起來都很不錯，但真的有效嗎？

有一項研究調查了這種死亡冥想，是否真的會對人們產生正面的心理影響。[10]他們請一群韓國學生針對「如果已經沒有多少時間好活，我想做什麼？」的問題進行15分鐘冥想，結果受試者對生命的態度有了轉變。他們認為自己應該追求根本的價值，也更願意做出有益社會的行為（例如幫助他人、對他人付出以及做個更好的公民），同時也更能接納死亡的必然性。

五憶念

佛教的《省察經》要人們思考生命的脆弱，其目的在讓人覺醒：

1. 我會衰老，我無法避免衰老。
2. 我會生病，我無法避免生病。
3. 我會死亡，我無法避免死亡。
4. 我所珍愛的一切，我所愛的人都會改變。我無法避免要捨棄這一切。
5. 我所繼承的，是自己身語意行為的結果。我的行為，就是我的延續。

你願意每天念誦這五個憶念嗎？要不要一天念誦五次？或許你可以把它們寫在便利貼上，貼在你的鏡子上，每天早上準備出門以及晚上準備睡覺時各唸一遍？

或許你喜歡比較溫和的方式。

有人從佛教徒的死亡冥想獲得靈感，設計出了WeCroak這款應用程式。它會每天發五則訊息給使用者，提醒他們：「別忘記，你會死」。自從這款應用程式在二〇一七年推出以來，已經有超過15萬人購買。這些文字訊息都是「不定時發送的，就像死亡可能隨時到來一樣」。根據我的親身體驗，每一則訊息送達時都會引發小小的震撼（尤其是你身邊的人不小心看到你的手機上顯示的訊息時，以致這些年來我經常必須向別人做些解釋）。

第二件事：讀讀訃聞

這是你和死神約會時可以做的一項DIY活動，最適合你蜷縮在爐火旁（而且網路連線順暢）的時候。讓我們來談談訃聞（亦稱「死神的剪貼簿」）以及它如何幫助我們認真地生活。

每年一月，我和父親都會透過電話玩一個既病態又有趣的遊戲，名叫「看看今年有誰死掉了。」我會唸出《紐約時報》（*New York Times*）上所刊登的名人訃聞，然後他就會追憶那些人（其中包括運動員和知名電影明星）的生平。我們會拿很多死人來消遣，而且天南地北聊得很開心。

名流富豪之死能夠提醒我們「把握今朝」，並且幫助我們思索自己和死亡的關係，但我對那些籍籍無名的死者也很好奇。

報章雜誌並不會刊登愛達荷州博伊西市一位名叫瑞格的會計師的訃聞，也不會報導無數鄰家奶奶和女孩死亡的消息。這些人雖然沒有什麼名氣，他們的生平也不足以登上頭版頭條新聞，但依然值得我們注意。我敢說這些普通人的訃聞甚至更加引人入勝，因為比起那些走過紅地毯的名人，他們的一生和我們更相似。比起英國女王，會計師瑞格那穿梭於辦公室、住家、藥局和餐廳的生活更能引發我們的共鳴。

以下是我在網路上隨機看到的普通人訃聞：

- 賓夕法尼亞州的琳達過世了，享壽82歲。她喜愛動物，曾經收養好幾隻導盲犬，也曾經把一隻鴨子帶回家養，並將它取名為「搖擺」。她愛好園藝，而且能泡出世上最好喝的冰茶。
- 隆恩，享壽71歲，是明尼蘇達州一個熱愛釣魚與野外生活的人。他疼愛他的孫子、曾孫以及四隻腳的朋友黛西，但至死都痛恨川普。
- 狄恩，享年45歲，熱愛烹飪，曾在德拉瓦郡的市集展出他飼養的肉牛。
- 布巴，田納西州人，喜歡玩Xbox，喜歡和他的狗在一起，也喜歡在晴朗的日子裡騎腳踏車。他在18歲時過世。

當那些年近百歲的人瑞過世時，我們往往可以接受，甚至還覺得那沒什麼大不了的。畢竟，當你超過82歲時，死亡就是遲早的事了，對吧？然而，當年紀和我們差不多，甚至比我們更年輕的人死掉時，我們就會猛然一驚，擔心「死的人也可能是我呢！」在這些時刻，我們會特別清楚地意識到自身生命的短暫，而這就是我們所要的結果：透過別人的死，來點醒我們要好好生活，因為我們接下來所搭的車，可能是我們生前搭的最後一班車，因為我們肩膀上那顆邊緣凹凸不平的痣可能是惡性的黑色素瘤，因為任何事情都有可能會發生。生命中有太多無法控制也無法預見的事，而我們可能會成為讓別人警醒的下一則訃聞主角。

我在讀這些普通人的訃聞時，不得不承認死亡無法避免。我會深深注視著他們的相片，看著他們的眼睛，好奇他們究竟過著怎樣的一種生活。

他們生前快樂嗎？我自己的生活呢？它會被如何總結成網路上一個小框框裡的一段文字？我生前快樂嗎？閱讀這些訃聞對我造成了很大的衝擊。

起草你的訃聞

　　生命中有些事情你或許原本不想做，但做了之後卻覺得非常值得，就像根管治療或結腸鏡檢查一樣。這裡有一份作業，它看起來很病態、甚至可能會讓你全身不適，卻能讓你記住自己一定會死。這份作業便是：撰寫自己的訃聞。它就像是靈魂的結腸鏡檢查，能幫助你面對自己的死亡，而這正是我們的目的。請拿出一張白紙，讓自己坐得舒舒服服的，並慢慢地想。撰寫時，請注意以下幾點：

- 目標是兩百字左右。但你也可以寫得簡短扼要（大約五十字）。如果你想寫多一點，也可以寫到五百字（這表示你很健談？）[11]
- 這是草稿，不要寫你的死亡日期與其他細節，以免觸自己霉頭（不過如果你已經100歲了，就可以寫下你的死亡日期。如果還沒滿100歲，先不要這麼做）。
- 寫出你人生中最特別的時間，例如出生的日期和地點、你的家鄉或住過的地方、上學和就業的點點滴滴以及特殊興趣。
- 問問你自己：這份訃聞是否捕捉到了你一生的精髓，讀到的人會說：「沒錯，他（她）就是這樣一個人──連參加自己的葬禮都會遲到！」
- 訃聞中通常會提到死者生命中的重要人物，例如某些還活著或已逝的家人、朋友或寵物。在你的訃聞中你會提到誰？
- 你想不想呼籲親友在葬禮上不要送花，而是捐款給你支持的某個慈善機構？
- 你會選擇哪一張照片做為你的遺照呢？（我最近讀到一個身體還非常健康的87歲老人，請專業攝影師幫他拍了一張大頭照，以便他的訃

聞刊登在報上時能有一張好看的照片。我真喜歡那些擅於事先規劃的人，尤其是那些像我一樣過度虛榮的人。）

擬好這份訃聞後，你可以回想一下：撰寫的過程如何？有某些部分你可能覺得很難下筆，這表示什麼呢？你在撰寫時有何感覺？

當然，寫完後，你的「死時待辦事項清單」就少了一項，但我感興趣的不是你是否完成了一項任務，而是你在用大約兩百字簡述自己一生時的心境，尤其是你的生命故事。你會想要如何描寫自己的一生呢？這可能會讓你做出一些決定，從此活出自己想要的人生。

你不妨偶爾瀏覽一下凡夫俗子的訃聞，看看它們會讓你心中泛起什麼漣漪。當你看到別人痛失摯愛（例如他們的祖母琳達）時，可能會感同身受並更加珍惜你所在意的那些人。至少你會感謝自己還能活著。

第三件事：去墓地走一走

到目前為止，你和死神的這次約會算是挺順利的，但好戲還在後頭呢！要不要趁機去外面走一走？

我希望你再做一份作業：在接下來的三十天內去造訪一座公墓、墳地或陵寢，以便充分體認自己必死的事實。

如果你住在很偏遠的地方，附近沒有墳墓，可以上網搜尋名人的墓地。我之所以希望你這麼做，是為了讓你能夠下定決心，認真的生活。

- 當你行走在公墓上時，請注意看那些墓碑，並想像逝者的一生。他們也曾經和你一樣行走在這塊土地上。
- 仔細看著某塊墓碑，並注意上面寫的名字、生卒年月日以及其他文字。
- 想像他們生前可能有什麼樣的希望、夢想與渴望。

☠ 想像他們在臨死時可能有什麼感覺、有什麼事情讓他們引以為榮，又有什麼錯誤是他們希望改正的。

☠ 盡可能在這裡待久一點，最好能待15分鐘以上，以便充分感受死亡的存在。

☠ 置身墓地是什麼樣的感覺呢？當時你在想什麼？試著不去想什麼？或者你注意到了什麼？

☠ 你在那裡時還觀察到了哪些現象？

☠ 下次你到一個新的城鎮或都市時，願不願意再去造訪那裡的公墓？當你看到每個人都會死時，可能會有什麼收穫？

以上這三項活動，哪幾項讓你最有感？為什麼？或許你覺得三者都很可怕。如果是，為什麼？這些都是值得你深思的問題。

然後呢？

你和死神的約會結束了。好消息是：既然你是獨自赴約，因此你不必擔心今晚會因為拒絕死神而在睡夢中被他殺害。這次約會的目的是讓你對死神有充分的了解，並尊重他所擁有的力量。他不僅能消滅你，也能促使你好好生活。

很明顯的，如果思索死亡沒有很多好處，你也不會翻開這本書。當我們被迫審視自己無可避免的死亡時，往往不僅能讓我們警覺到自身生命的有限，也會讓我們慶幸自己還活著，可以呼吸新鮮的空氣，

還有時間去做一些特別的事！她媽的哈利路亞！

如果我們需要死亡來提醒自己要好好活著，那我十分樂意成立一個「國際死神粉絲協會」。你有興趣在你們那裡成立分會嗎？想想看，到時我們身上穿著印有會徽的帽T該有多酷呀！

不妨定期和死神來一場約會。可以去不丹參加免費的靜修活動，也可以在星巴克找一張靠角落的桌子，在那裡思索以下這幾件事：

- 算算你還有幾個星期可活。
- 設法提醒自己生命的短暫性，並經常做出一些改變，例如在葬儀社對面的咖啡店和死神來一場約會，或者穿上你新買的骷髏頭T恤。
- 進行死亡冥想，哪怕只有2分鐘也好，把重點放在「五憶念」之上。
- 閱讀一些凡夫俗子的訃聞，其中一定要包括一些和你的年齡相仿的人，以便得到更強烈的體驗。
- 重讀自己的訃聞草稿。那些文字是否仍然反映出你目前的生活？
- 去公墓走一趟，或者瀏覽谷歌上的「拉雪茲神父公墓」（Cimetière du Père Lachaise）*的圖像頁面。這樣做是否讓你對自己過去的人生有更清楚的認識呢？

和死神的這次約會是否讓你有些難以承受呢？我猜你或許正在點頭（你看不見我，但我正跟著你一起點頭）。但我希望你能再忍耐一會兒，因為下一章我們將檢視並整理相關的細節，以免讓你陷入全面的存在危機。

你現在應該已經很清楚了，所謂memento mori就是要記住我們一定會死。這其實是為了要memento vivere。這是一句拉丁文，意思就是：「要記得生活」。所以我們的目的就是要讓你認識死亡的必然性之後，得以全心全

---

* 譯註：巴黎市區內最大的墓地，也是世界上最著名的墓地之一。

意的投入生活。如果你發現死神正偷偷靠近你,不要驚慌。畢竟你才剛和他一起分享了一道開胃菜,所以他以為有機會一搏。你不必把他放在你的願景板（vision board）上,但務必要在接下來這段時間內利用他來做出對自己有益的事,就像他們說的——要親近你的敵人。

第四章

致命的否認：避免存在危機

> 我們因為忌諱死亡議題而付出了沉重的代價。
> ——赫爾曼・費佛爾（Herman Feifel）／美國心理學家

歡迎回來。儘管你在和死神約會時沒遇到什麼桃花運，但下場也沒有很淒慘。至少你明白了記住自己會死能幫助我們過著有目標、有意義的生活。除了這點以及撰寫自己的訃聞之外，其他部分其實還挺歡樂的。

但在此我要多事的問一句：「你對死亡有什麼感覺呢？」你聽到有關死亡的事是否感覺不太舒服？你是否有些退縮、畏怯、懷疑，是否不願正視死亡？

讀到這裡，你應該已經很清楚了：凡是人，都會死。在我們這個星球上，每一秒鐘就有1.8個人死掉，然而我們卻都希望自己不是其中之一。不僅如此，我們也不願意思考有關死亡的事。當然，想到自己以後就不存在於這個世界上，我們難免會感到焦慮。這很正常。

我們內心本能地害怕死亡。你或許不認為自己有「存在焦慮」，但只要你是人，就一定會有存在焦慮，總擔心自己不夠好或做得不夠多。有些人比較容易感受到自身的焦慮，但有些人則透過一天到晚吃吃喝喝、瀏覽社群媒體、購物等各種方式來麻痺自己，掩蓋這種焦慮。

雖然正視死亡能幫助我們認真地生活，但即便是像你這樣成熟、願意閱讀一本談論這個禁忌話題的書的人，可能也不太願意面對死亡。然而，我們

是否願意正視死亡，還是一味地迴避死亡，對我們的幸福以及生活方式都有著深遠的影響。

所以，讓我們來深入檢視人們究竟如何逃避和對待死亡。我們會提出一些相關的研究，並讓你做一些練習，看看你是不是那種不願意正視死亡的人，因為當你認清自己在何時、何地可能會拒絕正視死亡時，才能夠停止逃避，開始生活。畢竟，要先有覺察，才會改變。（順便一提，在讀這一章時，我們要不要來喝一杯「死眼咖啡」〔dead eye coffee〕？我剛剛才知道這是一種加了三份espresso的咖啡。你決定吧！）

一個拒絕正視死亡的社會

我們對死亡的鄙棄源自所生活的這個時代。

在過去，死亡向來是一種社交體驗，可以透過集體的儀式凝聚社區的人心。彼時，死亡是大家熟悉而且公開的事。人們在自家的客廳守靈，因此全家人都能在自己的家中向逝者道別。

但到了十九世紀末，死亡就成了一種專業。屍體很快就被送到葬儀社或醫院（於是客廳就變身為「起居室」，家裡再也聞不到屍臭味了。真是謝天謝地）。因此，現在死亡已經成了要以醫學方式來處理的事件，不再像從前那麼麻煩，而且大家也看不見了。

因為看不見，死亡就被視為一種身體上的疾病或醫療上的失敗。現代的醫療與科技已經奇蹟般地延長了我們的壽命，但隨著愈來愈能夠延遲自身的死亡時間，似乎也日益感到不安，甚至連「死」這個字都不願意說出口。當某個人死掉時，我們會說他（她）「過世」了。這使得我們在面對像死亡這樣一件再自然也不過的事情時表現得驚慌失措。我們認為死亡是令人不愉快的一件事，因此經常沒有做好相關的準備，遑論接受它的必然性了。

別以為你是例外！有些文化比較願意接納死亡。墨西哥詩人暨外交官歐

塔維歐・帕茲（Octavio Paz）曾說：「紐約、巴黎或倫敦等地的人絕不會說出死亡二字，生怕嘴唇會被燙到。但墨西哥人卻經常將它掛在嘴邊，拿它來開玩笑，擁抱它，和它一起睡覺，並且慶祝它。它是他們最喜歡的玩具，也是最堅定的愛。當然，他們對死亡的態度也許像其他人那樣包含了恐懼，但至少他們不會隱藏，而是以耐心、輕蔑或嘲諷的態度直視死亡。」

許多墨西哥人和拉丁美洲人會在亡靈節（Dia de Los Muertos）時向祖先致敬。他們會在這一天舉行慶典。當天各地的街道與墳場都會瀰漫著歡樂、熱鬧的氣息。這樣的習俗乃是源自古代的阿茲特克人（Aztecs）。他們將死亡視為生命中不可或缺、必然存在的一部分。

非洲迦納共和國的人也會為逝者精心設計各種充滿奇趣的棺材，藉以慶祝死亡。這些棺材不像一般的桃花心木靈柩那般平淡乏味。它們的造型有的像一根辣椒，有的像一隻巨大的耐吉球鞋，有的像一包萬寶路香煙，而且負責抬棺的人還會一路跳著舞。顯然，迦納人很懂得如何讓葬禮變得很歡樂。

在峇里島的Ngaben火葬儀式中也可以看到各種樣式新奇的棺木。在經過一整天喧鬧的狂歡與神聖的舞蹈之後，死者的骨灰會被撒在海上，靈魂則會進入輪迴。這是一個很歡樂的場合，甚至可以看到形狀像頭牛的棺木。

這些例子顯示：我們對死亡的態度是接納還是排斥，有很大一部分是受到文化與宗教的影響。這給了我們何種啟示？你所屬的文化如何看待死亡？是將它視為一個禁忌話題，還是一件可以公開在晚餐桌旁討論的事？你們的葬禮氛圍是全然的哀傷，還是有些歡慶的意味呢？你想要如何辦理自己的後

事？我知道你還不能平靜地看待死亡。我們還得下點工夫……那麼就讓我們繼續看下去吧。

逃避死亡

如果我們要討論人們如何逃避死亡，就不能不聽聽文化人類學家歐內斯特・貝克爾（Ernest Becker）的說法。他在《死亡否認》（*The Denial of Death*）一書中，[1]討論了人們畏懼死亡的因素。在他死後，這本書榮獲了普立茲獎。學界人士[2]普遍認為此書乃是一部經典之作，也是二十世紀社會科學史上最重要的五本書之一。

除了《死亡否認》一書獲得普立茲獎的肯定外，有人甚至為了貝克爾成立了一個基金會，由此可見他的重要性。這個基金會已經有三十年的歷史。我和該會的執行董事黛博拉・賈可柏（Deborah Jacobs）談論有關否認死亡的問題時，她說：「你想知道每次我在電梯裡向別人解釋貝克爾的重要性時，最簡單的方式是什麼嗎？我會說，你知道佛洛伊德認為一切都和性有關吧？對貝克爾來說，一切都和死亡有關。兩者的差別在於：貝克爾的理論已經在科學上得到驗證，但佛洛伊德的卻還沒有。」聽到這話，我立刻就喜歡上她了。接著，她又說：「如果我們清楚意識到自己會死，就有可能會更全心全力地投入生活。如果你認識死亡，直視死亡並且擁抱死亡，你就會這麼做。」

貝克爾建議我們泰然地接受人類的侷限（包括種種致命的缺陷）以及身體的有限性（它勢必會毀壞），不要再試圖壓抑我們對死亡的本能反應。換句話說，我們要接受自己會否認死亡這個事實。

貝克爾指出，我們經常會以一種具建設性的方式來處理有關死亡的難題，那便是：設法讓自己感覺像個英雄一樣，能夠永垂不朽。我們雖然清楚自身不會永遠不死，但如果我們的某個部分能夠在身後留存下來，也足以感

到安慰。這類讓自己不朽的方法不一而足，包括把自己的名字刻在母校新建的圖書館大樓的磚牆上、嚴格遵守某種宗教的教義、做醫美手術以消除老化的痕跡，或生養兒女以傳宗接代等等。貝克爾認為懼怕死亡或否認死亡乃是促使人類進行各種活動的「主要動力」，也是行為背後的根本因素。

自認特別

存在心理學家歐文・亞隆³曾經指出：我們最常用來否認死亡的方式便是認為自己「與眾不同」，並且「相信自己能夠免於生物的必然性，認為生命之神對待我們不會像對待其他人那般無情」。這樣的心態固然是可以預期的，但並不合邏輯。不過我們卻很喜歡這樣自我欺騙。你可以看看自己心裡是否也有這樣的想法。

壞事會發生在別人身上。但當它們發生在自己身上時，我們卻驚駭不已。別人的車子會遭竊，我們的可不會。遇到不景氣時，別人會被裁員，我們不會。別人都會變得雞皮鶴髮、垂垂老矣，並在死前嚥下最後一口氣，但不知怎地我們卻認為自己可以毫髮無傷，逃過一劫，而且皮膚光滑、青春永駐。在理智上，我們知道這是一個很愚蠢的想法，但我們還是堅信自己與眾不同，不會像「別

人」那麼倒楣或淒慘。

有一回，我的客戶告訴我，她最近去驗光的經過，結果我們兩人都大聲笑了起來。她說當她發現自己需要老花眼鏡時，感到非常困惑，並因此要求醫師做一些特殊的檢查，以便「搞清楚究竟是怎麼回事」。那位醫師聞言便操著濃重的南方口音告訴她：「親愛的，這沒有什麼好奇怪的。你已經42歲了，要不然咧？」她以為她的眼睛和別人不同，可以免於老花的命運。

確實，沒有人和你一模一樣。你真的是一片很特別的雪花。但你知道雪花最後會怎樣嗎？它們會融化。所以，你是一片特別的、正在融化的雪花。雖然很美（呃，起碼有些人是），卻轉瞬即逝。

> 作家威廉・薩洛揚（William Saroyan）曾說：「每一個人都會死，但我總認為自己是個例外。」（他不是例外。他死於一九八一年。）

那麼我們要如何才能不自欺欺人呢？我們要面對死亡的事實，要提醒自己：無論過去或將來，都不會有人得以倖免於死神的斧鉞（除了吸血鬼之外。我們得問問它們有何祕訣。）今天你需要面對什麼樣的事實呢？舉個例子，如果你的父親和爺爺曾經罹患關節炎，你是不是該事先防範，開始採取一些行動呢？你是不是該趁著你的膝蓋還靈活的時候，去馬丘比丘（Machu Picchu）旅行，而不是等到「以後某一天」呢？

逃避死亡有何危險

否認死亡是要付出代價的。布萊恩・詹森（Bryan Johnson）預計每年要花2,000萬美元，讓45歲的他重新回到18歲。[4]許多人在試圖逃避死亡時，

會感受到焦慮、擔心、憂鬱以及其他種種負面情緒。但諷刺的是，當我們以逃避的方式試著消除自己的死亡焦慮時，卻會變得更加焦慮。關於死亡的憂慮（無論我們自己是否意識到）如果沒有經過處理，會讓我們無法好好生活。否認死亡會使我們的內在生命受到損害。

逃避死亡最令人不安的地方在於：最終獲勝的總是死神。死亡無所不在：每當我們的健康出了問題（「你的X光片看起來有點異常」），每當看到新聞有人死亡的報導、聽到流行歌曲的歌詞、開車經過一個送葬的隊伍或者自己認識的人不幸過世時，我們總能感受到死神的存在。我們可以試著裝傻或逃避現實，卻可能還是會走進諮商室，但還是不明白是為了什麼。死亡焦慮如果未經處理，會轉變對其他事物的焦慮，形成心理學家所謂的「旋轉門現象」（revolving door）。[5]

> 關於這點，或許奧圖·藍克（Otto Rank，史上第一位存在心理治療師）說得最好：「有些人為了逃避死亡的債務而拒絕生命的貸款。」

評量死亡對你的意義

我們賦予死亡各式各樣的意義。這些意義會激發我們的情緒，並成為一股動力，促使我們採取各種行動。但要如何覺察自己對死亡的看法呢？且讓我們以科學的方法來測量。

心理學家從許多學術文獻收集了三十句「意義的陳述」。[6]每一個陳述在多大程度上代表了你對死亡的看法呢？（1代表非常不同意，5則代表完全同意。）

1. 死亡意味著痛苦與折磨。
2. 死亡意味著個人的滅絕。
3. 死亡意味著一個人夢想的終結。
4. 死亡讓生命有了意義。
5. 死亡是一種解脫。
6. 死亡會使人願意冒很大的風險。
7. 死亡能使我們的成就有機會受到後世子孫的評價。
8. 在死亡面前，人人平等。
9. 死亡意味著我們必須和親愛的人分離。
10. 死亡讓我們得以和親愛的人重聚。
11. 死亡讓我們有機會永垂不朽（留給後人精神上的財富）。
12. 死亡讓我們有機會以一種高尚的方式離開人世，或為了某種理念而光榮赴死。
13. 死亡能幫助我們剷除對手，讓我們活得比他們更久。
14. 死亡意味著永恆的懲罰。
15. 死亡意味著失去。
16. 死亡意味著另一個世界的開始。
17. 死亡是荒謬的。
18. 死亡能激發性慾。
19. 死亡能促使我們設定目標。
20. 死亡是一場新的冒險的開始。
21. 死亡使我們變得謙卑。
22. 死亡會讓我們努力追求成就。
23. 死亡會促使我們為子女留下一筆財富。
24. 死亡能讓我們的偉大成就得以被後世頌揚。
25. 死亡會讓我們忘卻自己，關心他人。

26. 死亡會讓我們認真生活，為它預作準備。
27. 死亡代表了生命的不確定性。
28. 死亡距離日常生活非常遙遠。
29. 死亡是一種疾病，在未來將可以被醫學治癒。
30. 生命讓死亡有了意義。
（我們可不可以說好不要評論第18題？那麼我們就決定了：不予評論。）

以上這些題目是從四個面向來評量我們對死亡的看法：

- 死亡即來生（即進入天國）：第2題（反過來看）、第10、16、20題。
- 死亡即滅絕（被人徹底遺忘）：第1、2題（反過來看）、第3、9、15題。
- 死亡即傳承（留下某種有意義的事物，澤及他人）：第7、11、12、13、24。
- 死亡即動力（驅使我們設定生命的目標並努力達成）：4、7、19、22、30。

你對哪一個面向最有感覺？對哪一個面向最無感？請繼續往下看，以便更加了解你對死亡的感受。

對死亡的態度，你應該知道的幾個事實

- **我們對死亡的感受會影響對生命的感受**。有多項研究顯示：[7]如果你一直對自己勢必會死這件事感到不安，可能比較容易感到憂鬱、焦慮、缺乏自尊心等等。這和那些能夠接受死亡的人剛好相反，因為後

者對生活的滿意度往往更高，也認為生命是有意義的。

☠ **女人比較能接受死亡**。根據調查，[8]女人往往比較願意思考有關死亡的事，男人則比較傾向於避免這類敏感話題。

☠ **對死亡的覺知會使人……成長？**一般認為，如果能真正意識到自身死亡的必然性，對我們的心理會有很大的好處，也可以促使我們成長，但害怕死亡，則可能會使得我們在真正死亡之前就成了活死人。

☠ **接納死亡能讓我們認清生命的美好**。有些學者指出，[9]接納死亡能喚醒我們心中對生命奧妙的讚嘆與感動。這種感覺能翻轉對生命的態度，讓我們將生命當成一場理解自身命運的遊戲。你是不是需要一些這樣的情懷來讓你從人生這場大夢中醒來呢？

☠ **對「死亡的意義」有自己的看法是一件好事**。有一些心理學家[10]透過「你個人的死亡哲學是什麼？」以及「何謂死亡？它對你有什麼意義？」這類輕鬆問題的答案，分析人們對死亡的態度。結果他們發現，那些有自己的一套死亡哲學的人往往比較有目標，也很能接納自己的死亡。如果有人要你寫幾行字描述你的死亡哲學，你會寫些什麼呢？

☠ **意義和人際關係是很重要的**。研究顯示，[11]那些認為自己的人生有意義的人，以及認為自己和他人有連結的人，都比較不會對死亡感到焦慮，在談到死亡時也不會難受。這告訴我們要設法提升自己的人生意義並且要和別人建立有意義的關係。（請參見第九章：「增進生命的深度：追尋活著的意義」）。

☠ **有正向錯覺的人**。有些研究人員認為：[12]人們之所以對死亡抱持著負面的態度並表現出種種逃避行為，並不是因為他們不願接受死亡，而是因為他們有一種錯覺，以為自己能夠掌控生活，尤其是那些很希望自己的生活有條不紊，並且有強烈控制欲的人（似乎很多人都有這種毛病）。即使你曾經與死神擦肩而過，但如果並未認真看待自己會死

這件事，你可能就是一個有正向錯覺的人。你是不是為了保有對生活的掌控感而規避自己會死的事實呢？

◉ **謙虛的態度能夠降低死亡焦慮。**有好幾項研究顯示，[13]一個人如果具有謙卑——即所謂的「靜默自我」（quiet ego）——的特質，就比較不會有死亡焦慮。一個謙卑的人必然能夠自我覺察，知道自己的長處與缺點，也因此能夠接納「在宇宙的時空中，每個人都只是一粒微塵」的事實。這樣的認知會使得死亡從危險或威脅變成比較容易處理的悲劇，並且讓我們知道該如何生活。

> 隨著日漸年邁，我愈來愈認為自己根本無足輕重。畢竟，我只不過是一塊由碳原子所組成、會呼吸的肉，出生在一個自己無法選擇的時空中，停留一段微不足道的時間，很快就會被消滅，而我身上的原子也會被重新分配。說來諷刺，在我這個年歲，能夠這樣看待自己反倒使我比較開心。我成了一個心理學家，寫了幾本書，能夠以此自豪，但我同樣熱愛在天氣很好時，去戶外呼吸新鮮空氣或是蹓狗。
>
> ——謝爾登·索羅門（Sheldon Solomon）博士／斯基德莫爾學院（Skidmore College）研究死亡學的心理學教授

對死亡的態度：隨著年紀增長，我們日漸圓熟

年輕時，我們往往會極力抗拒死亡，但等到年紀增長後，就會冷靜下來，並接受死亡乃是生命不可避免的結局。

根據一項研究，[14]比起那些理論上已經實現許多願望與夢想的中老年人，青壯年比較會在死亡的驅策下去採取某些行動，但中老年人也不會無所作為。有許多人還是會想要達成某些有意義的目標，例如完成製作家譜的計

畫、撰寫回憶錄或教導孫子女等等。

一項針對死亡恐懼症所做的研究顯示：[15]成年子女往往比年邁雙親更加害怕死亡。我們以為那些已經風燭殘年的人會畏懼死亡，但事實並非如此。年長者雖然比成年子女更害怕死亡的過程，但往往都已經接受必然會死的事實，但他們的成年子女卻並非如此。這顯然會妨礙兩代之間討論重要的臨終議題，因為成年子女往往不想和他們的父母討論有關死亡的事，以致錯失了替父母擬定善終計畫的時機。

那些對死亡抱持著正向態度的人，都覺得他們的一生過得很充實。

那些對死亡抱持著負面態度的人（至少在他們還沒滿65歲時），都感覺他們尚未（或無法）達成自己的人生目標。下面這個問題雖然很淺顯，但如果不提出來，那我就是一個不適任的教練：你的人生有沒有什麼目標呢？只有在完成（或至少試著要完成）自己的一些人生目標之後，才會感覺你的一生過得很充實。

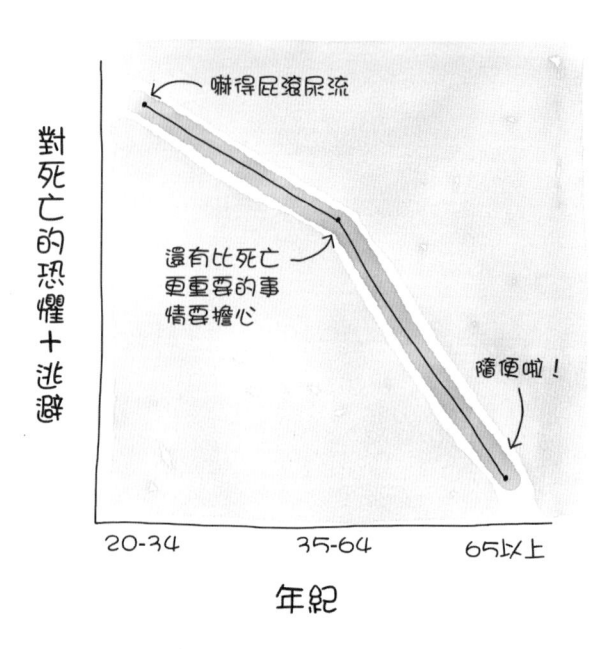

教練小語：目標 vs. 夢想。談到夢想，它們是不是會讓你的身上起疹子呢？沒關係。並不是每個人都可以藉著在白板寫下明確、可測量、可達成、符合實際，且有時間限制的目標就可以提升自我。有些人覺得這種做法會受到侷限和壓力。因此，如果你想在自己的人生中「做點什麼」，但又不想設定目標，也不必失望。

研究已經證實：[16]有些人會因為設定目標而感受到壓力。要知道，設定目標的過程會活化我們的交感神經系統（亦即我們體內那個讓自己打起精神往前衝的系統），但當我們描摹並談論自己的夢想、可能性、抱負、期望、願景以及有意探索的事物時，我們的副交感神經系統（就是那個讓我們放鬆、冷靜下來的系統）就會被活化。如果你適合制定明確、可測量且有完成期限的目標，那你就放手去做。如果你是那種喜歡自由自在、不希望受到太多限制的人，也可以好整以暇地構築自己的夢想，並讓它在你的腦海中以生動、逼真的畫面呈現。因此，你可以想一想：是喜歡設定目標的人，還是喜歡構築夢想的人？當我們在第十章和第十一章規劃下一步時，這將會派上用場。

對死亡的認知＝恆久的喜悅？

索羅門博士（就是宣稱自己是由碳原子組成的一塊會呼吸的肉的那個傢伙）可能是我在學術界最崇拜的偶像。不僅因為他是研究死亡學的泰斗，也因為他言談機智、喜歡穿著紮染的衣服、滿口髒話，是個很另類的教授。他滿足了我對偶像的所有要求。

我透過Zoom訪問他時，他劈頭就說：「小心你會接到死亡威脅，因為你這樣做等於是在告訴大家：『媽的！你給我醒過來！』但不是每一個人都希望被叫醒。」我聞言忙不迭的點頭，簡直難以隱藏我的熱情，因為（a）他看了我在TEDx的演講，（b）他認為那句「媽的！」是我講的。我感覺他懂我。

接著，他繼續說道：「我們之所以要記住自己會死，是因為就像林肯說的：『重要的不是你活了多久，而是怎麼活。』如果你不想在大眾文化的影響下成為一具肉做的玩偶，被瑣碎繁雜的事物麻痺，無視於周遭發生的事，那你就繼續做你目前在做的事。另一方面，你所提出的理念和哲學家卡繆所說的一樣，他說：『在你接受死亡之後，一切都有可能會發生。』」

所謂「接受死亡」，重點並不在於同意『我們在未來某個無法確知的時間點一定會死』的事實，而是要將死亡視為能夠教導我們現在如何生活的老師。「如果不真正直視死亡，那我們只不過是在拖延時間，得過且過罷了。」索羅門表示。「你在演講中也提過：之所以計算自己還剩下多少個星期一可活，並非因為我是個會計師，而是因為要讓自己深刻意識到每一刻都很重要，因為無論喜不喜歡，我可能很快就會被消滅──某顆彗星可能會從我的窗戶飛進來，撞斷我的脖子。」

在真正接受死亡後，我們或許能夠展開有意義、有目標的人生。索羅門繼續說道：「這聽起來很像心靈雞湯，但馬丁·海德格（Martin Heidegger）曾說，當你接受這個事實後，會覺得你的生命就像是進行式的冒險，充滿了

恆久的喜悅。」（聽到最後這一句，你是否倒吸了一口氣？很好，我也是。）

「長久以來，我們一直被各種與死亡相關的事件所包圍，例如疫情、地球暖化、法西斯主義以及全球經濟瀕臨瓦解等。這意味著：無論我們自己有沒有意識到，我們經常都會想到死亡。無論喜不喜歡，我們內心都會表現出無意識的死亡焦慮，引發出最惡劣的那一面，所以人們才會成為滿腹仇恨、嗜血好戰的原始法西斯主義者，在由酒精、推特和臉書所導致的恍惚狀態中不斷掠奪這個星球。」

你：等等，你說什麼？「被各種與死亡相關的事件所包圍」是什麼意思？
我：意思就是不斷被提醒死亡的存在。
你：你說那會引發我們最惡劣的那一面？但這本書的目的不就是要我們意識到死亡的存在嗎？那我會不會變成一個好戰的酒鬼？
我：我以教練的身分向你保證——你（可能）不會成為一個好戰分子。

接下來，讓我們繼續談談該如何揮舞「覺察死亡」的利劍，而不致被它所傷並因而送命，因為有一個很好的方法可以利用死亡，而不致變成一個「滿腹仇恨、嗜血好戰的原始法西斯主義者，在由酒精、推特和臉書所導致的恍惚狀態中不斷掠奪這個星球」。

當我們想到死亡時，腦子裡會掠過什麼念頭？

關於否認死亡這件事，讓我們很快回顧一下所知道的事實：
很遺憾，我們會死，但我們卻否認自己會死，並因此而失去了原本該有的生命力。這真是很諷刺的一件事。
所以，答案就是要面對人生——呃，死亡——的事實，對吧？答案就是

要時時提醒自己「人必有一死」,對吧?

人類有認知能力,知道自己會死,並且擔心死後可能會發生的事。但正如之前討論過的,我們往往不願承認這個事實,也避免討論死亡。儘管如此,我們還是不能欺騙自己:在我們的內心還是有很多相關的情緒或想法,而這些情緒或想法最終會對我們的行為造成影響。

研究顯示:[17]在初次面對死亡時,我們的「心理免疫系統」[18]會發揮作用,讓我們不自覺地想用一些快樂的念頭來保護自己,使自己不至受到「死亡」這個掃興的念頭所影響。這是一個很吸引人而且用意良善的機制,但在我們內心深處,那些快樂的念頭並不足以轉移我們的注意力,讓我們忘卻死亡。

有好幾千個實驗性質的研究顯示:當我們接收到「死亡提示」後,就像索羅門所說的那樣,可能會變得像天使一般,但也有可能會做出很蠢的事。這完全取決於我們是否有意識地去接觸那些會讓我們想到死亡的事。

研究人員指出,[19]當我們接收到死亡提示,意識到自己必然會死的事實時,可能會產生現兩種截然不同的思維。我稱之為「死亡的幽暗小巷」以及「死亡的光明小巷」。讓我們走到這兩條巷子裡瞧瞧。

想到死亡的不同反應

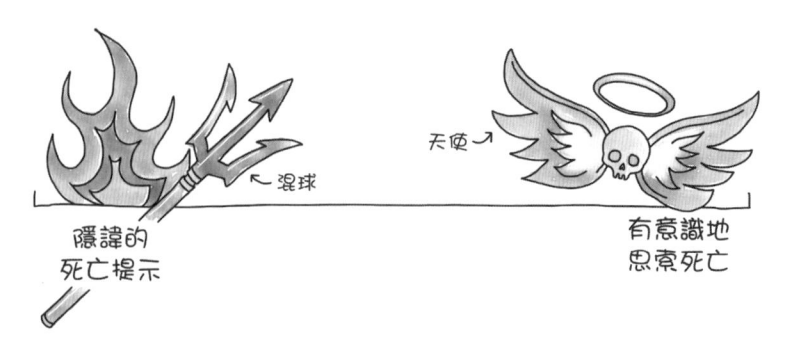

← 混球　　　　　天使 ↗

隱諱的死亡提示　　　　　有意識地思索死亡

死亡的幽暗小巷：混球的居所

這條暗巷的路面是以「恐懼管理理論」（Terror Management Theory, TMT）[20]鋪設而成。所謂「恐懼管理理論」乃是一種社會心理學理論，指的是有些人在意識到自己終將死亡時，會心生恐懼與仇恨，產生一些不好的想法，並做出歧視性的舉動。這是因為人類天生就渴望能活下去，也希望能在有生之年創造出一些價值，然而，我們同時也明白自己不可能永遠活著，因此便可能會感到不安與恐懼。

人類雖然面對各種苦難與死亡，卻仍想要好好活著。這是一個巨大的存在困境，而這樣的恐懼一直埋藏在我們內心深處，使我們產生一種無意識的焦慮，而這種焦慮會逐漸以出人意表的方式表現出來。

「恐懼管理理論」指出，有些人在意識到自己必定會死時，會以兩種方式來因應這樣的焦慮：

1. **愈來愈認同某種文化的世界觀**。這指的是某個團體的共同信念與價值觀，因為這些信念和價值觀可以讓我們的生命有秩序、有意義。也就是說，當我們意識到死亡必然會降臨時，可能會更認同自己的宗教信仰、國族、政黨、職場文化以及母校等等。
2. **提升自己的自尊**。這要視所信仰的文化的世界觀而定。舉個例子，如果我們相信資本主義，當我們猛然意識到自己終將死亡時，可能會出手闊綽、一擲千金，藉以提升自己的自尊，讓我們感覺自己的生命是有意義的。

「恐懼管理理論」讓我們得以暫時擱置對死亡的懷疑，相信即使在死後，我們身上某個可貴的部分也永遠不會消失：

- 我們可能會相信自己死後會上天堂或輪迴轉世。
- 我們可能會存有某種幻想，認為自己會因為獲得某種文化上的成就——例如奧斯卡金像獎或年度最佳銷售員獎——而永垂不朽。
- 我們可能會想要留下某種財富給子女，或透過某種方式讓自己有機會對這個世界造成某種影響。全球各地的研究都顯示：[21] 我們在驚覺自己勢必會死時，往往會更想生小孩，因為這會讓我們感覺自己超越了死亡。

這些做法能夠解決死亡的問題嗎？不，理性告訴我們答案是否定的，但我們卻藉著這類符合某種文化的世界觀的做法象徵性地獲得了永生。

以上這些都沒有什麼問題，但那些混蛋是怎麼來的呢？

心理學家指出，[22] 我們通常都是透過某種微妙、抽象、具有暗示性的方式（例如看到螢幕上的某個角色死去、聽到救護車警報器的聲音、看到火車事故的新聞或發現頭上長出了白髮）意識到死亡逼近的事實，但這些事情可能會促使我們下意識地做出某些反應。

幾個關於恐懼管理理論的有趣例子

研究顯示，當受試者意識到死亡逼進時，會更緊抓住現有的、符合自身世界觀的信念不放，並且貶低、排斥那些與他們信念不符的人。以下是從超過1,500項有關「恐懼管理理論」的研究所得出的一些例子：

- **法官會做出更加嚴厲的裁決。** 當市鎮法庭的法官意識到自己將會死去時，他們所做的裁決會比其他法官嚴厲九倍。在這項有關「恐懼管理理論」的創始性研究中，[23] 前者在一項假設性的賣淫案件中所裁定的交保金額平均是455美元，而控制組的法官所要求的金額則只有50美

元。這些法官藉著懲罰違反他們的世界觀的妓女來強化自身對生命的信念，以便減輕他們的死亡焦慮。索羅門講述了他帶領這項研究的經驗：「我們在檢討室告訴那些法官：『我們請你們想到死亡，然後你們就在一個案子裡做出了這麼嚴厲的判決。』法官都回覆道：『那些白癡問卷根本不可能影響我們的判決結果。』這真是出乎我們的意料之外。」這種在面對死亡時所做出的反應是自己無法察覺的。

☠ **我們經常會為了維持自尊而做出一些選擇，甚至不惜犧牲自己的健康**。有一項研究將受試者分成兩組，[24]並且讓其中一組閱讀一篇談論死亡恐懼的文章，另一組則閱讀一篇談論人們害怕公開演說的文章。然後，他們又請兩組受試者分別隨機閱讀時尚雜誌的兩篇文章。其中一篇的主題是「白皮膚就是美」，其中包含了妮可‧基嫚（Nicole Kidman）和葛妮絲‧派特洛（Gwyneth Paltrow）這兩位皮膚很白的女星的照片。另一篇所傳達的訊息則是「棕色皮膚才美」，並且附上珍妮佛‧羅培茲（Jennifer Lopez）和珍妮佛‧安妮斯頓（Jennifer Aniston）這兩位曬黑皮膚的女星的照片。你知道當他們之後被問到以後會不會想把皮膚曬黑時，發生了什麼事嗎？那些讀了有關公開演說恐懼症的人，無論他們讀的是哪一篇時尚文章都沒有很強的曬黑意願。但那些讀了有關死亡恐懼的文章，又看了「白皮膚就是美」的文章的人，願意曬黑的意願就明顯地減少；而讀了「棕色皮膚才美」的文章的人，想要曬黑的意願就明顯增加。可見，當我們意識到死亡逼近時，會更希望自己能夠符合社會標準，以便對自己更加滿意。

☠ **談到自尊……**有一項研究請一組男性的受試者撰寫一篇短文，[25]談論自身的死亡，另外一組寫的是牙疼，結果顯示前者在撰寫後對追求權力的興趣大於後者。在實驗結束後的那一個星期，那些意識到自己終將死去的男人表現出更加霸氣的行為，顯示他們的世界觀所看重的是權力，而他們藉著追求權力來提升自己的自尊。

☻ 意識到死亡會使我們對自己會腐壞的軀體感到不安。當我們接收到一些有關死亡的微妙提示時，會對我們的身體產生一些距離感，也就是說，我們會避免性行為以及其他身體活動。這是因為身體所發出的深層信號：「我們是生物，所以必然會死亡。」在關於「恐懼管理理論」的研究中，女人的身體是名符其實的地雷。這是因為女性的身體具有生育功能，會來月經、分泌奶水，是十足的生物性，而我們深知沒有生物可以永遠活下去，因此會下意識地感到不安。在一項研究中，[26]研究人員讓受試的學生接觸有關死亡的訊息或一個中性的題目，然後再請他們坐在一個實驗夥伴的旁邊。這個所謂的「實驗夥伴」其實是他們雇用的演員所扮演，而且他們還請她故意裝作不小心地讓一根衛生棉條從她的皮包裡掉出來。後來，研究人員問那些受試者：「你認為你的夥伴有多麼能幹、聰明、專注、友善和討人喜歡？」並請他們為她打分數。那些接收到死亡提示的人對她的評價都是負面的，並且當他們在休息過後回來時，會坐得離她遠一些。那些沒有接收到死亡提示的人，對她的評價則以正面居多，並且會坐在她旁邊（在另一項類似的研究中，那個演員掉了一根髮夾，但那些受試者的眼睛眨都不眨一下）。

☻ 微妙的死亡提示可能會讓我們對那些理念不同的外人產生敵意，甚至採取侵略行動。在美國的一項研究中，研究人員讓受試者觀看螢幕上一閃而過的、寫著「死亡」的字卡，結果使得他們對一位批評美國的作家產生了敵意。他們之所以如此，不是因為那些作家撰寫含有反美情緒的文章，而是因為他們在接收到提示後下意識地想到死亡。因此，死亡會使得人們更容易區分你我、彼此對立。

☻ 辣味莎莎醬研究。[27]一群在政治上分屬保守派和自由派的受試者分成兩組，其中一組被要求回答關於死亡的相關問題，另外一組則是回答較中性的問題。然後，研究人員再請受試者閱讀一段貶損保守派或自

由派的文章，例如「自由派（或保守派）最好的去處就是從我眼前消失，他們讓我感到噁心。」這時，研究人員又請這些受試者（他們以為自己參加的是一項有關人的個性與食物偏好的研究）發放超辣的莎莎醬給號稱是那篇政治性文章作者的人品嚐。研究結果和「恐懼管理理論」的假說非常一致：那些接收死亡提示的受試者，給與他們政治信念不同的人的辣味莎莎醬是與有同樣信念者的兩倍，而控制組（那些不曾回答有關死亡的問題的）受試者則毫不在意該作者的政治信念。

我們面對恐懼時的反應可能會使我們變成混球，然而當我們在合適的情境下意識到死亡時，我們也有可能變成天使。讓我們繼續看下去。

死亡的光明小巷：天使的居所

歡迎來到沉思死亡的地方……雖然這裡還是一條昏暗的小巷（因為死亡的緣故），但已經比前述的「幽暗小巷」要溫暖、舒適的多。

還記得我們談過「意向性」（intentionality）這個東西嗎？我們已經確知無法不去想死亡這回事。如果你否認死亡並刻意壓制有關死亡的念頭，你就會進入「死亡的幽暗小巷」，但如果你願意帶著正念思索有關死亡的事，你就會走進「死亡的光明小巷」。相較於在不知不覺中意識到死亡，審慎地思考死亡是我們內在一個刻意為之的審慎推敲過程。它會促使我們從正確的角度看待自己的人生，思索生命的意義與目標，並考慮死後會為子孫留下什麼。這也是我們在此共讀這本書的原因。我們希望能讓你超越自我、發揮創

造力，並且重新調整自己的優先順序，活出兼具廣度與深度的人生。我們要加入天使的陣營，而非混蛋的行列。

下面這項研究充分捕捉到死亡沉思的精髓。[28]研究人員將受試者分成三組：

1. 控制組：研究人員請受試者想像自己醒來後過著像平常一樣的生活。
2. 「死亡認知」組：研究人員請受試者盡可能詳細地描述他們在想到自己死亡時的念頭、感受和情緒。
3. 「死亡沉思」組：研究人員請受試者想像他們在一個朋友的公寓（位於市中心一棟老舊建築的二十樓）過夜，半夜醒來時，聽到尖叫聲並且聞到一股令人窒息的濃煙，他們雖然試圖逃離火場，卻徒勞無功，最後被燒死的情景。

重要的細節：在分組之前和實驗結束後，研究人員都請受試者填寫一份對生命感恩程度的問卷。

想知道後來發生了什麼事嗎？

☠ 控制組（想像自己像平常那樣過日子的那組人）感覺無聊透頂（我開玩笑的，不過他們的感恩程度在實驗結束後確實降低了）。
☠ 死亡認知組（以比較抽象的方式想著自己死亡的那組人）對生命的感恩程度有微幅的上升。
☠ 死亡沉思組（想像火災場景的那組人）對生命的感恩程度比那些未曾想到自身死亡的人有明顯上升。

當我們以更貼近現實的方式（想像火災的細節，使自己的死亡感覺起來更加具體）注視自己死亡的景象時，往往會開始意識到自己必然會死，同時也會慶幸自己還活著，能夠呼吸新鮮的空氣，也還有時間去做點事情。

在有意識地想著自身的死亡（細節不一定要那麼逼真、激烈）時，我們對死亡的看法往往會和從殯儀館回來，或讀了一本有關殺人案的推理小說後不同。最重要的是思考的背景。當死亡對我們來說只是一個抽象的概念（例如在新聞報導中聽到有關烏克蘭戰爭的消息）時，我們也會以抽象的方式尋求支持，例如強化世界觀、宗教信仰和社群連結，並可能會因此而做過頭，貶低那些和我信念不同的人。當我們刻意以明確且個人化的方式讓自己接觸到死亡的概念（例如透過有意識的死亡沉思）時，我們就會尋求內在的資源來幫助自己，例如設定目標、發揮創意滿足自己的需求，或追求內在的成長。

根據研究，以下這幾個例子顯示出，死亡沉思可以在我們的生命中扮演正向、有建設性的角色：

- **釐清目標**。有意識的想到死亡能夠喚醒我們，讓我們過著真正的生活。根據研究，[29] 當人們開始深刻地思考死亡時，會覺得名聲、財富、他人的景仰和世俗的權力都變得微不足道，並且會轉而追求內在的目標，例如自我的成長、對群體做出貢獻、建立健康的人際關係或追求幸福等等。有一位客戶在我辦的靜修營中進行了死亡沉思之後表示：「我頓時看清楚了。我花了這麼多精力營造形象，例如在意別人對我的想法，在意 LinkedIn 上的頭銜，以及我拎著什麼樣的包包，這些事情現在感覺都好膚淺，我寧可把這些精力用來幫助別人。」後來她便在她的公司推動了一項計畫，請業界的人輔導社區裡的弱勢青少年。

☻ **思索死亡會使我們變得不那麼貪婪**。在有意識地想著自身的死亡時，我們的心態會從在意「小我」轉變成關心「大我」。研究顯示，[30]那些思索自身的死亡與價值觀的受試者比較不會為自己索取抽獎券，也比較可能把抽獎券留給其他受試者，好讓他們有機會贏得100美元的獎金。他們都是天使，而非混球。

☻ **思索死亡會使我們對子孫更加慷慨**。研究顯示，[31]當受試者想到自身的死亡時，更有可能會把錢留給他們未來的繼承人。這顯然展示了他們對下一代的善意，也充分顯示我們都想要留給後人一些東西，好讓我們在死後仍能以某種方式延續自己的生命。參加過我的工作坊的學員在觀想了自己的死亡之後，在擬定分配遺產的計畫時，都表現得更加慷慨大方。

☻ **思索死亡會使我們更加感恩**。一項實驗的受試者在思索自身的死亡後，都變得更加感恩，[32]也更珍惜生活中的小確幸。當研究人員請他們想一想自己的一生中特別感恩的時刻時，潛意識裡對死亡的念頭也會減弱。（順便問一句：你開始撰寫感恩日記了嗎？）

☻ **思索死亡可能會使我們做出利他的行為**。根據之前談過的「恐懼管理理論」，人們在想到自己的死亡時，會更加堅持自己的世界觀，但這並不一定是壞事，尤其是當事人認為自己要當個好人才有價值時。這可能會使得他們更加信奉那些有益社會的價值觀，例如平等、同情心、同理、寬恕和助人等等，[33]並且做出更慈悲、[34]更利他的行為。[35]研究顯示，[36]人們（大多數是婦女）在接收到死亡提示後的那一週會做出更多有益社會的行為。

☻ **思索死亡可能會提升我們的品格**。在911恐怖攻擊事件發生（這使得許多人意識到自己也可能會死）後，參與研究的受試者在感恩、友善、希望、愛、靈性、領導力和團隊精神方面都有所提升。這種效益甚至在911事件過了十個月之後仍然存在。[37]

- **思索死亡可以使人成為更好的自己。**人們在適當的情境下接收到死亡提示時，會想要表現出自己最好的那一面，[38] 也可能會想要過著更健康的生活，[39] 例如多運動、注重飲食等等。
- **如何不讓自己出現「混球」反應。**如果你接收到的死亡提示是模糊而抽象的，這通常會引發我們的保護機制，本能地出現「混球」般的反應，不過有一些方法可以緩解這樣的反應。研究顯示，如果能帶著開放的態度、正念與好奇心積極地思考自己的死亡，就可以降低防禦機制。[40] 如果能提升自我價值感，往往也可以減輕這種防禦反應以及對死亡的焦慮。[41] 既然你已經知道微妙的死亡提示可能會引發負面的想法與行為，那麼在面對它們時，願不願意停下腳步想一想？假設你聽到一個同事罹患癌症的消息，你會不會放慢腳步，問問自己是否正緊緊抓住某個信念不放，或者是否正試圖無謂地提升自己的自我價值呢？你完全有能力駕馭自己的想法與行動，讓它們進入天使所居住的那條巷子。

研究總結

呼！你是否也覺得這些有關「死亡的幽暗小巷」以及「死亡的光明小巷」的研究應該做個結束了呢？好的，以下就是這類研究的總結：

- 在想到自己的死亡時，我們應該帶著愛與關懷，以免引發「恐懼管理理論」中所說的不良反應。
- 以不正確的方式思考死亡，可能會使我們變成固執己見、自我中心的混球，住在「死亡的幽暗小巷」裡。我們要小心避免。
- 以正確的方式思考死亡，可能會讓我們產生非常有建設性的想法以及強大的動力，而這正是本書的目的。

- 既然我希望你能盡可能每天都想到死亡，我們將透過一些具體而直接的問題與答案引導你的想法。不要在「死亡的幽暗小巷」裡浪費時間。
- 當你發現自己執著於某些信念或者拚命想要提升自尊時，就要開始注意自己的行為。或許你已經在不知不覺間受到死亡議題的影響。那可能意味著你下一步就要根據自己的想法和感受來採取行動了。
- 說到下一步，讓我們來談談當你不想談論（或想到）死亡時該怎麼辦。

不要迴避死亡：給那些不願意接受死亡的人

看看你，還在堅持自己的立場呢！我知道你希望保有那種安全舒適的感覺，不想理會有關死亡的事情。這是人性，無可厚非。但你知道終有一天，所有人都會被死神打臉，對吧？我知道你明白這一點，你只是擔心死後不知道會發生什麼事。我們需要一步步的讓你接受關於死亡的事實。

接納改變

如果思索死亡不是你的菜，為了激發你的食慾，我們來一份餐前點心如何？要不要以擁抱生命的無常做為暖身活動？**讓我們想一想事物最終變化並消亡的許多方式：**

- 你擺在廚房檯面上的那盆美麗繡球花的葉子一定會掉落，然後它就會枯死。
- 你的心情（無論是不快、狂喜或其他任何情緒）都會過去。
- 你那頭被剪壞的頭髮會再長出來。
- 你養的那隻黃金獵犬一定會死（這可能是最糟的一種情況）。

- 你那個2歲的兒子一定會長大，不會再如此難搞。
- 你最喜歡的那家小餐館、精品店、烘焙坊或舞蹈教室一定會關門。
- 你的新陳代謝和肢體動作會開始逐漸變慢。
- 你和一些朋友會隨著時間漸行漸遠，而且有些朋友會比你早死。
- 你的鄰居會搬走。
- 你在公司裡的職位會變動：湯姆會往上升一級，你的主管也會換人。
- 你的國家領導人會更換。
- 冰箱裡的優格會過期。
- 隨著你逐漸自我提升，你會變得愈來愈圓融。

很不幸的，我們的臉上都會長出皺紋，身體會變得衰弱，偶爾也會遇到意外、疾病纏身甚至死亡。唯有接受「世上唯一不變的就是改變」，我們才比較不會將無常視為一種威脅，而是把它當作成長的機會。如果你能思索萬物的無常，就會比較能夠面對自身的死亡。

我們周遭總是有什麼事物正在開始或結束。此刻，你的周遭發生了什麼改變？有什麼改變是你造成的？你感覺身上發生了什麼變化？你要如何接受隨著成長、調整乃至死亡而來的起起落落？

正向心理學小語：人生總是有得有失。研究顯示，當我們朝著一個目標邁進時，就會更有動力，幸福感也會增強。在這個過程中，我們通常不喜歡遇到挫折，但這往往是因為社會觀念影響我們對「成功」的定義。然而如果你能從另外一個角度來看待失敗或損失，如果失敗能讓我們學到一些東西，如果我們能從生命中的改變與失落看出意義並得到啟發，你的態度可能就會改變。

我的客戶之前經常忽視她做得好的地方，並且會為了失敗而自責。我鼓勵她記錄這兩者，以便在下一次見面時討論。結果發生了一個有趣的現象：她開始以一種嶄新的眼光來看待自己的得與失。由於她注意到了自己做得好的地方（通常都是一些小事），例如：「今天完成了要交給客戶的提案」、「上空手道課時終於搞清楚那個動作該怎麼做」，或「和伊蓮有一段尷尬但卻必要的談話」，她終於發現自己每天有多少進步。

　　除此之外，她的挫折並未使她覺得自己很差勁。相反地，卻使她看清了事情的真相。比方說，當她看到自己寫下：「今天帶兒子去上陶藝課時遲到了5分鐘」時，發現這種事其實沒什麼大不了的。當她看到「今天那個問題客戶又沒回訊息」時，她也比較能夠看清問題的嚴重性。她會接受事實，明白自己可能會失去一個難搞的大客戶，便不再為此糾結了。

　　記錄自己的成就能幫助你過著自己想要的人生，但記錄自己的失敗也有好處。這樣做能夠幫助我們平靜地看待自己的想法與經驗，明白人生總是有得有失，而且無論如何，日子還是要過下去。在邁向人生終點的道路上，我們需要練習這樣看待自己的失落。

要不要試試看？

「練習死亡」（嘗試接觸死亡）是一種藝術，也是一門科學。其方式多半是這樣的：

- 和某個喪親的人互動。
- 駐足觀看出殯的行列，並且想像躺在棺材裡的人就是自己。
- 試著接受生命中較小的損失，如失業、褪色的友誼、失敗的愛情、胎死腹中的工作計畫。
- 想像我們所愛的人遭遇慘死，而我們那天早上忘記和他說再見。

研究顯示，[42] 如果我們能試著做前述這些練習，就會比較能夠處理死亡的焦慮，並且更珍惜生命。

你是否還有其他方式可以練習死亡？如果你現在不做一些小小的練習，你要如何開始呢？

一起加入面對死神的行列吧

朋友，讓我們面對事實吧。你的生命是有期限的，我的也是，你的貓和你放在冰箱裡的牛奶也一樣。只是我們希望牛奶會先壞掉而已。

我們很容易忽略這個事實，但這是一個很嚴重的錯誤，因為死神扮演了一個推動者的角色。他會促使我們在有生之年改變自己的行為並做出更好的選擇。

我們是否不要讓死神污名化？**事實上，最讓我們害怕的並非死亡，而是我們到了生命的終點時，才猛然意識到自己從未真正活過。**（整片土地陷入寂靜。也許現在該來一段默哀時間？）好──我們回來了。

讓我們不要再迴避死亡。它是一股推動我們人生的根本性的力量。我不知道你怎麼想，但就我個人而言，我就需要一股適當的推動力，才能去做一些不在我的舒適圈範圍內的事。我唯有在想到時光逐漸消逝、生命何其可貴的時候，才會積極向上，奮發有為，而非像行屍走肉一般根據自己的慣性行事。我唯有在面對生命真正的事實（我所愛、所關心的每個人都會死，包括我在鏡子裡看到的那個人）時，才會有生命力。

請加入我的行列，一起思索死亡這件事。我們愈是預期、接納並思索死亡，就愈清楚生命中有哪些事情才是最重要的，以及我們想朝著什麼目標前進。

既然我們已經討論了思索死亡這件事的光明面，我想你們已經準備好要勇敢地沿著「死亡的光明小巷」前進，不再否認死亡的存在，並且準備在朝著生活前進的路上讓死亡不時地跳出來和你打招呼，彷彿你已經收到警告：你不會永遠活著。你已經看見那道光了！

接下來，讓我們談談，當人們和死神擦肩而過時會學到什麼功課。不容否認，提早接觸死亡（包括有瀕死經驗等等）可以喚醒我們，讓我們過著真正精彩的生活。現在，就一起去現場瞧瞧。

第五章

當頭棒喝：與死神擦肩而過

你的醫生皺著眉頭問你：你這個腫塊長出來多久了？
你：腫塊？

慘了！
可是……

　　人們在逃過一死後，往往會猛然覺醒，自己真正想過的是什麼樣的生活。這時他們就不會再浪費時間，而是立刻尋求生命的意義、品嚐生命的喜悅並實現人生的目標。他們會感覺自己彷彿重獲新生，於是便開始認真生活，因為他們已經清楚地看見自己差點失去了什麼。

　　這一章的目標就是要讓你在無須與死神交手的情況下，就能夠醒悟生命的價值。因此，我們不會要你躺在一輛被撞得面目全非的車子底下，或經歷其他九死一生的情況（因為這樣風險很高，而且我還可能會被告）。但我們會安坐在沙發上，模擬與死神交手的情況，（希望）你能像那些有過瀕死經驗的人一樣，做出某種有意義的改變。我們會從那些經歷過生死關頭的人士身上學習，讓你能夠在某些方面更認真地生活，但在其他方面又學會放下。

　　謝謝你一直這麼認真地做著筆記，也謝謝你願意回應我的請求，做那些另類的思考練習。這並不容易，所以請繼續相信我的話：最終你會發現這一切都是值得的。請繫上安全帶，我們將展開一段非常安全，但又可以讓你窺見死神的面貌，並從中得到啟發的旅程。

覺醒的咆哮

死神有時會幫我們一個忙，提前在我們面前現身，像週末不請自來的賓客（「抱歉，檢查結果是陽性的」），把家裡搞得亂七八糟（接受化療、放射線治療，所有的計畫都泡湯了），然後就走人了，留下我們清理現場（試著活下去，並且開始珍惜生命）。

對許多人來說，像這樣與死神擦肩而過的經驗是一記終極的警鐘。儘管這樣的事情非常罕見，大多數人都不曾親自體驗，但對那5%曾經和死神打過交道的人來說，[1] 這卻讓他們看見了傳說中的亮光，並且正沐浴在它的光輝中。

想想看，你有沒有認識哪個曾經面臨生死關頭的人。他們或許得了某種重病，或者曾經出過嚴重的車禍（醫生很驚訝的說：「哇！好險！如果傷口再往右邊偏半吋……」說著便比了一個「倒地而亡」的手勢。）你有沒有注意到，在經歷了這種被心理學家稱為「覺醒的咆哮」（the roar of awakening）之後，[2] 他們的生命目標變得多麼明確！研究顯示，這些人彷彿從睡夢中驚醒一般，開始用全新的眼光看待自己的生命，明白什麼才是最重要的，並且從此大幅改變自己的生活方式。

在我那些最有生命力的客戶中，有幾個人就曾經被死神的鬧鐘吵醒（在此鄭重聲明，他們後來按下了「貪睡」按鈕，所以現在還活蹦亂跳）。

例如，我有一位客戶曾經在一次海外護航艦隊的轟炸中險些被炸死。如今的她重新有了生命力。她說：「我想要充分享受剩餘的時光。過去我一直像戴著眼罩一般生活，但現在我再也不會回到過去的生活方式了。」她不再對生命抱持著漠然的態度，也不再過著

千篇一律的日子。現在的她非常珍惜每一個日出、她年幼孩子每一次捧腹大笑的模樣，以及生活中每一個小確幸。

還有一位先生，他在屋頂懸掛聖誕節的裝飾品時，不小心被一個巨大的充氣式聖誕老人逼得從梯子上摔落，陷入昏迷。當他恢復意識後，他感覺自己好像大夢初醒（雖然他的兄弟們不停地因此事而取笑他）。他發現他之前一直把生命中的一切視為理所當然，依著慣性過活。從此，他徹底改變工作方式和休閒生活，重啟人生。

這些客戶和其他那些曾經和死神打過交道的人，似乎都知道一些我們所不知道的事。我們這些從來不曾「一隻腳踏進墳墓」的「幸運者」，為什麼不能向他們學習，感受到那種「時光不待人」的迫切感，以及想要好好活著的動力呢？我們能夠做到嗎？可以的，只要深入發掘他們走過一趟鬼門關後所得到的啟示。請記下你所觀察到的現象。你可以從他們的哪些領悟中得益呢？

那些和死神打過交道的人所得到的十個啟示

1. **調整人生的優先順序**。當一個人曾經直視死亡時，會感覺他們的待辦事項，以及日常生活中的那些瑣事，變得愈來愈不重要，並開始把注意力放在那些真正重要的事情上，例如值得交往的人、感興趣的事物、感覺很充實的工作或覺得大有可為的機會。

同時，他們也不再重視別人所說的那些屁話（「要注意你攝取了多少卡路里」），以及由社會文化形塑而成的快樂陷阱（名聲、財富、人脈、開哪一種車），並轉而追求更多屬於自己的內在價值。當我們和死神擦肩而過時，可能會猛然發現自身的生活方式並不符合我們的價值觀。這時就有機會過著忠於自己的生活，而不是依照別人加諸在我們身上的價值觀過活。

雪依的圓圈

　　雪依・莫拉嘎（Shay Moraga）提到：「我很慶幸自己得了癌症，因為它讓我停下腳步。癌症給了我新的生命。」

　　雪依是「雪依的戰士」（Shay's Warriors）這個以協助癌症患者為宗旨的非營利組織的創辦人。她曾經做過連續二十周的化療，這段期間有很多時間可以記錄並思考她想要的生活。她告訴我，有一天她在接受治療時，把筆記本翻到新的一頁，接著在那張紙中間畫了一個圓圈，把她想要的所有事物都寫在圓圈內，並且把所有她不想要的事物都寫在圓圈外面。

　　我超級喜歡這個點子。

　　她放在圓圈外面的是：討好別人的心態、她沒時間或沒精力去做的事情，以及有害的人際關係。她放在圓圈內的則是她本身的需求與興趣，以及和她喜歡的人在一起的時光。

　　如果你有機會重獲新生，你會怎麼做呢？你會把哪些人和哪些事放在你的圓圈裡？又會把哪些事放在你的圓圈外？你需要把哪些重要的事列為優先？把哪些微不足道的事情往後挪？

　　2. 變得更加感恩，慶幸自己還活著。許多人在和死神擦肩而過後，都說他們變得更珍惜生命，因為很慶幸還能活著。死亡在我們臉上潑了一盆冷水，讓我們更看清生命的價值，提醒我們人生何其短暫，進而促使我們以更有意識地方式過活，不再將生命視為理所當然。

你是否曾經慶幸自己還有心跳、還有強健的雙腿能在雜貨店的走道上走來走去、還能站在這裡？

從大腦裡取出一顆酪梨

二〇一九年，當時27歲的克里斯·巴卡許（Chris Baccash），發現他的大腦裡長了一顆大如酪梨般的腫瘤，並因此動了三次手術。幾年後我採訪了他。他開玩笑地說：「他們已經盡可能把那顆酪梨拿掉了。」讓我印象深刻的是，他現在已經很能欣賞從前被他忽視的那些事物了。

「我心中充滿感恩。年輕時，我不能體會媽媽對我的愛，現在卻經常為此而感到驚訝。她會在我的腳踏車坐墊上貼個條子，上面寫著：『歡迎回家，我想念你』，也會在我的化療藥物上貼張便利貼，上面寫著：『充滿愛、能夠療癒人的藥物』以及其他諸如此類的事。這是我在長腦瘤之前不曾注意到的。」

克里斯回想起六月的某一天，他得知磁振造影檢查的結果顯示腦瘤已經消失後，便坐在醫院外面的長椅上，看著周遭所發生的事。「有好多架直升機正忙著把病人送到醫院來救治。我感到很慶幸，因為人類已經能夠駕馭這些機器，並且讓它們能夠很平穩地降落在醫院的屋頂上。我也覺得幸好人類已經具備照顧身體健康與心靈健康的能力。」在那樣的時刻，他心中充滿了感恩之情。

「我希望人們知道生活中所發生的某件事情有可能會摧毀我們，但它也可能是一件好事。這次大腦開刀的經驗讓我明白，什麼才是最重要的，什麼是我們該去

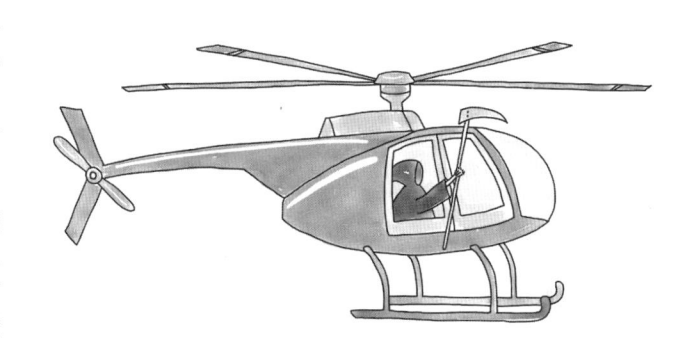

欣賞、品嚐的。我不想再罹患腦癌，但它是發生在我身上最棒的一件事。」

想像一下，此刻你就像克里斯一樣，在得知自己的腦癌已經清除後，坐在醫院的長椅上。你會為哪些小事而感恩呢？如果你不需要動腦部手術就能心懷感恩，你的人生將會變得如何呢？

3.拒絕活在別人的期待裡。人們在鬼門關前走了一遭後，往往會拋開別人加諸在他們身上的期望，允許自己活出更真實的自我。他們不再問：「別人會怎麼看我？」因為這一點也不重要。他們不再追求父母、老闆、董事長或鄰居的認可。他們已經設定了人我的界限，不會再任由別人踰越這些界限。

在我為一家企業舉辦的工作坊中，一位學員和他的小組成員分享了他對隨時回覆電子郵件和短訊這件事的感受：「你們可能已經注意到了，現在我在晚上和週末時，已經不再回覆任何訊息了。在我出車禍前，我不是這個樣子的。」在他騎摩托車出了一次車禍，差點死掉之後，他不再擔心如果他每天只工作10個小時，同事會怎麼想。「你們知道我會罩你們的，是吧？但人生苦短，我不想再玩『誰最先回覆』或『你看誰連星期天都在工作』這類的遊戲了。我希望你們像我一樣在上班時可以努力工作，但下了班之後也能努力生活。」

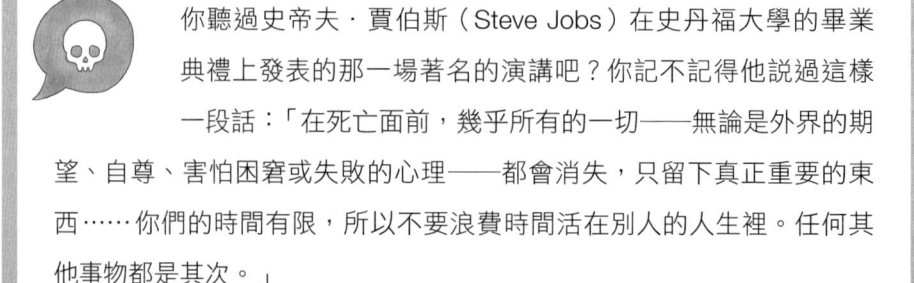

> 你聽過史帝夫・賈伯斯（Steve Jobs）在史丹福大學的畢業典禮上發表的那一場著名的演講吧？你記不記得他說過這樣一段話：「在死亡面前，幾乎所有的一切──無論是外界的期望、自尊、害怕困窘或失敗的心理──都會消失，只留下真正重要的東西……你們的時間有限，所以不要浪費時間活在別人的人生裡。任何其他事物都是其次。」

想像一下，如果你在每一方面都能活出真實的自我，如果你不那麼在意別人對你的看法，如果你覺得在有生之年必須取悅的是自己而非他人，如果你每天晚上睡覺時都因為活出自己的人生而感到自豪，生命將會是什麼樣子？

4.**更投入生活**。當你差點失去生命時，會更投入生活。當你意識到自己在人世的時光何其短暫時，往往會想要親自登場去玩一玩。我有一些客戶在鬼門關前走了一遭後，便開始積極地投入生活，例如透過網路約會、到摩洛哥旅遊、在50歲時學會單板滑雪、創立非營利組織、搬到氣候比較溫暖的地方、開始和他們的孫輩共度週五的時光、刺青、一週只工作三天、回到學校上學而成為一名私人健身教練等等。各式各樣的體驗正在你夢想中的生活等著你。

一個小故事：被他人的死亡喚醒

我在史考特・德魯齊歐（Scott DeLuzio）的播客節目《重新上路》（*Drive On*）中擔任來賓時，他的一番話讓我非常震撼。這個節目主要的聽眾是那些希望能夠從戰爭創傷中復原的退伍軍人。當我們在討論「記住你一定會死」的概念時，他說：「如果你只想坐在家中無所事事，那就太對不起那些犧牲性命讓你能夠活下去的人了。我的哥哥在阿富汗戰死，我感覺如果我只是坐在那裡浪費時間，那他的犧牲就完全不值得。我認為這樣是不對的。我覺得為了他，我一定要活出一個有價值的人生。」

到現在，這番話仍然讓我感到震撼。

既然你還活著，你要做些什麼才能不虛此生呢？如果你清楚意識到自己的時間真的非常有限，你會開始從事哪些活動，或者追求哪些目標與夢想呢？

5. **擁抱平凡的日常**。那些行走在死亡陰影下的人，會珍惜日常生活中的每一刻，無論它們看起來有多麼平凡無奇。我們總是習慣頌揚並慶祝那些特殊的時刻，例如生日、節日、週年慶、求婚紀念日、弄璋弄瓦之喜、跑完馬拉松的瞬間，或成為公司合夥人的日子。要不要看看我們能從日常的生活中得到什麼樂趣呢？

如果我們能享受日常生活中的小確幸，例如泡在溫熱的洗澡水中的感覺、把自己喜歡的歌曲大聲放送出來、走過你最愛的烘焙坊時聞著裡面飄出來的香氣，以及啜飲你最喜愛的飲料（「莫斯科騾子」雞尾酒！），我們的生活就會愈來愈美妙。你不妨把一些平凡卻神奇的時刻加入你在「死前驗屍」時所列的那張「使我快樂的事物」清單，仔細留意！不要錯過那些美好的時刻。

購買電燈泡和其他平凡的寶物

克莉絲・提雅（Chris-Tia）是我很喜歡的一位客戶。她在二〇一二年時因為乳癌三度復發而去世，得年僅42歲。我們最後一次會談，是在她去世前幾個月。當時，她告訴我她決定要放緩腳步，擁抱無聊的時刻：

- 她喜歡沿著家飾店的走道閒逛，尋找電燈泡。
- 她喜歡看著她那個挑高的閣樓裡，外露的管子上灰塵被擦乾淨的感覺。
- 她喜歡整理她的垃圾郵件信箱。

☻ 她喜歡坐在伊利諾大學芝加哥校區（就在她家附近）裡，隨處可見的那種大大的紅色戶外椅上，什麼也不做的感覺。

☻ 她喜歡走到附近的雜貨店，並且在回家的路上吃一根巧克力雪糕。

　　如果生命就是我們正在忙著訂定計畫，以便「真正地活著」時所發生的一切，有哪些簡單的時刻是你可以細細品味，並讓自己得以受惠的？此時此刻，你忽略了哪些再平常也不過的小事呢？有沒有哪些簡單的樂趣是你視為理所當然的？如果你今天早上差點就死掉，你會不會開始享受周遭那些一直被你忽視的小小的樂趣呢？

　　6. 重新建立人際連結。那些在鬼門關前走了一遭的人往往會更加珍惜他們身邊的人。在逼近死亡時，我們會開始注意到那些自己可能從此再也見不到的人。參加葬禮時，我們也會在心裡默默地想著不希望失去的那些人，擔心下一個就輪到他們了：「黛柏、艾藍、艾絲米拉達……上次我請艾藍幫我看家時，他把我那盆發財樹弄死了，所以他死了沒關係，可是，萬一黛柏死了，我該怎麼辦？」當我們想像生命中重要的人死去的情景，就會更加珍惜與他們相處的時光。

　　我有一位客戶曾經被人持槍搶走她的車子，但她卻因此而有了一個意想不到的發現。她說，她「在吃了這個苦頭之後學到了一個教訓」，發現自己根本沒有什麼朋友。在被搶劫的那個晚上，她從警察局回到家後，感覺既害怕又孤獨，卻沒有一個親近的人可以訴說。她雖然認識很多人，也有不少同事，但他們都只是一塊兒吃喝玩樂、在實驗室裡分享生日蛋糕的泛泛之交。當她真正需要朋友時，卻不知道該打電話給誰。她之前雖然有過一些朋友，但都因為忙於事業而疏遠。經歷這次事件後，她開始想和那些老朋友重新建立關係，即使她會因此而少發表幾篇論文也沒有關係。她不希望在沒有知交好友的情況下死去。

你的生命中有哪些人,是你希望能在他們過世前聯絡的?又有哪些人,是你希望在自己死前能聯絡上的?如果你在鬼門關前走了一遭,在三更半夜時,你會打電話向誰求助?

7. 全心活在當下。曾經和死神擦肩而過的人更能活在當下——無論這個當下是好是壞——因為這是他們險些無法再享有的一種奢侈。他們不需要花太多時間回憶過去、擔心未來,因為他們知道那些被一般人視為理所當然的此時此刻是唯一擁有的東西。

當我們活在當下時,我們眼中所見的人、地、事物會產生新的意義。當我們真正活在當下,而非忙著在手機上觀看別人的生活時,我們將會察覺到此時此刻正在發生的事,並接收到新的資訊。

鄧肯是我從前在應用正向心理學研究所授課時的學生,如今已經成為我的朋友。他幾年前曾經心臟病發作。儘管過了兩、三個月之後,他才意識到,當時他很可能會因此喪命,但事後他還是有所改變,開始活在當下。他說:「我開始以一個全新的角度看待我的人生。在我眼裡,那些建築、樹木和雲朵都變得和以前完全不同,美得令人震驚。」

「注意」與「覺察」這兩個概念看似簡單,卻能帶來如此多的變化。你在每個當下都注意些什麼事呢?你接收到什麼訊息?觀察到什麼現象?要活在當下,我們必須做出一些努力,因為我們那躁動的心智總是習慣回顧過去、擔憂未來。不過,我們只需要停下腳步,吸一口氣,專心注意並覺察就可以了。

8. 創造意義與成長。在遭遇嚴重創傷、險些死亡後,我們不一定會變得更快樂或更聰明,但那些在鬼門關前走過一遭的人都說,他們因此變得更能自我覺察、更有智慧,覺得人生更有意義,也更能自我實現。許多人在和死神擦肩而過後,會更願意敞開自我,在學習、事業和人際關係等各方面尋求

新的可能性。他們也因此得以持續成長，出現脫胎換骨的改變。

我有一名客戶的兒子，因為服用藥物過量而差點送掉性命。他說他兒子從醫院回家後，像是重新認識了自己：「我就像變了一個人。過去我和自己只是泛泛之交，如同彼此隔著圍牆打招呼的鄰居一樣。我想我是在逃避真正的自己。但經過那件事後，我很清楚自己是個什麼樣的人。我想回到學校唸心理學。」

毫無疑問地，對死亡的覺察乃是我們成長的動力。為了讓你的生命更有意義，你是否能以一種新的眼光來看待所遭遇的挑戰？或許其中蘊含了能讓你成長、進步的機會。想想看，還有哪些地方有可能成長呢？

正向心理學小語：認識創傷後壓力症候群（Posttraumatic Stress Disorder, PTSD）的反面。你有沒有聽過「創傷後成長」（Post-Traumatic Growth, PTG）這個名詞？或者「用生命的檸檬做成檸檬汁」這樣的說法？心理學家認為「創傷後成長」就是人在經歷逆境後，在心理上所出現的正向改變。[3]

事實上，我們在逃過死劫、經歷重大的危機或其他不幸後，確實能夠成長，而這通常是因為當事人得以拋卻已經不適合他們的價值觀、期望和目標。

當你放下已經不切合實際的目標後，會感到如釋重負。從前的某些目標或許現在已經不適用。如果你能改弦易轍，人生將會變得更加美好，但你是否仍然緊抓住它們不

放,硬要往前衝呢?我的一些客戶在放棄那些快要把他們壓垮的目標(例如令人精疲力盡的工作計畫、繁瑣的房屋翻修計畫或已經毫無樂趣可言的馬拉松訓練)後,都瞬間變得快樂許多。

去年我試著創作一幅畫,但每次我看著畫面時都很沮喪。我用壓克力顏料重新畫了一遍又一遍,以致畫布都變重了,而且在作畫期間,我從來沒有渾身是勁或躍躍欲試的感覺。

「我要再試一次看看。」我佯裝熱切的對丈夫說。

有一次我畫完後,他看了一下,便略微遲疑地說道:「它看起來像是一條條的櫛瓜。」我知道,他的形容頗為貼切。

但我想畫的不是櫛瓜。我的丈夫甚至不喜歡櫛瓜。那我為什麼要畫一幅3×4呎的櫛瓜來掛在門廳呢?

於是,我做了一個艱難的決定:我不要再畫下去了。那種如釋重負的感覺真是美好。我想如果我在歷經生死關頭後從醫院回到家,還會那麼堅持要畫這幅畫嗎?不會!如果我想到自己還有多少個星期可活,我還會再次拿起那支畫筆嗎?不會!我會把它燒掉,然後圍著它跳舞,並用它那熾熱的火焰來烤棉花糖。

有時我們以為「堅持」是一種美德。有時,我們可能會陷入「沉沒成本謬誤」(Sunk Cost Fallacy,就是明知放棄是最明智的選擇,但還是繼續做下去,只因為已經付出了許多時間與精力),但你有可能下個星期就死了。如果你在生命的最後幾天,還是要看一些不適合的書籍、節目或電影,和一些不適合的人在一起,或從事不適合的工作,那不是很可惜嗎?你要不要允許自己放棄或離開呢?

9. **靈性的覺醒**。許多逃出鬼門關的人都體驗到他們和某種存有之間的連結。那個存有超乎小我，可以給人帶來極大的安慰。有些人因此而重新加入某個宗教團體，也有些人開始尋求某種靈性的連結，藉以得到安慰。

這便是心理學家所謂的「靈性的臣服」（spiritual surrender），[4]它指的是人們不再認為自己是宇宙的中心，而是一個廣大而神聖的存有的一部分。我們總是想要控制生活中的一切，但吊詭的是，當我們開始臣服，把自己交托在一個更高的、仁慈的存有手中後，卻會感覺自己變得完整，並且心中充滿感恩、平靜和悲憫。

你是否想要提升自己的靈性？如果你能少一點「以自我為中心」的想法，是否會更好呢？如果你能做到某種程度的「靈性臣服」，有沒有哪些東西是你可以順其自然，不再試圖掌控的？

10. **重新煥發生命力**。研究顯示，[5]那些曾經面臨死亡（尤其是那些生重病、出車禍、險些溺斃或摔死）的人，似乎都宛如重生一般。他們的生活變得更加豐富，並且充滿生命力。

有趣的是，研究也顯示，[6]瀕死經驗所帶來的正向副作用（價值觀以及人生觀的改變），並不會隨著時間而消退，甚至可以持續二十年以上。我想要擁有一個活力滿滿的人生，你呢？

僥倖脫險

崔雪・肯德爾（Trish Kendall）在20歲時企圖自殺，之後便重獲新生。

故事的結局很圓滿：現在的崔雪和她的丈夫、兩個孩子以及一隻名叫魏思的狗，住在一個靜謐的郊區，過著她夢寐以求的生活。這和二十五年前她還是個徹頭徹尾的毒蟲時所過的生活簡直有天壤之別。

崔雪說：「當時，我坐在那個寒冷、發霉、污穢、骯髒的浴室地板上。我決定用針頭把過量的冰毒注射到我的靜脈裡，因為我認為我已經沒有其他選

擇。我不相信像我這樣每天都被爸爸性侵的20歲女孩，還有任何希望可言，也不相信還有人會愛我。我的人生已經沒有指望了。但就在我準備把最後一根針頭插入我那瘢痕累累、滿是瘀青、骨瘦如柴的手臂上時，我的姊姊打了一通電話過來。在那個年代，我們用的電話還是那種有著來電顯示的老式電話。有人打電話來時，你低下頭就可以看到大大的區域碼顯示在上面。我看到254的區碼，就知道是住在德州的姊姊打來的，於是我接了起來。當時，我以為自己一心求死，但其實內心深處，我並不想，所以才會接那通電話。」

這通電話改變了她的命運。後來她的繼兄將她扶了起來，送到飛往德州的飛機上。她的姊姊正在那裡等著要照顧她。

「當時讓我最害怕的是：如果沒有了冰毒，我是誰？我的人生會是什麼樣子。就算我沒死，我也不知道該如何活下去。我不知道怎樣才能在平凡的生活中品嚐到喜悅，不知道該如何做個普通人。我對自己沒信心，也不相信自己能過一般人的生活。」

我問崔雪她是否曾經在某個時刻回顧這段過往，並且心想：「哇，那個時候我差點就死掉了呢！」她很篤定地說「是」。「那是我從我姊姊的小孩身上感受到愛與喜悅的時候。他們會在早上七點拿著早餐麥片叫我起床，也會爬到我的床上，要和我一起看《淘氣小兵兵》(Rugrats)。這些平凡的日常讓我感受到一種純粹的喜悅，治癒了我的傷痛。我很慶幸自己活了下來，能夠體驗這種平凡的幸福。我因此獲得新的生命。直到今天我還是為此深深地感恩。」

教練的話：用減法來做加法。心理學家說，[7]一種名為「心理減法」(mental subtraction)的練習能夠提升我們對生活的滿意度。方法就是：想像我們失去了一些美好的事物（例如你沒有與配偶相遇）。研究人員表示，這

樣做會讓我們心懷感恩，因為它可以幫助我們發現那些一直被視為理所當然的事物。研究人員證實，「心理減法」可以讓我們看到自己過往忽視的事物，且產生好奇心，這會幫助我們跳脫慣性模式。

此外，你還可以想像自己失去了行動能力或健康的身體，想像自己已經江郎才盡、你養的那隻名叫「泡菜」的雪貂死了，以及其他諸如此類的事情。你也可以想像自己不會永遠活著，甚至根本不曾出生，沒有心愛的人與寵物，沒有美好動人的回憶，不能獨立自主，無法實現自己的潛能，未來也毫無頭緒等等。你甚至可以想像自己再也吃不到喜歡的扭扭蠟燭糖（Twizzlers）了。現在，請你環顧四周，想一想：有沒有哪件事是一直延宕，認為自己以後總會有時間去做的呢？你想把它完成嗎？還有，既然已經體認到你有能力在有限的餘生中讓自己重獲新生，那麼你想成為一個什麼樣的人呢？

製造一個小型的存在危機

答案已經很清楚了：那些曾經在鬼門關前走過一遭的人，都會開始追求自己想要的生活。他們在和死神打過照面之後，看待事情的眼光都變得不一樣了。他們的意識進入了最高的層面。

不過，如果我們不曾有過和死神擦肩而過的經驗，要如何才能看清自己所處的荒謬情境，過著自己想要的生活呢？

我發現最好的方法就是，讓自己經歷一場存在危機。這種方法雖然不像瀕死經驗那般戲劇化，但也很管用。

十九世紀的精神病學家兼存在主義哲學家卡爾・雅斯培（Karl Jaspers）相信：活著就是要經歷各種不同的處境。有些處境無傷大雅（例如交出有關豐田生產方式的第395號報告，或去乾洗店拿已經洗好的衣物），有些處境

則能讓我們感到震撼（例如生孩子或年滿50歲）。

當面臨「邊界情境」（boundary situation）時，我們會自我覺察，成為最真實的自己。所謂「邊界情境」，指的是那些讓我們接觸到生存侷限的重要時刻。改變、苦難、奮鬥、罪惡感和死亡都會讓我們處於「邊界情境」。

心理學家指出，當我們處於「邊界情境」（例如想到自身的死亡，或者直視死亡）時，就可能會產生存在危機，類似的例子還包括：

- 當我們年滿40、50或60歲……時（這時我們會感覺自己彷彿進入另外一個不同的紀元，即使實際上和前一天並沒有什麼兩樣）。
- 重要的週年紀念日。
- 退休。
- 失業。
- 嚴重的殘疾或疾病。
- 決定和另外一個人在一起。
- 和伴侶分居或離婚。
- 搬遷。
- 財務方面的重大變故。
- 心愛的人死亡。
- 出現老化的徵兆（例如長出白頭髮、皺紋、皮鬆肉垮、停經、勃起功能障礙等等）。

我有許多客戶在快要或已經退休時，都因為生活面臨很大的改變而陷入某種困境。在我為一群即將退休的企業領袖所舉辦的活動中，有許多人都表達出他們的困境：

他們一方面擁有了自由，可以選擇自己想要的生活方式（「太棒了！天天星期天」），但另一方面，他們卻在身分認同上感到失落（「如果我不再是個醫生了，那我是什麼呢」），也沒有一個明確的目標（「現在我該做些什麼好呢？」）。這樣的落差可能會讓他們感到害怕，不知如何是好，也認為自己沒有太多選擇，並因而感到絕望。但事實上，這種「邊界情境」能讓我們有機會重新定義並打造自己的生命。有些人的生活方式甚至會因此而出現巨大的轉變。

關鍵時刻的省思

警告：以下這些問題旨在激發你的思考。

即使你的生命在近期內不可能會出現什麼轉折（例如破產或離婚之類），這也並不代表你一定要等到自己處於某個「邊界情境」時才開始思考自己該怎麼做。你可以找個地方坐下來，想像即將屆滿50（或60、70）歲，或生命中發生了重大事故，或快要退休，然後思索以下問題：

- 此時此刻，你真正的感受是什麼？有哪些感受是你不願意承認的？
- 面對這個轉變，你的反應和回應有何不同？
- 你可能會感覺自己失去了什麼？得到了什麼？
- 當你回顧這個轉變時，你希望自己有何感覺？你會如何處理這個變化，好讓自己引以為豪？
- 你會如何形容這個轉變期（例如：優雅、令人振奮、好奇、平靜、有如一場冒險、能夠改變生命、充滿可能性、無足輕重、令人鼓舞）？
- 如果你是一個充滿生命力的人，下一步你會怎麼做？
- 你可能需要成為一個什麼樣的人，才能成功地因應這個轉變？

> - 這個轉變如何讓你思索生命的無常？
> - 在明白生命有限之後，你會想利用餘生做哪些事情？
>
> 請寫下你的回答，再看看答案，並寫下想法，接著再重頭來一遍。這時，來一瓶上等的紅酒或許會對你有所幫助。

你不妨慶祝這些改變（每一個重大的里程碑、重要生日、特別的開始和結束，以及你試圖抗拒的改變），即使它一開始時可能會讓你感到困惑不安。讓我們擁抱這些改變，因為它們通常是上天所賜的禮物（只是我們看不出來），為的是讓我們有機會提升生命的廣度與深度。

創造頓悟

大多數人都不曾有過與死神打照面的經驗。不過，請別擔心！我不會鼓勵你去用一條不怎麼安全的繩索攀岩，以便讓你更加珍惜生命。此處我們所談的現象，大部分是人們在有了某種「頓悟」之後，就開始改變自己的想法、人生的方向與生活方式，並且不再以自我為中心。在未曾經歷瀕死體驗的情況下，我們能不能讓自己產生這種「頓悟」呢？

瀕死體驗所帶來的效果就像「量子變化」（quantum change）一般。這指的是人們突然靈光乍現（彷彿腦海裡的燈泡突然亮了起來），悟出了某種道理，導致他們的價值觀、人生的優先順序和處世的觀點，發生了深遠的變化。《聖誕頌歌》（A Christmas Carol）[9]裡面的主人公艾比尼澤・史古基（Ebenezer Scrooge）就是一個例子。心理學家形容這種重大的改變是一種成長的蛻變[10]，就像「突然按下了一個『快進鍵』，讓自己達到心理學家亞伯拉罕・馬斯洛（Abraham Maslow）所謂的『自我實現』」。我想我們都很希望能夠像這樣快速到達馬斯洛金字塔的頂端。

當我們摒棄既有的觀念、角色、身分和期望時，自然會渴望創造出一種新的生活方式，藉以滿足自己的需求（而非追求別人的認可）。這便是神奇的「量子變化」發生的時刻，讓我們就像經歷了一場地震一樣，能拋棄舊有的想法，建立新的觀念，重新審視自己並規劃未來。但在我們不曾有過瀕死體驗的情況下，這樣一場「地震」便需要我們自己來發動。

讓我們來看看該如何製造這樣一場「地震」。

想想看，如果你今天僥倖逃過一死……

- ☠ 你明天會做什麼？
- ☠ 你會成為一個什麼樣的人？
- ☠ 既然你已經知道失落是怎樣的一種感覺，你會細細品味生命裡的哪些事物？
- ☠ 你會割捨哪些事物？你會對哪些東西說：「謝謝，不用了！」
- ☠ 在剩下的日子裡你會做什麼？

既然你對前述這些問題都有了答案，今天為什麼不能成為你想成為的那種人，過你想過的生活，並開始珍惜那些被視為理所當然的事物呢？請把自己的答案保存好，我們在最後面幾章規劃行動時會用到。

當我們發現自己必然會死時，會意識到時間如此之少，並因而調整事物的優先順序。幸好，要悟出這個道理，我們不一定非經歷墜機事件或罹患癌症不可。刻意思索死亡也有同樣的效果。

現在你知道我想說的是什麼了嗎？

唯有死亡能讓我們發出那「覺醒的咆哮」，因此如果想要覺醒，唯一的

方式便是時刻記住自己會死。這樣做可以：

- 激勵我們，並開始採取行動。
- 提醒我們生命的脆弱，得以更珍惜活在人世的時間。
- 讓我們重新審視自己應該優先把時間花在哪些地方，並選擇從事既可以帶給我們快樂（例如學習畫畫），又具有深刻的意義（例如和繪畫班裡的同學建立連結、仿效梵谷向日葵的風格，畫一幅畫送給朋友當做生日禮物，並感受它所帶來的成就感）的活動。

我們需要以積極的態度面對死亡。唯有如此，才能脫離慣性模式，過著無比美妙的生活。

在這一章中，我們描述了瀕死經驗，並談論了那些僥倖逃過鬼門關的人所學到的功課。既然你有機會決定生命的走向，就讓我們一起迎向無悔無憾人生。說到後悔……

第六章

遺憾的好處

> 在人們講述或撰寫的可悲話語中，最可悲的莫過於「未竟的心願」這幾個字。
>
> ——約翰・格林里夫・惠蒂埃（John Greenleaf Whittier）／美國詩人

我們都不希望自己有任何遺憾，不是嗎？

到目前為止，我們一直在談論有關死亡的種種。不用說，所有人都對死神退避三舍，也不希望自己死後留下任何遺憾。但死亡這件事由不得我們決定，後悔卻是我們自己造成的。當我們遇到問題時，總喜歡怪罪別人，但當我們的人生充滿遺憾時，卻只能怪自己。

我這樣說，並不是要讓你自怨自艾，悔恨自己在死前沒有把日子過好。在這一章中，我們要討論的是人生中的遺憾。我發誓，你看完這章後一定會覺得你的時間花得很值得，因為我們將探討遺憾是如何形成，以及它們如何能幫助你過所渴望的生活。看完這一章後，你將：

A. 成為「遺憾預防部」的正式成員（別擔心，我們不收會費）。
B. 有許多意料之外的發現，可供日後參考。

在我們的討論結束前，你不必做任何事情，但如果不想浪費生命，最重要的事情就是要採取行動。因此，如果你還沒讀完這一章，就想要針對某

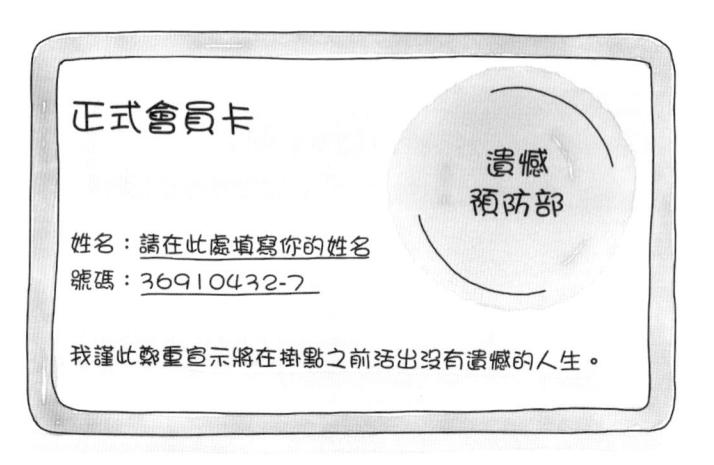

> **正式會員卡**
>
> 姓名：請在此處填寫你的姓名
> 號碼：36910432-7
>
> 遺憾預防部
>
> 我謹此鄭重宣示將在掛點之前活出沒有遺憾的人生。

件事情採取一鳴驚人的行動，這裡也沒有人會阻止你，因為在我們討論「遺憾」這件事時，絕不能讓你留下任何遺憾，後悔自己沒有針對某件重要的事情採取行動。

接下來，讓我們看看人們從遺憾中學到了什麼功課……

我為什麼會極力避免留下遺憾

在所有我害怕的事物（例如蜘蛛、被人拒絕、針頭等等）當中，遺憾絕對是其中之最。我內心深處一直有一種恐懼，很怕自己到了生命的盡頭時會因為沒有活出想要的人生而對自己感到失望。

而這一切都和我的母親有關。

之前我曾經提過，她死時留下了一堆沒有實現的夢想。我也曾經提過，她死後，我在她家整理遺物（她寫的文章、畫的素描以及她自己用噴墨式印表機製作的名片）時，看到了她所留下來的那些沒有完成的夢想。她是個超棒的夢想家……卻不是一個行動派。有些人整天做夢，卻不會斷然採取行動。我的母親就嚐到了拖延的苦果。

她罹患了躁鬱症，卻很有創造力。每當她處於躁狂狀態時，就會開始寫文章、親手做狗糧，還會自己動手雕刻健行杖。然而，當她陷入鬱症的泥淖時，這些活動就停擺了。這樣的情況反覆上演，讓人看了非常心痛。每當她有了什麼新的點子時，我總是會為她加油打氣（「哇，媽！你為健行杖取的名字很棒耶」），但到頭來，她總是做到一半就放棄了。我有一張她在加拿大卑詩省某個戶外跳蚤市場的照片。她坐在一張克難的桌子後面。桌上展示著她自己製作的健行杖，杖頭上繫著印有商標的可愛的價格標籤（也是她自己做的）。但那一天，她連一根都沒有賣出去。於是，她的健行杖生意還沒真正開始就告終了。

　　一九八〇年代早期，我的母親寫了一本名叫《夢之粉末》（ Dreamdust ）的童書。裡面有她的書蟲女兒喜歡的所有元素：一個長得很好看的主角（一隻名叫「阿羅」的老鼠）、一群既可愛又聰明的動物助手，以及一個幻想情節：阿羅只要隨意把它的「夢之粉末」撒在它那群森林夥伴身上，它們的所有夢想都會實現。（每天晚上我睡覺前，我的母親就會像「阿羅」一樣，把一些看不見的『夢之粉末』撒在我身上。於是，我雖然還是會尿床，卻從此不再做噩夢了。）她把那本童書的文稿寄給幾家出版社，但被退稿，之後她就再也沒有勇氣繼續堅持了。為什麼她不幫自己撒一些「夢之粉末」呢？

　　這便是我成長的過程中所目睹的景象。因此，我也像母親一樣，在想出了一個新穎的點子之後，便等著「夢之粉末」來使它成真，並且在尚未真正嘗試之前就放棄了。受到母親的影響，我也害怕被人拒絕，害怕失敗。直到我在清理她的遺物時，看到她那些沒有實現的夢想，才猛然意識到自己的懦弱與膽小。我告訴自己：我不要過那種注定會失敗的人生。

　　於是，我便從她的書桌抽屜裡拿出一張她為了銷售健行杖而製作的名片（以供後人留念），將那本《夢之粉末》的書稿以及她的骨灰盒一起塞進我的背包裡，然後再把她那隻名叫「泰迪」的橘貓放進寵物揹袋裡。在離開她那間空蕩蕩的公寓並且鎖上房門時，我下了一個決心：我要過一個無憾無悔

的人生。至少我會試著這麼做。

遺憾也有好處

儘管如此，遺憾並非全然沒有好處。

當我們意識到，如果做出一個比較好的決定，結果可能會大不相同，並因此而感到懊悔時，就會想要改變自己的行為並且改善自己的生活。所以，「後見之明」也是有好處的。

事實上，懊悔可以說是諸般不幸中的大幸。研究顯示，[1]人們普遍認為，懊悔比其他負面情緒更有價值，因為它能幫助我們做出比較好的決定。在邁向美好人生的道路上，它扮演了一個關鍵性的角色，因此在這一章中，我們要做的可不只是發發牢騷而已。

有兩種後悔是你要注意的：[2]

一種是「**後悔自己做了**」，也就是：做了某件事，但事後卻希望自己沒做。以下是我的客戶和工作坊的學員所提供的真實例子：

- 後悔六年級時在學校欺負康蒂。
- 後悔自己有外遇。
- 後悔告訴客戶我對他們真正的看法。
- 後悔酒駕。
- 後悔把我收集的經典棒球卡留在家裡，結果被我媽給扔了。
- 後悔在怒氣沖沖地辭職時對著湯姆比中指。
- 後悔吃下已經擺了三天的壽司。

以上都是我們做過的一些讓自己深感羞愧、內疚、尷尬或悔恨的蠢事,[3]但這些感覺會隨著時間而沖淡。

另一種是「**後悔自己沒做**」,包括自己沒有走上的那條道路。這種感覺會很強烈,[4]而且會一直折磨我們,直到生命的最後一刻。以下是我的客戶所提供的真實案例:

☠ 後悔自己在大學畢業後沒有揹著背包環遊歐洲。
☠ 後悔沒去跑那場馬拉松。
☠ 後悔沒有唸完法學院。

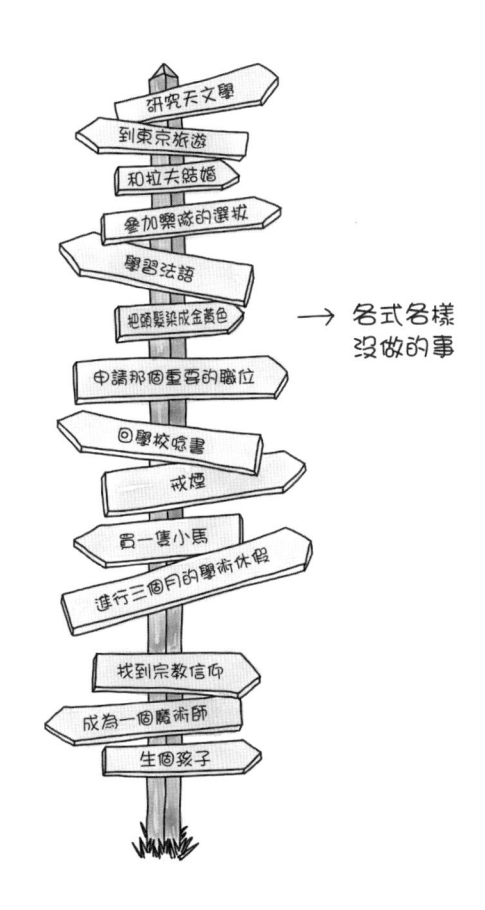

- 後悔沒有和我哥哥和解。
- 後悔沒有寫那本童書。
- 後悔沒有為自己點幾份甜點。我真希望自己能多吃幾塊蛋糕。
- 後悔沒有向初戀告白。

> 馬克·吐溫（Mark Twain）說得好：比起我們做了但是沒有做好的事，我們更有可能會後悔自己沒做的事。
>
> 他是這麼說的：「二十年後，會讓你失望的不是你做過的事，而是你沒做的，所以解開帆索，離開那安全的港灣，乘風而行，去探索、去夢想、去發現吧！」我實在太喜歡這段話了，甚至因此一度考慮要去當個水手，但由於我穿橫條紋的水手服不太好看，所以就放棄了。

隨著時間過去，我們可能會把自己後悔做過的事合理化，但那些想做卻沒做的事卻往往會一直縈繞在我們腦海中，揮之不去。這主要是因為這些事情突顯了我們真正的自我和理想中的自我（那個能夠實現夢想與目標，而且做起事來大體得心應手的自我）之間的差距。

評估「後悔的十二種滋味」

就像我們之前用「生命力評估表」來判定你在哪些方面過的了無生氣一般，現在我們要看看有哪些事情以後可能會讓你感到後悔。

之所以要這麼做，是為了讓你能過著自己想要的生活，而非充滿遺憾的一生。雖然不一定要走上那些沒走過的路，但如果願意，可以嘗試一些與現在完全不同的道路。

第六章　遺憾的好處　161

下面這張表取材自一項有關「後悔」的心理學研究。[5]其中包括十二個你以後可能會感到後悔的面向。請瀏覽以下範例，並根據後悔程度選出最有代表性的數字：

1. 不會後悔
2. 有些後悔
3. 頗為後悔
4. 非常後悔

味道	細節	實例	後悔程度
家庭	與父母和手足的互動	• 但願我能更常打電話給爸爸 • 但願我在節日時更常回家	1　2　3　4
親子	與下一代的互動	• 但願我能花更多時間陪孩子玩耍 • 但願我對女兒沒那麼霸道	1　2　3　4
愛情	愛、性、約會、婚姻	• 如果我當初嫁的是拉爾斐而不是郝伊就好了 • 我應該更常和他親熱的	1　2　3　4
友誼	與好友的互動	• 但願我更常參加「女孩之夜」就好了 • 我應該和老同事保持聯絡的	1　2　3　4
事業	工作、雇傭、謀生	• 我真想當個劇場設計師 • 但願我之前應徵的是更重要的職位	1　2　3　4
教育	學校、成績、進修學位	• 要是我唸大學時更認真一點就好了 • 要是我拿到MBA學位就好了	1　2　3　4
財務	金錢方面的決定	• 要是我當初早點進入股市就好了 • 要是我年輕時多存點錢就好了	1　2　3　4
健康	運動、飲食、疾病的預防與治療	• 早知道我當初就應該注意飲食 • 早知道我當初就應該聽醫生的話去做結腸鏡檢查	1　2　3　4
休閒	娛樂、休閒、嗜好、體育運動	• 我應該去參加那趟非洲狩獵之旅的 • 要是在過了這麼多年之後我還能重新拿起吉他就好了	1　2　3　4

味道	細節	實例	後悔程度
社群	志願工作、社區服務、政治活動	• 我當初應該多花一些時間在圖書館當志工的 • 我當初應該挨家挨戶拜票的	1 2 3 4
靈性	生命的意義、宗教、哲學	• 要是我能早點找到這個目標就好了 • 真希望我之前曾探索世界上的其他宗教	1 2 3 4
自我	提升自己的能力、態度和行為	• 但願我能更有自信一些 • 真希望我不要那麼在意別人對我的看法	1 2 3 4

你從這張圖表中發現了什麼？我猜你已經大概知道自己可能會為了什麼事情而後悔了，但以我的經驗而言，我們需要一點助力才會有更深刻的體悟。讓我們來看看更多的例子……

人們從後悔中得到的啟示

我曾經對各式各樣的團體談論「不要帶著滿滿的悔恨離世」這個主題。我因而發現人們很喜歡聽到別人後悔的例子。這不是因為他們懷有幸災樂禍的心態，而是這樣會讓他們感覺自己並不孤單。他們需要知道別人也一樣會把生活搞砸，也會拖拖拉拉不去追求自己想要的目標。

舉例來說，當唐娜說如果她今晚就死掉，她會很後悔自己沒去學佛朗明哥舞時，法蒂瑪也想到她很久之前曾經很想去跳霹靂舞。我們可以透過他人的經驗學習。我曾經在課堂上或演講的場合中請學員分享他們在臨終時可能會感到懊悔的事。我把它們整理出來，列在下面，或許可以起到激勵你的作用，讓你不再拖延，即刻開始過著理想中的生活：

- 我會後悔自己沒有挺身對抗我那個嚴苛的老闆。
- 我應該少花點時間擔心未來可能會發生的事,相信自己有能力應付各種狀況,不一定要做好萬全的準備。
- 我當初真該去唸醫學院的。
- 我搬到東部之前真應該多去看看我媽。
- 我會後悔沒有好好養生,讓自己的身心再次輕盈。
- 我應該更相信自己的直覺才對。
- 我會後悔萬聖節沒有好好打扮,讓自己玩得更開心。
- 我會後悔沒有辭掉那份毫無前途的工作。
- 我原本可以當獸醫的。
- 我會後悔沒有和那些把我帶壞的朋友絕交。
- 我會後悔沒有早一點去看醫生。
- 我花了太多時間擔心別人會怎麼看我,其實別人的看法跟我毫不相干。
- 我會後悔沒有多花一些時間陪伴我的侄子。
- 我會後悔沒去參加健美比賽。
- 我當初應該試著去了解一下佛教的教義,至少可以了解冥想是怎麼回事。
- 我會希望自己當初申請那些讓我更有發揮空間的工作,比方說,我原本可以申請借調到亞洲去的。
- 我當初為什麼不帶孩子們去迪士尼樂園呢?
- 我會後悔沒有為自己發明的襪子申請專利。
- 真希望當初有勇氣去上一些創意課程,例如繪畫或木工。
- 我會後悔當初沒有獨立生活,自給自足。
- 我會後悔自己沒有成為一位瑜伽老師。
- 我原本可以去國外工作的。
- 真希望當初有學習另外一種語言。

- 真希望當初能大膽去做自己想做的事。
- 我會後悔自己吃太少乳酪了。

許多人在臨終時雖然打了嗎啡，還是會因為以下這些事情而感到痛苦：

- 我真後悔沒有在爸爸死前更了解他一些。
- 我原本很想出一本回憶錄的。
- 真希望能早一點出櫃，並且站出來支持其他多元性別的人。
- 真希望在公司裡能更勇於表現自己，提供我的構想並且更主動積極一些。
- 真後悔花了這麼多時間擔心自己的外貌。
- 真希望能早點戒酒。
- 真希望我在身體比較健康的時候能夠多去外面走走。
- 我不該花那麼多時間工作。應該在週末多陪陪孩子。
- 我後悔之前沒把那些貴重的碗盤拿出來用，沒有好好打扮自己。我應該更常做些比較特別的料理，和先生一起享受燭光晚餐的。
- 我後悔沒有經常對太太表達我對她的愛。
- 我後悔沒有更努力拉近我和朋友之間的距離。
- 我後悔沒有多多玩樂；我花了這麼多時間工作，忙著做該做的事，卻一直沒有好好享受。

諾貝爾獎創辦人阿佛烈・諾貝爾（Alfred Nobel）的故事給了我不少啟示。一八八八年，他的哥哥魯維過世，但報社搞錯了，把他（而非他哥哥）的訃聞登了出來，而且其中沒什麼好話。

原來，當時的報社都會事先擬好名人的訃聞，以便在他們死後能夠立刻刊登，而那則訃聞的標題是這樣的：「死亡販子死了！」（由於阿佛烈當時

是炸藥製造業和彈道學舉足輕重的人物，因此一般大眾對他風評不佳。）

眼見自己死後留下了壞名聲，阿佛烈便想用他的財富和遺產來提升人類的文明，於是便創設了諾貝爾獎。他因為報社登錯了訃聞而得以免於後悔。你雖然不曾製造武器，但有沒有可能在這人世間留下什麼遺憾呢？

你應該已經注意到：前述的例子（包括阿佛烈的故事）當中，當事人幾乎都有機會可以不要留下任何遺憾。有些事情比較容易，有些較難，但都是可以做到的。只要肯做，永遠不會太晚。無論在什麼年紀，人們都可以開始發憤用功、出版回憶錄、戒酒、建立自信、和朋友重新拉近關係、照顧自己的健康，更勇於表現自己，玩得更開心並且好好打扮自己。唯一的障礙就是我們自己。如果我們認為「為時已晚」，或不敢冒險，那就沒辦法了。

臨終後悔練習

這個練習由來已久，但還挺管用的。請你躺在床上，採取一個舒服的姿勢並且做一次深呼吸。想像你正躺在病榻上，只剩下幾個小時可活。你沒有任何痛楚，神智清明，心情平靜，而且面容安詳。此時此刻，你回顧自己的一生，想著那些讓你後悔的事，不是你做過的事，而是你沒做的事。

那些事或許發生在很久以前（例如在大學時期你沒去唸舞蹈劇場系），也可能才剛發生不久（例如你沒去應徵舊金山那份很酷的工作，或是沒時間翻修你家的地下室）。有些事情很重要，有些則微不足道，但對你來說，並沒有區別。

請寫下你臨終時會感到後悔的事，並看著它們，想著被你錯過的那些機會。這時，你有什麼感覺？心情是否非常沉重？

稍後我們會花一些時間想一想，你想要如何處理這些遺憾，但現在，先讓我們來談談後悔有何好處。

將後悔化為優勢：後悔的七個好處

1. 讓我們做出更好的決定

- 俗話說「一朝被蛇咬，十年怕草繩」，後悔能讓我們在未來做決定時更加謹慎，眼界也會變得更開闊，並且避免重蹈覆轍。
- 你能從之前後悔的經驗中學到什麼，以幫助自己做出更好的決定，活出更健康快樂的人生？

2. 讓我們最後悔的通常是在人際關係中所犯的錯誤

- 人際關係中的錯誤最容易讓人感到後悔，因為這會影響我們的歸屬感。千百年來，人類一直渴望能建立歸屬感，以避免自己在落單後成為土狼等野獸的食物。因此，當我們和他人的關係出現危機時，往往會很難受，即使這個危機有一部分是自己造成的。
- 我的客戶大多都因為沒有花時間陪伴生命中重要的人而感到後悔。你是否也是如此呢？「重要的人」可能包括女兒、兒子、伴侶、朋友、媽媽、爸爸、恩師等等。我們是否一定要傷害自己所愛的人？是否一定要把他們的存在視為理所當然？

正向心理學小語：良好的人際關係讓我們感到快樂。研究人員將非常快樂的人和快樂的人進行比較，[6]想知道這兩群人有何不同。結果發現，非常快樂的人全都擁有親密的人際關係。你難道不希望自己也變成一個超級快樂的人嗎？無論在哪一個年齡層或哪一種文化，良好的人際關係或許最能提升生活滿意度，也最能讓我們感到快樂幸福的一個因素。如果我們因為

> 忙於工作或其他事情而破壞了自己和他人的關係，那不是很可惜嗎？
> 　　有沒有哪些關係是你想要修補的呢？或許你可以試著傳一則簡訊（例如「想你」）給對方。有沒有哪些朋友是你已經好久沒有看到，想和他們敘敘舊的呢？這或許沒有你想像的那麼困難。有沒有哪些人是你想要多花些時間陪伴與關心的呢？如果有，就採取行動吧！這對雙方都有好處。

3. 能提升我們的表現

- 當我們懊悔「早知如此，何必當初」時，往往會開始思考以後該如何改變策略。如此一來，就會有更好的表現與成果。當然，這不一定會馬上見效，但只要願意改正，一定會有所成長。
- 我有一名客戶是某家公司的總裁。他原本可以聘用一位很優秀的人才擔任營運部門的副總裁，卻錯過了這個機會。他為此而感到非常懊悔：「可惜沒把她留下來。」在檢討了這個錯誤後，他和公司的人力資源部門擬定了一個更有效率的雇用程序，並認為這樣的進步要歸功於那次失誤。
- 你是否曾經因為學到了一些教訓而讓自己的生活變得更好呢？與其為自己過去犯的錯誤而自責，倒不如將它視為一個學習的機會。

4. 緊閉的門 vs. 敞開的門

- 「我後悔沒有在恩師過世之前多向他請教」。這種後悔有如一扇緊閉的門，因為當事人已經沒有辦法彌補這個遺憾了（除非觀落陰）。
- 相反地，有一種後悔就像一扇敞開的門，讓你有機會採取行動（例如去尋找你多年沒有聯絡的大學室友）。這種後悔固然還有彌補的機會，但我們必須承認，這得花些心思和力氣才行，並非每個人都做得到。

🩻 有沒有哪一個遺憾是值得你採取行動加以彌補的呢？由於時間有限，有些遺憾或許並不值得彌補。比方說，重新努力爭取黑帶頭銜、去拜訪那家很酷的冰旅館或試著做火鴨雞（turducken）*這類事情，就算你不去做，也不會怎樣。畢竟，我們必須明智地運用自己僅剩的時間，不能什麼都做。究竟哪一個遺憾是值得你去彌補的，只有你自己知道。

別當個白癡。現在就走進這扇敞開的門。

不留任何遺憾

> 要做你想成為的那種人，永遠不嫌晚。
> ——喬治‧艾略特（George Eliot）／英國小說家

5. 讓我們變得更勇敢

🩻 要過自己想過的生活，是需要勇氣的。要接受自己的夢想沒有成真的遺憾，也需要勇氣。要避免留下遺憾，迎向一個無悔的人生，同樣也需要勇氣。

---

* 譯註：一道將去骨雞塞入去骨鴨，再塞入去骨火雞所製成的菜餚。

☻ 在我舉辦的一個工作坊中，一位可愛的女士在休息時間走過來輕聲地對我說：「我真希望當初我有勇氣不照既定的計畫走，更隨興一些。」她不知道這其實是許多成功人士的心聲。他們行事嚴謹、期望一切都在掌控之中。對他們而言，一個人如果「隨興而為」，聽起來既魯莽又不守規矩，是很可怕的一件事，但同時也有一定的吸引力，能夠表現自己的生命力。如果你是這樣的人，一定要留意本書的下一章，到時我們將討論如何改變你目前這樣刻板的生活。

☻ 這輩子最不會讓你後悔的一件事或許就是：鼓起勇氣打破規則。

> **教練的話：放下「失落的自我」**。正如同我們需要勇氣才能避免將來後悔（例如後悔自己沒有開創新的事業或建立新的人際關係），我們也需要勇氣才能面對自己那些已經破滅的夢想。許多人的心目中都有一個理想的自我，那是我們「有可能成為的一個最好的自我」，也是一直嘗試要變成的那個自我。但當我們無法變成這樣的自我時，它就會成為心理學家所謂的「失落的自我」。[7]這時，我們就要試著放下。
>
> 　　當我們在追求某個目標時，往往會把自己和努力的結果綁在一起。如果沒有達成那個目標，就無法原諒自己。無論人們的目標為何（是想要成為行銷總監、生個小孩還是爬吉力馬札羅山），它們都不一定會實現。有人可能會如願成為行銷總監，有人可能無法擁有自己的孩子，有人則可能因為才剛抵達登山基地就得了高山症，因而無法登上吉力馬札羅山。要放棄夢想或許並不容易，但如果我們能夠接受這樣的事實，反而可以過著更豐富、成熟的人生（請注意，我的意思並非你不能一心一意追求目標，而是在認清那個目標已經無法達成後，要坦然接受事實。）

> 你是否願意勇敢地改變自己的生命，以便過著真正想要的生活？你是否敢於面對「失落的自我」，並看清你其實還有其他的可能性？請記住，勇氣就像信心一樣，不能等著它自動來找你，否則你將會等到進棺材那一天。你必須在有生之年主動鼓起勇氣採取行動。

6. 來不及彌補的遺憾

◉ 研究顯示，[8]已經住進安寧病房的人，往往滿腦子想的都是錯過的那些機會，但他們已經沒有時間彌補。的確，當一個人一隻腳已經踩進棺材時，確實很難完成自己的心願（例如去紐西蘭旅遊、學會演奏排笛或和自己的兄弟和解）。有沒有什麼事情是你很想做卻一直延宕，想等到「日後」再做的呢？有沒有什麼目標是你不斷昭告眾人，卻遲遲沒有採取行動的呢？如果有，是什麼因素阻止你朝自己的夢想前進？想想看，等你死後，有沒有人會在葬禮上為那些跟著你一起被埋葬的夢想嘆息呢？

> 墳場是世上最富饒的地方，因為在那裡會看到所有從未實現的希望與夢想、沒有被寫成的書、未經唱誦的歌、從未問世的發明以及沒有被發現的療法，而這一切只是因為有人不敢跨出第一步，不敢堅持下去，或沒有下定決心實現自己的夢想。
>
> ——萊斯‧布朗（Les Brown）／美國勵志演說家

7. 避免臨終的絕望和遺憾

◉ 根據心理學家艾瑞克‧艾瑞克森（Eric Ericson）的發展階段理論，[9]人的一生中的第八（也是最後一個）階段是所謂的「自我統整 vs. 絕

望」（Ego Integrity vs. Despair）。

- 所謂「自我統整」指的是一個人自認日子過得充實、不斷追求智慧並且對自己的生命感到滿意的那種感覺。這是成熟的象徵，也是那些認為自己的一生過得很圓滿，沒有太多遺憾的人所處的境界。艾瑞克森相信，一個人如果對自己過去的所作所為感到失望，認為自己並未完成既定的目標，那麼他到了人生的最後階段，勢必會感到絕望。有沒有哪些事情會讓你在臨終時感到懊悔呢？

- 我的朋友丹娜告訴我，她的父親在被診斷出得了絕症後所說的一句話，讓她印象非常深刻。他說：「我已經活出我想要的一生。」一直到他死前，他還在打高爾夫球，並且和他的女兒們一起生活。他心情平靜，也確信自己的一生已經非常圓滿。儘管無法活到高壽，他的一生卻很充實。如果你今晚就會在睡夢中嚥下最後一口氣，你是否會堅信你的一生已經很圓滿了？是否會認為你已經到達「自我統整」的階段，而非陷入絕望？

歡迎來到「遺憾預防部」

歡迎來到「遺憾預防部」。要不要來杯飲料呢？

既然你已經充分理解後悔的好處，那就讓我們來談談如何預防自己在臨終時不留下什麼遺憾，讓自己能過著精彩豐富的人生。

大多數人都知道自己不可能達成所有目標，此生勢必會留下一些遺憾，但如何才能確保自己不會錯過重要的事呢？在看著那些可能會成為臨終遺憾的事項時，如何才能判定哪些事情是值得去追求的？哪些事情雖然「美好，卻並非必要」，因此即使到死都沒有做到，也沒關係？

我經常鼓勵客戶和學員們留意自己所列的這份清單，以便從中學習如何

過著自己想要的生活。

　　清單上所列的一些項目可能會特別吸引你的注意力，讓你想要即刻採取行動。舉例來說，在我的一個工作坊中，就有一名女學員突然從座位上站了起來，走到教室外面，過了15分鐘才回來，接著便對眾人宣布她已經報名參加外展訓練的登山隊。

　　有些項目起初就像一株小小的幼苗，要經過一段時間之後才會逐漸長大，讓你注意到它。我的客戶在多次查看了她的清單之後，才發現她對第三項（「成為『大姐姐計畫』的志工，幫助弱勢青少年」）愈來愈感興趣，於是她知道必須採取行動完成這個心願。

　　有些事項如果能夠做到，固然很好，但即便無法完成也無傷大雅。我的客戶在看了她那張足足列有二十七個事項的清單後，便立刻劃掉了其中兩項。她說：「我是想學手語，但也不是非學不可。」最重要的是，我們要明白自己在剩餘的時光中應該優先處理的事項。

　　現在，你的任務是：

- ☠ 把你在臨終時可能會後悔的事情一一寫在一張單子上，在上面做記號或劃線。
- ☠ 把那些會讓你的心跳加速、感到心痛或發慌的項目圈起來，因為這代表它們對你而言是很重要的。
- ☠ 記下那些特別顯眼的項目。
- ☠ 要格外留意那些你因為害怕失敗或被拒絕而試圖略過的項目。
- ☠ 開始設法朝著你的目標邁進，哪怕只有一小步也好。你不妨把你想到的某個方法寫在這裡：＿＿＿＿＿＿＿＿＿＿＿＿＿＿＿＿＿＿＿

在本書末尾，我們將會討論你的夢想、點子和計畫。如果你想等到那個時候才要採取行動，我們就到時候再說。在那之前，如果你決定要做些什麼（例如報名擊劍課程、申請調到倫敦辦公室或試著生個小孩），我也不會阻止。

無悔的人生……

「不浪費生命」向來是我的座右銘，因此我很想知道，為什麼有人會遲遲不針對自己的目標採取行動，要等到臨終時再來後悔。

要活出精彩充實的人生，就必須主動積極，目標明確，看出有哪些事情現在不做，以後就會後悔，然後調整路線、採取行動，以免留下遺憾。還有一個方法就是：記住自己一定會死，這樣就可以迫使我們確立自己的目標。既然人生短暫，許多事情無法重來，我們理當認清自己最想做的是什麼事，即刻採取行動。

我們可能到了臨終時才意識到，自己一生所追求的，都不是自己真正想要的事物──不是那些能夠提升生命力的夢想。我之所以會創設「4,000個星期一」這個網站，正是因為我不希望一直到死，都沒有實現自己的夢想。那就好像我明明需要空氣，卻親手把自己的棺材蓋釘上釘子。說到這裡，自從你讀了第一章（第25頁），做了「死前驗屍」之後，有沒有重新計算你還剩下多少個星期一可活呢？現在你又少了幾個星期一？你是否跟我一樣有一種急迫感？

如果你能清楚地意識到，有哪些事情你現在不做，臨終時就會後悔，那麼，就有可能改變你的生命。你不妨回想你之前為了某件事情而後悔的痛苦感受，再看看手中的那張清單，好好想一想是否要繼續走上那條會讓你後悔的道路，還是要調整方向，改弦易轍？

土耳其有一句諺語：「如果你走錯了路，無論你已經走了多遠，都要立刻回頭。」所以，請立刻轉身，往回走。

在時間擊敗你之前，請騰出時間做你真正想做的事吧。不要一直到死都沒有發揮生命力。今天就採取行動吧！不要留下任何遺憾，好嗎？

第七章

習慣：削弱生命力的殺手

> 不用說，我們怎麼過日子，就怎麼過生活。
> ——安妮‧迪拉德（Annie Dillard）／美國作家

習慣會削弱我們的生命力。

在上一章中，你們或許已經看出來：我對「後悔」這檔子事很有意見，畢竟大家都認為「後悔」不是件好事，但我敢打賭，你們一定沒想到我對「習慣」同樣不滿。

我們的生活中充滿了各種例行公事。它們是一成不變、可以預期的，讓我們感到自在與安心。最初，我們會滿足於這樣的生活，但逐漸地日子就會變得平淡乏味，甚至會澆熄我們內心的火焰。

（提醒一下，我們之所以花這麼多時間在這裡，為的就是要為我們內心的火焰添加柴薪，讓生命能發光發熱、充滿興味與生機，而不是讓這些火焰因為無聊乏味而熄滅殆盡。）

我猜你們對此可能會不以為然，心想：「你在胡說什麼呀？我的生活正是因為有固定的習慣才能順利運行，井然有序呢！」我懂。畢竟，我們已經在一起這麼久了，如果我沒有意識到你們可能會產生的抗拒心理，那我也太兩光了。

事實上，我自己也有這種抗拒心理，因為我也有許多固定的習慣，而它們讓我感覺自己的生命比較有秩序，因此我並不想加以改變。然而，我雖

然講求效率與秩序，不喜歡亂七八糟的生活，但我更清楚：一味遵從慣性行事，可能會讓我們的生活變得黯淡無光。我做過相關的研究，也接觸過不少客戶，因此我知道：如果我們的生活中盡是千篇一律的例行公事，就會變得像機器人一般。

因此，在這一章中，我可能會詳細解說習慣所造成的種種危害，以便說明我的論點，並提升我們的生命體驗。所以，在這一章中，我們將會談到習慣和例行公事如何削弱我們的生命力，導致單調乏味的生活。然後，我們會談到如何藉著各種新奇的體驗打破我們的慣性。不過，在此同時，我也會說明：為了過良好的生活，習慣也有其必要性。最後，我會談到習慣在我們的生命中應該占據多少的分量才算健康。

既然你已經知道該如何利用「臨終時可能會後悔的事項」來提升自己的生活，接下來的目標便是要討論我們該如何運用習慣來達成同樣的目的。

在繼續討論之前，我要你們打破慣性，做一件你們之前沒做過的事。如果你在讀這本書的前五章時，都習慣坐在你家沙發的右邊（你瞧！那裡都被坐得有點凹陷了），現在能不能請你換個地方（沙發左邊也可以）。如果你通常是在最喜歡的那個旅館大廳內閱讀並寫筆記，那麼在讀這一章時，要不要來點變化，坐在另外一張椅子上，以便看到不同的景

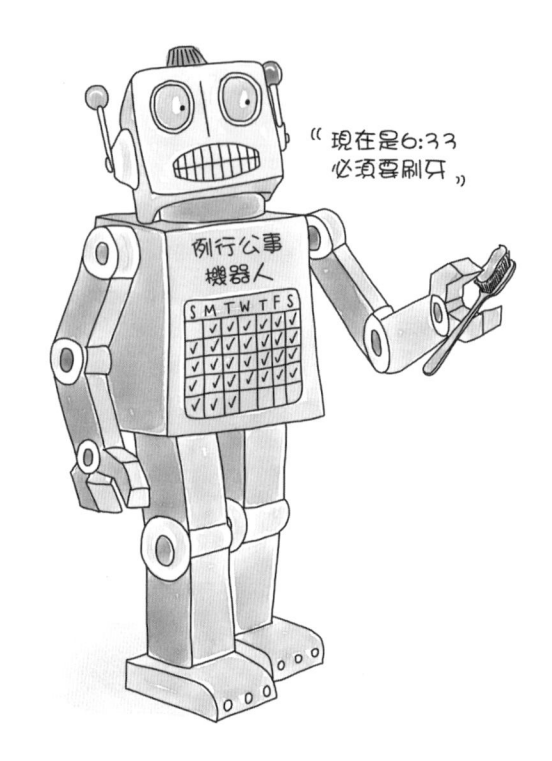

觀,甚至換一家旅館試試看?總而言之,你不妨換個地方(例如在戶外、床上、火車或草地上)閱讀,以便讓生活有點變化。稍後我們會再談到這樣做的重要性。

習慣與常規的危害

你:你可不可以畫一張圖,說明你為何這麼看不慣習慣?
我:樂意之至!請看下面這張圖。

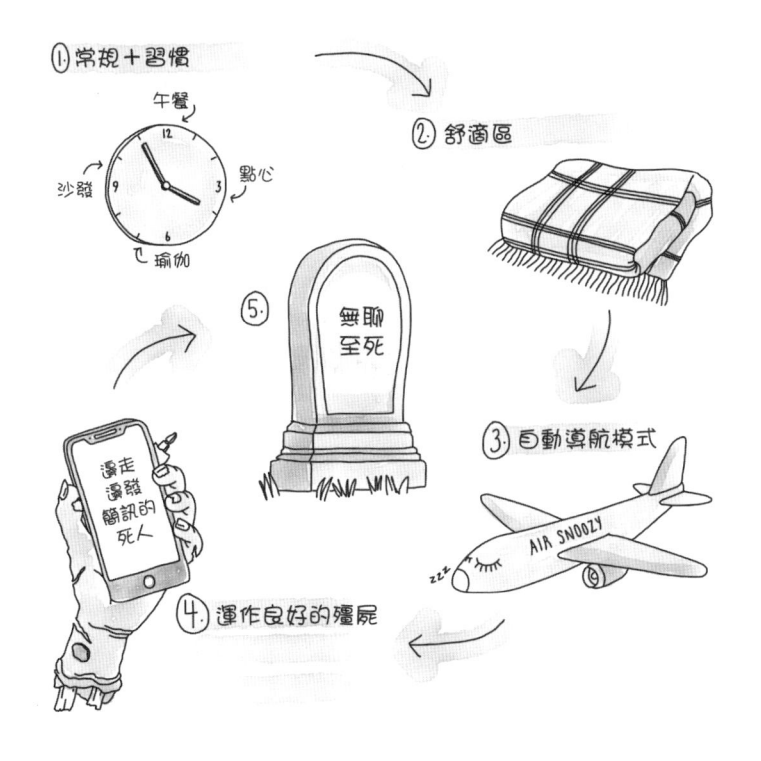

① 常規+習慣
② 舒適區
③ 自動導航模式
④ 運作良好的殭屍
⑤ 無聊至死

你看到圖中那條看起來很舒服的格子毛毯了嗎?它是不是正朝著你招手呢?我們可不是傻瓜。在忙碌的生活中,我們也需要(或想要)一些讓我們

感到輕鬆自在、有條有理的事物。生活是如此難以掌控，而習慣能讓我們擁有一點控制感。

然而，日復一日地做著同樣的事，會讓我們變得麻木，甚至進入一種滿足的昏睡狀態。我們以為習慣對我們有益，但事實上，它們很容易讓我們進入「自動駕駛」的模式，變成一具運作良好的殭屍。

當我們開始在鏡子前面問自己：「我是否只是在虛應故事，走個過場？」或「什麼時候生活變得這麼乏味？」時，我們就知道自己並沒有過著想要的生活。然而，我們卻往往缺乏改變的氣魄。「我們有多麼害怕活著，就有多麼害怕死亡」，不是嗎？

我們經常像個機器人般的過日子，生活中充滿了各式各樣的例行公事，例如每天早上在同一個時間起床，吃同樣的麥片、搭同一班火車上班，喝咖啡時一律點瑪琪雅朵，星期三固定參加進度報告會議，晚餐老是六種菜色輪流點，睡前幾個小時聊的都是孩子的功課、抖音裡的影片以及如何把蛋白打發等等，然後納悶：「二月怎麼一下子就過去了呢？」

這些例行公事最初會讓我們感到心安，但慢慢地就會讓我們感到窒息，甚至扼殺我們的生命力，讓我們的感官變得遲鈍，無法享受新奇的樂趣，也體驗不到驚喜的感覺。最後便開始意識到自己的生活已經變得無聊乏味。

依照慣性過活或許令人安心，也可以提升效率，但卻無趣至極，讓我們的生活變得空洞、乏味、貧瘠、死氣沉沉。**這些都是我們不想用來形容自己的生活的字眼。你如果有興趣，可以看**

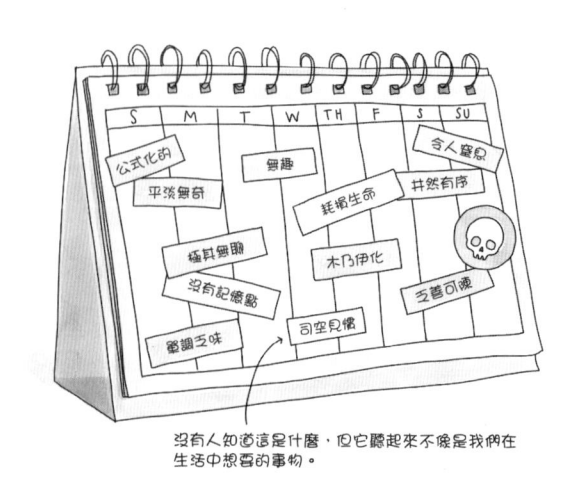

沒有人知道這是什麼，但它聽起來不像是我們在生活中想看的事物。

看旁邊這個日曆，上面還有其他形容這種生活的字眼。

法國小說家馬塞爾‧普魯斯特（Marcel Proust）認為，習慣所帶來的「熟悉感」讓我們的生活變得無趣。而且，熟悉會導致輕慢。儘管我們渴望新鮮、清新的事物，但日常的例行公事卻會麻痺我們的感官，使我們被困在陳腐、單調的生活中。

要如何掙脫這種困境，不再像個機器人般憑著慣性行事，不再浪費生命，也不再把生命視為理所當然呢？答案是：要仔細檢視自己的習慣，以便了解自己如何因為這些習慣而過著無聊乏味的生活，接著便可以做出選擇，看看哪裡需要修正，讓自己活得更精彩豐富、更有意義。

習慣的好處與壞處：從有益到扼殺生命力

我們之所以會養成各種習慣，為的是要控管自己的生活。那我憑什麼要你摒棄習慣，讓生活變得難以控管？這樣做，我還是個人嗎？

事實上，**習慣是一個連續體**。[1]這個連續體的一端是「沒有任何習慣」。這時，你的生活會變得一團混亂（可能連個人的衛生習慣也沒有建立）。另外一端則是「完全被習慣所宰制」。這時你的生活就會完全被習慣所支配，讓你變得遲鈍無感，對生活的滿意度也會降低（比方說，你會因為習慣在星期二洗衣服而不去參加一場有趣的音樂會）。位於這兩端中央的則是「養成有用的習

慣」。這些習慣會讓你變得更有生產力，比方說，每天都習慣把鑰匙放在同一個抽屜裡，要找的時候就找得到，這樣就會更省事一些。又比方說，一上車就會自動扣好安全帶，這樣的習慣可能會在出車禍時救你一命。我們喜歡的是「有用的習慣」。

一個習慣怎麼會從「讓我們的生活變得有秩序的恩物」成為「精神活動的殘餘化石」,[2] 讓我們的生活變得乏味透頂呢？是不是因為熟悉導致輕慢？現在，你或許有機會改掉那些原本有用，但後來卻變得陳腐的習慣。

說到這裡，如果我有抽菸的習慣，應該就會點一根香菸（一個壞習慣），靠在椅背上，承認習慣並非一無是處。現在，讓我們來看看它有那些好處與壞處吧！

好處1：**習慣就像腳踏車的輔助輪一樣，可以幫助我們養成健康的生活方式**。舉例來說，如果我們想要健身，可以固定每星期二、四、六風雨無阻地去重訓，但是當我們已經養成了這種習慣，不會再胡吃海喝毫不運動，這個輔助輪就可以拆下來了。我們必須追求一些情趣，以免健身成了一件乏味的事。

有哪些習慣曾經對你有幫助，但後來卻成為你的桎梏呢？有沒有哪些習慣是你準備要甩掉的呢？

好處2：**習慣讓我們得以跟上日常生活的節奏**。有時，我們的生活步調確實太過快速、忙亂。這時，如果能養成一些習慣，就可以跟上生活的節奏，並且讓自己恢復能量。有時，我們或許需要做一些不花腦筋的事（例如早上沖一杯咖啡或開車去上班），才能讓自己的頭腦保持清醒。當我們的系統已經超載時，如果能讓大腦放空，品味準備的咖啡或開車的當下，或許能讓我們的身心暫時放鬆。請檢視你的生活節奏，看看有哪些習慣（例如固定在每個月的1日付帳單）是對你有幫助的？有哪些習慣是你在忙碌的生活中

可以用來放空？或者，有沒有可能在做那些事情時更加投入當下呢？

好處3：建立習慣可以讓我們的頭腦騰出一些空間，做些重要的事，例如認知事物、情緒反應和需要技術的工作。有時我們需要放鬆心神，根據習慣做事，才會更有效率，我們的精神也比較不會不堪負荷。

然而，如果你已經很擅長對客戶簡報，而且客戶對你的表現也很滿意，那為何還要做出改變呢？沒錯，如果你繼續以同樣的方法簡報，或許還是會很管用，但我們必須提防那些已經快過保鮮期的習慣，必須在問題出現之前先做出改變，因為當以同樣的方法簡報N次之後，一定會開始覺得無趣。許多人之所以前來向我求助，就是因為他們沒有提早防範這樣的事。在開車時，我們可以關掉引擎，靠著慣性滑行，但不能一直這樣，因為如同俗話說的，當你滑行時，表示你正在往下走。

在你目前的生活中，有哪些習慣讓你能把事情做得很好呢？有哪些是你已經覺得有些無趣，必須做出改變的？

有關習慣的好處我們就說到這裡為止。接下來要說說習慣的壞處……

壞處1：如果我們總是依照慣性過活，會變得比較不快樂，也比較缺乏自發性與主動性。如果我們依照慣性生活，即使當下感覺不錯，但久而久之，可能會降低生活滿意度。要知道，秩序與自發性、習慣與選擇是互為消長的。我們開車時，喜歡路邊有護欄，因為這樣會讓我們比較有安全感，然而，我們也希望能決定自己的方向。習慣就像生命中的護欄一樣，讓我們比較有安全感，但也可能會在不知不覺間成為束縛，並且讓選擇受限，從而削弱個人的自發性與主動性。

當我們任由習慣宰制，反覆以同樣的模式做事而不自覺時，就有可能會「放棄選擇」（choice capitulation）。舉一個日常生活中微不足道的例子：我們可能會在點外賣時，受到APP的影響，不自覺地點了和上次一樣的披

薩。另外一個對我們影響較大的例子則是：我們可能會一直和同一群人往來，儘管他們並非益友，無法讓我們變成一個更好的人。果真如此，我們就會徒然浪費許多寶貴的時間。因此，在習慣的影響下，我們可能會在不知不覺間喪失自發性與主動性。心理學研究證實，如果我們試圖打破自己的習慣，就可以強迫自己做出真正想要的選擇。

這聽起來或許有些矛盾（因為習慣性的動作原本就是在無意識中進行的），但你能不能覺察自己的習慣，有哪些習慣對你沒有太大好處？又有哪些一再重播的例行模式，你可以試著加入一點變化，讓自己做出更好的選擇？

壞處2：舒適區的反效果。我們之所以會養成一些習慣，是為了讓生活過得舒適一些。所謂「舒適」，指的就是讓自己感到自在或放鬆的事物。我要鄭重聲明，我喜歡舒適、自在、放鬆的生活。事實上，即便待在舒適區裡對我們沒有什麼好處，但大家還是喜歡待在裡面，因為在忙亂的生活裡，能夠建立一些習慣，讓日常生活得以順利運作，會讓我們比較安心。

然而，這些習慣雖然讓我們感到舒服自在，但過了一段時間之後，卻會削弱生命力。我們或許不會感覺自己已經死去，但卻如同機器人般生活。然而，我們應該擁有更好的生活。

當舒適區開始扼殺生命力時，它就已

扼殺生命力的習慣
- ☑ 早餐喝同一種奶昔
- ☑ 去日托中心時都走同一條路線
- ☑ 工作時撰寫的更新報告內容都一樣
- ☑ 和另一半約會時的內容都差不多
- ☑ 每個星期都上同樣的瑜伽體適能課
- ☑ 星期六都忙著打掃
- ☑ 周日晚餐的菜色都是那幾樣
- ☑ 一樣一樣一樣一樣一樣
- ☑ 逐漸瘋掉

經變得名不符實了。有些人會開始意識到：待在舒適區裡其實並不是那麼舒適。你究竟要「過著自己夢想的生活」，還是「活得了無生氣」（還記得我們在第一章〈死前驗屍〉那個部分所談的嗎？），主要取決於你在那個「其實並不舒適的舒適區」裡待了多久。有時，我們可能會想：「我應該在約會之夜安排一些不一樣的活動。」但連續過了七個約會之夜後，我們還是沒有做出什麼新鮮有趣的事。習慣之所以棘手，正是因為它們的黏著性很高，擺脫不易。我們要做的就是，防止自己的舒適區變成一個繭，將我們捆綁在裡面。

有沒有哪些習慣是你難以擺脫的呢？有沒有哪些舒適區是你很難離開的呢？此時此刻，你或許該問問自己：你的舒適區究竟有多舒適了。

壞處3：習慣會讓你無法隨興而為。有時，我們明明應該運用例行事務以外的時間做點別的，以便拓寬自己的生活領域，但到頭來我們卻往往會用那些時間來養成更多的習慣。也就是說，我們可能會習於培養習慣。

我有一個工作非常忙碌的客戶。她原本打算在週末的早上固定做一些健康、有意義的活動（例如星期六早晨上芭蕾舞課，星期天早晨上教堂），把下午的時間騰出來，隨興之所至，做一些她想做的事。但某個星期天晚上她突然傳了一則簡訊給我：「救命呀！搞什麼東東？我的自由時間到哪兒去了？」原因是她任由習慣逐漸占據了生活。起初，她只是在上完運動課後去商場購物，逐漸地，她就開始每個星期六都去那裡買些洗衣粉和紙巾什麼的。等她回到家，把那些東西放下來之後，她就開始打開自己的筆記型電腦，看一些與工作相關的電子郵件。

有哪些習慣妨礙你過著更開放、更隨興的生活，讓你不敢冒險呢？在你的生活中，有沒有時間可以隨興而為地做一些事情？還是你被習慣綁架了？你是否在某些方面已經逐漸被習慣制約了呢？

> **教練小語：雜事是錯事、家務真無趣**。我們很容易會想利用週末做些家務、打掃衛生，並規劃活動之類的事情，但週末的時光如此寶貴，你真的想用它來做這些無趣的事嗎？這點，你可能需要再想一想。但如何才能用這段寶貴的時間來從事一些讓自己開心的活動呢？我知道每個人都難免有一些雜事要做，但我們可不可以發揮一些創意，利用其他時間來做這些事呢？如果你希望把週一晚上的時間留給自己，那就不要在這一天做。如果週日是你放鬆休息的時間，而且有很多有趣的事情可做，那你也不要在週日做這些事。或許你可以把那些雜事安排在星期二或星期三晚上。

壞處4：做例行事務時，時間過得特別快。既然餘生的光陰有限，我們自然渴望能有更多的時間做自己想做的事，不希望時間過得太快。有學者研究了人們對時間的感覺。[3]他們發現：當我們從事例行性事務時，會有時光飛逝的感覺。談到「飛」，有一項研究顯示，比起不常搭飛機的人，那些經常乘坐飛機的人都感覺在飛機上的時間過得比較快。

有研究人員在「地中海俱樂部」（Club Med）其下的某個渡假勝地做了一項調查。[4]他們問當地的旅客在假期剛開始、過了一半以及快結束時，他們對時間有何感覺。結果大多數人都說，他們覺得假期的最後一段時光過得特別快。這是因為在假期快結束時，他們很可能已經習慣渡假時的生活（例如「每天早上都坐在某一張桌子旁吃自助式早餐」），而在假期剛開始時，由於一切都很新鮮、陌生，他們便覺得時間過得比較慢。

在你的生命中，有哪些習慣會讓你活得像個機器人一樣？這些習慣如何影響你的時間感？請想一想你在最近某個尋常的一週生活，再想一想你做了某件從未做過的事情（例如在別的城區的某家餐廳裡見了一位朋友）的那個

星期，你覺得哪一個星期的時間過得比較快呢？

壞處5：如同亞里斯多德所說，我們是由自己不斷重複的事情所構成的。所以，讓我們仔細審視自己：是不是像個機器人一般，日復一日、年復一年地在辦公室、藥房、足球練習場之間打轉，而且每天晚上都看著Apple TV？還是充滿生命力，把日子過得有滋有味，還會打破固定的模式探索新的事物，嘗試不同的路線？

後面這種人當然也有一些日常的雜務要做（例如完成試算表、去藥房拿咳嗽糖漿以及帶小孩出門等等），但他們在練完T-ball*後，如果一時興起，便會買幾根冰棒帶到公園裡吃。除了追情境喜劇之外，他們也願意觀賞探討迷幻藥主題的紀錄片，而且偶爾還會在下班時特意繞遠路，去看看他們從前所居住的社區。

如果你是由不斷重複的事情所構成，那你是個什麼樣的人？對於這點，你有何感覺？

教練的話：你很容易成為殺人犯下手的目標嗎？我們都看過像《日界線》（*Dateline*）這樣的新聞節目。他們會訪問一些死刑犯，請他們描述自己殺人的經過。比方說，他們可能會跟蹤被害人一段時間，摸清後者的作息，例如週二晚上幾點鐘上完飛輪健身課程，之後會去哪一家有機沙拉速食店拿訂購的「佛羅倫斯菠菜碗」，在跳下457路公車後會從哪一條路走回家，然後會換上哪一套睡衣，再坐下來看電視，以及什麼時候會戴上護齒套，抱著寵物貓上床睡覺等等。

---

* 譯註：一種用來做羽球自主訓練的擊牆迴力球。

> 我沒看過相關的研究，但作息固定和被人殺害（至少是被人跟蹤）之間顯然有正相關。我知道這樣說會讓你很不高興，但這是因為我在乎你。你的作息是不是非常規律，很容易被人跟蹤？你的日程表是不是千篇一律、周而復始？你會不會成為殺人案的受害者？
>
> 你最好讓自己的生活更多樣化一些。這不是因為你可能會被跟蹤或殺害（這個機率太低了），而是因為你值得在死前過更好的生活。你值得嘗試不同的鍛鍊方式，走不同的路線，看沒看過的節目，並且偶爾嚐嚐看有機沙拉速食店的「菇菇能量碗」。

無聊人生

> 一般人都不知道拿自己的人生怎麼辦，卻想要長生不老。
> ──安那托爾・佛朗士（Anatole France）／法國小說家

習慣和例行性事務確實會讓我們的生活得以運作順暢，但這樣的生活也可能缺少質地、感覺和趣味，像是用噴筆畫出來的。

你：難道這樣就不能過著美好的生活嗎？
我：（撇嘴斜視，一副懷疑的神情）過這種生活就像試著把一根方形的掛釘打進一個圓洞裡，很抱歉，是行不通的。

美好的生活絕對不是無聊乏味的。所謂「無聊」，乃是我們在沒有意義的情境中所感受到的那種焦躁、缺乏挑戰性的感覺，但我們在無聊時，不光是會感到沉悶、沒有興趣而已，還會心生厭煩，坐立不安，就像置身在大賣場裡的3歲小孩。

即使我們把行程排得滿滿的，讓自己像隻小蜜蜂一般，不斷有事情可忙，還是會感到單調乏味。換句話說，就算你很忙，也並不代表不會感到無聊。回顧上星期的生活，你有多少時間是處於無聊的狀態呢？有沒有對你造成困擾，還是覺得它讓你在忙碌的生活中有一個空檔可以休息？

有時，生活會對我們發出一些訊號，要我們跳脫千篇一律的模式。無聊的感覺就是其中一個訊號。它提醒我們要開始認真地過自己想要的生活。雖然我們還不知道那是怎樣的一種生活，但我們知道自己目前的生活似乎少了些什麼。我的客戶之所以會來找我，最常見的理由之一就是，想要了解他們為什麼外表如此忙碌，內心卻感到乏味無聊。

因此，我們需要知道「無聊」究竟是怎麼一回事。當我們感覺自己活得了無生氣，平淡乏味時，該怎樣跳脫這種困境？以下這些描述當中有哪幾點讓你特別有共鳴？為什麼你覺得自己就處於這樣的情況？請把答案寫下來。

我們會無聊到想哭、想死的六個原因

1.缺乏自我覺察

無聊是一種與慾望有關的危機。我們需要知道自己想要什麼、什麼事情會讓我們開心，以及什麼事情能激發我們的能量，才能在生活中添加這些東西，以排遣無聊。要了解自己想要什麼，第一步就是要增強自我覺察能力。

心理學家強調，[5]那些具有較高的自我覺察能力的人，比較知道該如何滿足自己的需求，以及如何讓自己不無聊。最重要的是，他們很清楚自己想要的是哪一種「內在獎賞」（intrinsic reward）。

有些問題比較容易解決，有些則否。如果你得了乳糜瀉，可能沒有那麼容易解決，但無聊倒是有辦法可治。我的一名客戶擬了一張「如何不再無聊」的清單，上面列出了許多活動，用來填滿她那些「空虛的夜晚」。她曾

經試著打壁球，但發現自己並不喜歡。後來參加了一個讀書會，覺得「還可以」。最後終於找到讓她感到有興趣的事情：製作播客節目，談論她對書本的愛好。結果，她不僅從此擺脫無聊人生，夜晚也成了她很珍惜的時光。

在死前驗屍（第54頁）的問卷中，你對「我在＿＿＿＿＿＿＿時候感覺最有生命力」這個問題的答案是什麼？下次你覺得無聊時，或許可以參考一下。你能不能列出一份讓你不致打呵欠的活動清單？

2. 社群媒體

社群媒體讓我們感到厭煩，而且會讓我們不自覺地認為生活很無聊。當我們看到別人所發的渡假照片、影片和文章（例如酷斃了的快閃舞蹈以及吃到飽的烤乳酪辣味玉米片大餐）時，會覺得自己的生活好像挺單調乏味的。

我曾經指導一個婦女圓桌團體。他們的成員決心要將瀏覽社群媒體的時間減少50%。到了第二個月，她們回來開會時，沒有一個人出現戒斷症狀。大家都覺得生活變得更輕鬆愉快，並說她們把省下來的時間（從15分鐘到75分鐘不等）用在更好的地方，例如和朋友互動、走路、閱讀、做伸展運動、睡午覺或寫日記等等。

你是否能把你使用社群媒體的時間減少33%，然後改做某件能夠讓你更興奮、更有生命力的事？請試著想出一些你在情不自禁地想要滑手機時可以做的活動。

3. 缺少（或沒有）心流的經驗

當我們的能力和所遇到的挑戰程度相當，並且得以發揮自己的才能時，我們就會進入「心流」（flow）狀態。如果做的事情太過簡單，我們就會很容易會感到無聊，無法投入其中。但如果做的事情超出自己的能力，我們就會感到焦慮。

當全心投入工作，渾然忘卻時間的流逝，絲毫沒有無聊或疲倦的感覺，

並且樂在其中（不是為了應付老闆或父母的要求）時，這樣的狀態就叫做「心流」。我們要找到那些自己有能力勝任，既不會太簡單也不會太過困難的工作、嗜好或活動，才能進入「心流」的狀態。但說來奇怪，我們往往懶得去尋找這樣的機會。

有一項調查顯示，只有16%的美國人每天都會有類似心流的經驗，但有42%的人則承認很少（或從未）達到這樣的狀態。[6]換句話說，無聊已經成為我們的生活常態。

你上一次進入「心流」的狀態是多久以前的事呢？是什麼活動讓你進入那種狀態？什麼樣的工作能挑戰你的能力極限？

4.缺乏意義

有些人認為，人們之所以會覺得無聊，是因為他們感覺自己所做的事情沒有意義。心理學家稱呼這種感覺為「存在的空虛」（existential vacuum）。[7]人們一開始，可能只是感覺有些無聊，但久而久之就會覺得生命沒有意義，並逐漸陷入虛無和絕望。然後，我們就會試圖利用一些沒有建設性的防禦機制或替代性行為（例如病態的購物行為、暴飲暴食、刻意製造的戲劇性事件、一天到晚看電視或花大量時間在網上閱讀負面新聞等等）來填補這種空虛感。

我有一名客戶曾經出現一種被存在主義心理學家稱為「週日精神官能症」（Sunday neurosis）的症狀。這是一種比星期一早晨的「上班恐懼症」更可怕的症狀。患者一到星期天就發現自己沒能以有意義的方式渡過漫長的週末時光，並因而感到心慌意亂。那位客戶承認：「為了逃避那種空虛感，我在週末還是繼續工作。」後來她找到了解決的方法：每個週末去樹林裡健行，並且嘗試不同的路線，以照顧自己的身體健康，除此之外，她還會利用週末的時間準備一些營養的食物，將它們打包冷凍，以供週間食用。

當我們感覺自己上、下班後做的事情都沒有什麼意義時，就會有無聊之

感。你認為你目前所做的事或生命有意義嗎？你願不願意為自己創造一個美好的生活？在第九章中，我們將針對「意義」這件事做更多的討論。

5. 無視於死神的存在

如果我們將生命視為理所當然，就無法看清所剩的時光有多麼寶貴。如果我們知道自己二十六天後就會死，還會覺得無聊嗎？還是會盡可能讓自己的生命充滿意義與活力？我確定答案一定是後者。當然，這個例子有點太過極端，不適用於日常生活，但它確實說明了我們在第三章討論過的「時間的稀缺性」，不是嗎？

只有那些忘了生命何其短暫的人才會感到無聊。如果我們能時時刻刻記住自己一定會死，往往就會驚醒過來，開始摒棄僵化的生活方式，讓未來更加美好。

小提示：到目前為止，你還有多少個星期一可活呢？太棒了！你還有很多時間可以跳脫慣性，讓自己的生活不再無聊。

6. 進入「自動導航」模式

我們之所以會感到無聊，最後一個原因和「自動導航」模式有關。這個模式乃是無聊的泉源。人類總是想要掌控一切，於是便會本能地建立各種習慣（包括時間的安排、熱量的攝取、財務、情緒、人際關係、寵物和天氣等各方面）。但我們在吞下這些藍色藥丸*時是否已經迷失了？歷經二〇二〇年開始的疫情後，我們都得以僥倖存活，但我們得問問自己是否仍然處於某種由新冠而導致的昏睡狀態？

---

* 譯註：指讓人因為看不到事情的真貌而感覺安全、快樂的一種東西。此語源自電影《駭客任務》（The Matrix）一個場景。片中角色必須在揭示真實世界的紅色藥丸和隱藏真實世界的藍色藥丸之間做出選擇。

> **教練小語**：有多少人經常處於「自動導航」狀態？我曾經在一項研究中詢問成千上萬個受試者：「你在生活中有多少時間是處於『自動導航』狀態？」
>
> - 11.4% 的人說：「呃，我基本上就是一個高功能的殭屍。」
> - 42.8% 的人說：「還真不少。」
> - 37.6% 的人說：「有時候，但沒什麼好擔心的。」
> - 8.3% 的人回答：「自動導航？我可從來不會這樣。」
>
> 第一個問題：你會怎麼回答？
>
> 第二個問題：54.2% 的人承認他們有不少時間（或經常）處於「自動導航」狀態。我們是不是應該更小心才對？

習慣就像一艘臨時搭建的木筏。相信它可以讓我們浮在水面上，但事實上它一遇到大風大浪就會解體。我們經常在「自動導航」模式中暫時停止生活，等著生命的大海變得風平浪靜，但事實上我們永遠等不到這一天。我們必須在飛機墜毀前，控制住駕駛艙，看清自己在哪些方面是處於「自動導航」模式，以及這種模式究竟是對我們有益，還是正在搾乾我們的生命力。

目前還有哪些習慣是你無法擺脫的？你在哪些方面可能正處於對自己有害的「導航模式」？

關於無聊的重要免責聲明

你：有沒有一些時候感覺無聊其實並沒那麼糟糕？例如發呆的時候？
我：嘿，殭屍老兄，我們可是一夥的呢！

如果我們過著精彩豐富的生活，基本上應該不太會感到無聊，但在某些時候、某些地方，我們也需要讓自己放空一下（最好是在海灘上，手拿著一杯冰沙）。當我們因為生活步調太快而感到精疲力盡時，偶爾讓自己躺在沙發上，什麼也不做，就可以得到休息，解除疲勞並恢復平衡。

心理學家認為，[8]當我們感到無聊時，就會想要追求新的目標。我那些因為工作無趣而感到人生乏味的客戶，可能是因為太過無聊才會來找我幫忙。不過，當我們活得非常起勁時，偶爾有些無聊的感覺，或許會讓我們創意泉湧。

「萬物皆有毒，只要劑量足」，不是嗎？任何事物都必須適量，包括無聊在內。

綜前所述，我們知道習慣是一把雙面刃，可能對我們有益，但也可能有害。無聊的反面便是新鮮有趣。新奇的事物不會讓我們感到無聊。那些充滿生命力的人之所以能把日子過得精彩豐富，正是因為他們願意嘗試新奇的事物。你準備好了嗎？讓我們來找點樂子吧！

搖晃生命的雪花球

車轍和墳墓兩者唯一的差異只在於尺寸不同。
　　——愛倫・格拉斯哥（Ellen Glasgow）／美國小說家

在這個世界上，當一個人試圖要生存下去時，他該怎麼做呢？面對生活，我們都需要有一些因應之道，而在這個充斥著各種強效藥物可以麻痺你感官的世界裡，習慣是最無害的因應方式之一。然而，你已經知道，習慣會讓我們的生活逐漸變得無趣，讓我們的心靈逐漸麻痺。要減輕習慣對生命力所造成的影響，就必須透過各式各樣新鮮有趣的事物。

也就是說，我們必須搖晃生命的雪花球。

新鮮有趣的事物能夠拯救乏味、狹隘的生活，滿足我們需要體驗新鮮事物、跳脫慣性的基本心理需求。[9]

研究顯示：[10]在我們的生命中，新奇經驗的多寡與正向的情緒是有關聯的。我們在日常生活中所經歷的事情愈多樣化，就會愈快樂。

尋求新奇的經驗可以讓我們更有動力。我們在探索新的事物時，會感覺自己比較幸福，表現也會更好。但你相信嗎？豐富多元的經歷不僅會讓生活更有趣味，也會使我們不致一味追求享樂。

> **正向心理學小語：在「享樂跑步機」（hedonic treadmill）上奔跑**。這裡的跑步機指的不是你家地下室裡積滿灰塵的那一台，而是一個心理學理論。[11]它指的是：人類會逐漸習慣自己所擁有的美好事物。我們以為這些美好的事物（例如職位升遷、海上的燦爛落日、狂熱的戀情、一棟有大酒窖的房子、隆乳手術等等）會帶來恆久的幸福。
>
> 但事實上，發生在我們身上的事情，無論好壞，我們都會逐漸適應。那些曾經帶給我們極大喜悅或痛苦的事物，過了一段時間之後就會逐漸無感。在遇到壞事時，這樣的適應能力可以緩解我們的痛苦（很高興知道：我們即使因為受到鯊魚攻擊而變成殘廢，到最後也會變得像現在一樣快樂），但是當我們遇到好事時，同樣也無法高興太久。舉個例子，如果我們中了樂透，會飄飄欲仙，並且開始出手購買豪宅，但過了幾個月之後，就會回到平常的快樂水準。「享樂跑步機不會慢下來，所以需要設法跑得比它快。如果我們能讓自己的生活更多采多姿，就比較不會出現享樂適應的現象。

讓生活多采多姿的七個方法

既然你發現自己已經成為習慣的奴隸（無論是否感到無聊），就需要一帖解藥（某種能夠治癒無聊的靈藥），而我不能等到以後幾章再告訴你。現在，我就要分享七個能夠減輕習慣影響你的方法。你可以看看哪個比較適合你。

第一個方法：嘗試新事物

即使我們嚮往安定的生活，不喜歡有太多意外，但身為人類，我們受到基因的影響，還是會想要追求新的經驗、嘗試新的挑戰、探索新的方法、認識不同的人，並前往不同的地方。

無論我們喜歡或討厭新事物（例如：不想嘗試新口味的乳酪，因為切達起司已經很不錯了），如果我們想過上美好的生活，就必須多多嘗試新的事物。有些人在這方面的需求比其他人更強烈，但研究顯示，[12] 無論任何人，都必須這麼做。無論認為這件事重不重要，如果我們在日常生活中能夠經常嘗試新的事物，就會提升自己的動力與幸福感。

我為一位客戶做人格特質測驗時，發現他不太願意嘗試新的事物。難怪每次所屬的商業團體提議換個地點舉行月會時，他都會問：「為什麼我們不能在同一個地方開會，午餐時也吃同一種三明治呢？」不過，大夥兒仍然堅持每次都要換個地點開會。事實證明，這對那位先生是一件好事，因為他每次開完會後都會來找我，承認他挺喜歡坐在新的桌子旁，看著新的景觀的那種感覺，而且他覺得偶爾嚐嚐油炸

鷹嘴豆餅、換換口味也挺不錯的。他雖然不會主動追求各種新鮮的體驗,但當他接觸之後,卻開始有了成長。

喜歡或討厭新事物的程度

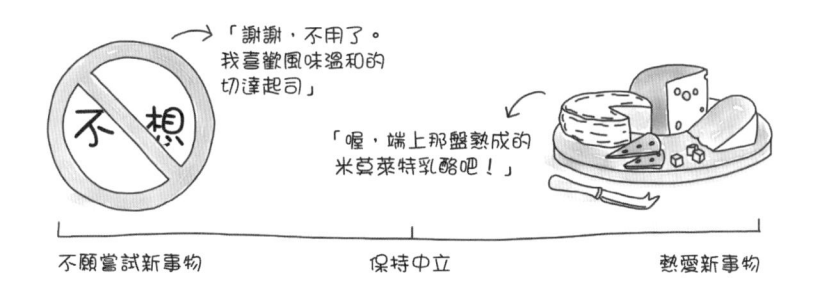

「謝謝,不用了。
我喜歡風味溫和的
切達起司」

「喔,端上那盤熟成的
米莫萊特乳酪吧!」

不願嘗試新事物　　　保持中立　　　熱愛新事物

你位於這條線上的哪一點呢?你希望自己在哪個位置?哪怕你只是往右邊稍微挪動一下,都有可能會讓生活更加豐富精彩,並且提升生活滿意度。

第二個方法:當心責任陷阱

許多人之所以不願意改變自己的習慣和生活方式,是因為他們覺得「那不是一個負責任的成年人所該做的事」。他們認為:追求新事物就等同不負責任,所以便墨守成規,但他們沒有意識到那些「成規」都已經過時了。

我有許多客戶都很想改變自己的生活方式(例如,回學校唸書、換個新工作、從事新的行業、培養一個新的嗜好、搬到別的城市或國家,或換一個新造型等等),卻老是擔心自己會搞砸。「我念的是護理系,總不能就這樣放棄護士的工作,去當平面設計師。」喔,你當然能夠。「如果我們搬到聖安東尼,孩子們怎麼辦?」你可以帶他們一起去,而且他們會適應新環境的。「我從大學時期就一直是這種髮型了。」所以,你才該換呀!

嘗試新事物和負責任,並非不能兼顧。要讓生活變得豐富精彩,你不一

定要每兩年就換個工作，或心血來潮就帶著孩子搬到很遠的地方。你可以用很負責任的方式轉換跑道。就算你臨時起意帶著孩子搬到波士頓，也不代表你是個魯莽的人。從事並非你原來的專業工作也不代表你是個三心二意的人。即使你因為很想留在「約書亞樹國家公園」（Joshua Tree National Park）看滿月而打電話向公司多請一天假，也並不意味著你很衝動。如果你是個會計師，卻跑去上「劇本寫作入門」課，也不代表你瘋了，而是你找到自己的興趣所在。這類事情只是顯示你想在死前好好生活。

我們可以改弦易轍，轉換跑道，只是我們往往不允許自己這麼做。有時，你必須無視身邊的人的想法。你只需要記住你一定會死，而且不想在死前留下任何遺憾（例如沒有順著自己的心意當個DJ，或者沒去鎮郊那家看起來有點可怕但似乎很好玩的廉價酒吧喝酒）就好了。

你是不是有某個點子、目標或夢想，卻因為害怕自己會顯得不負責任而沒有採取行動呢？為了追求豐富多彩的生命與意義，你需要允許自己去做什麼？你會如何填寫旁邊這張同意書？

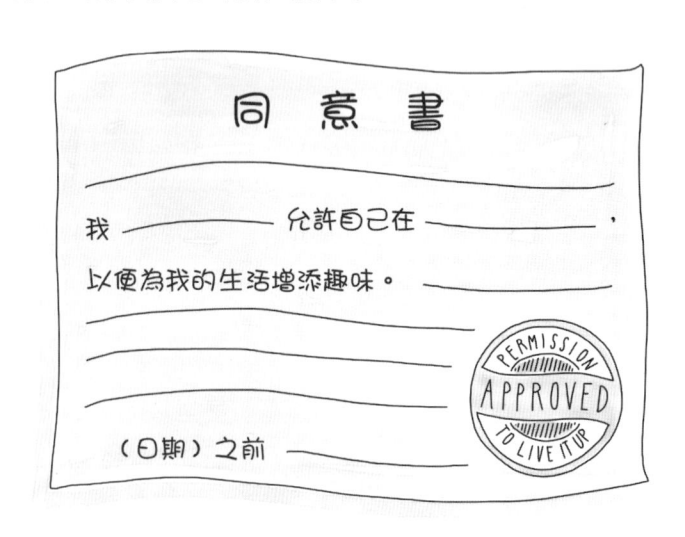

第三個方法：嘗試新事物可能需要花時間，但終究還是值得的

遵守習慣絕對可以節省一些時間，畢竟有時需要遵守一些既有的習慣才能準時上班或接孩子放學，而不致因為遲到而被罰款。讓自己保住飯碗和照顧孩子都是好事，但我們應該討論一個問題：「究竟是節省時間重要，還是

享受時間重要？」我建議我們在針對這個題目進行辯論時，不妨為自己倒杯喜愛的飲料。

在遵守習慣的同時，我們是否能留出一些時間，讓自己過著更多采多姿的生活呢？有時，我們之所以每次都走同一條路回家，那是因為我們的大腦所做出的無意識選擇（它要我們：「像平常那樣，在停車標誌處左轉」）。然而，當我們知道自己可以準時回到家吃飯時，是不是可以走一條和平常不一樣的道路，為生活增添一點趣味？是不是可以把車子停在路邊，在別的社區逛逛，並想像你如果住在那裡，會是什麼光景？可不可以走進那些看起來很可愛的健康食品店，在裡面的果汁吧喝一杯蔬果汁？或者隨便走進一家餐廳，為家人點幾份外賣，並且傳簡訊給他們：「希望你們都餓了，因為我會帶希臘烤肉皮塔餅回家喔！」

你的生活中有哪些方面是可以花點時間去享受的？有沒有哪些習慣是你剛開始很難打破，到頭來卻覺得這樣做很值得的？

第四個方法：旅遊是打破習慣的絕佳方式

在我們井然有序的生活中，旅遊真是打破習慣的好方法！去外地旅遊或造訪一個沒去過的地方，會讓我們擺脫習慣的制約，不再過著千篇一律的生活。那些意想不到的新的刺激可以喚醒我們沉睡的心靈。

如果你去加拿大的蒙特婁市，搭巴士在市區觀光，品嚐起司肉汁薯條，並且聽當地人說的法語，當然可以為你帶來不少新鮮感，但即使你只去附近的城市遊玩，也能幫助你打破慣性。舉個例子，當你要在一家旅館待五個晚上時，勢必很難養成任何一種習慣，因為光是要摸清浴室的水龍頭怎麼開關，可能就要花三個早上的時間，遑論要搞定那台精密的高檔咖啡機。當然，這些事情可能並沒有那麼麻煩，但絕對可以讓你掙脫一成不變的生活。我們需要跳脫平常所處的慣性模式，才能提振生命力。更何況，這樣做對大腦也有益處，因為當環境提供更多的刺激時，我們的神經可塑性（大腦適

應、改變和成長的能力）也會增長。

二〇二一年時，我的丈夫有兩個月的學術休假，其中有五個星期我都和他在一起。這次渡假讓我明白：在工作之餘，多花一點時間休假旅遊是人生不可或缺的經驗。此外，我也發現旅遊能夠產生「搖晃生命的雪花球」的效果。

即使你無法騰出五個星期搭機飛到世界的彼端，也可以嘗試造訪不曾去過的地方。旅館、Airbnb、沒去過的雜貨店、機場、租來的車子等，都會讓你充滿新鮮感，可以打破千篇一律的生活習慣。即使你回到家裡，也沒有道理不能改變平常的一些生活方式。比方說，可以在上班日去外面吃早餐，或者把晚餐端到床上吃（就像在旅館裡叫客房服務那般），甚或一邊吃午飯一邊看小說。總而言之，不妨在平常的日子裡也試著過宛如渡假一般的生活。出去旅遊，就像是讓自己吸入更多的氧氣（但我們往往不知道自己有這種需要），而且我們或許會因此受到啟發，把一部分氧氣帶回家。

你是否能設法在平常的日子裡過著像渡假一般的生活，讓自己得以擺脫固定的生活模式，讓生活多一些必要的新鮮感，也讓你的時間過得慢一些呢？你是否打算不久的將來要去旅行？這會不會成為你的待辦事項之一呢？

第五個方法：要緩慢穩健，才能贏得賽局

既然已經知道「享樂跑步機效應」會讓我們終生不停地追求新鮮感，便需要稍微努力，趕上它的速度，才不致感覺生活乏味。但這並不代表一定要全天候衝刺。只要想要，就可以盡情奔跑，但也可以慢慢跑一小段距離，接著走個一哩，然後再像小孩子一般蹦蹦跳跳。

幸好，只要有些許的新鮮感就可以讓生活不致乏味無聊。因此，我們不需要一有假期就飛到遠方，也不需要每天晚上都品嚐陌生的異國料理。事實上，新奇的事物太多，反而會眼花撩亂，不見得是好事。當我們陷入「自動導航」模式時，只要在生活中注入一點新鮮感，就能恢復活力。

教練小語：判定你的新鮮感FITT：大學畢業後，我的第一份工作便是擔任私人教練，所以我知道該如何為那些想要提升生活的人設計改變生命的課程。

我在為客戶設計健身方案的時候，會採用FITT[1]模式。當我們想要在生活中增添一些新鮮感時也可以採取這種模式。這點我們將在第十一章中提到，所以你不需要現在就擬定相關的計畫，但可以思考以下這些問題，看看哪一個最有感。

- 頻率：你每隔多久會需要（想要）為自己的生活增添一點變化？當你想到每隔一段時期就要改變習慣的生活方式時，你的感覺是厭惡、興奮還是介於這兩者中間？請把你的答案寫下來。
- 強度：你需要（想要）多麼用力地搖晃生命的雪花球？是輕輕地搖一搖，還是如同地震般的劇烈晃動？或許你想要的是頻繁且幅度較小的改變（例如每隔幾頓晚餐就嘗試一道不同的開胃菜），也可能久久一次但幅度劇烈的變動（例如每年花三個星期的時間遊歷一個國家）比較適合你。
- 時間：你希望花多少時間嘗試新的事物？是短期的（例如上一個小時「如何製作Tapas」的課程）還是長期的（例如花七個星期的時間研習西班牙料理的藝術與科學）？還是兩者混搭？
- 種類：你希望在生活中增添哪一種變化？是在事業方面做些「調整」？在感情生活上有些變化？還是讓你的休閒生活更加豐富精彩、嘗試不同的食物，或者收聽別的播客節目？

如果你想到自己要做出這麼多改變，就感到心慌，我得提醒你：有許多人並不需要做頻繁而大幅度的改變，就能讓自己的生活變得更有趣味。你不必急著做出任何改變，而且你所使用的方式，也沒有對錯可言。你只

> 要時不時地做出一些小改變即可。你可以在紙上寫下感興趣的事情，然後放在隨手可及的地方，等到正式開始規劃行動方案時，再決定是否要採取行動。哦對了，說到「好奇心」……

第六個方法：保持好奇心

新奇的事物能夠激發好奇心。心理學已經家證明：[13]愈是好奇，願意嘗試不同的事物，就愈有可能會成長茁壯。

研究人員已經發現：[14]「探索與投入」是通往理想生活的路徑。所謂「探索」指的是追尋那些我們感興趣的事物，包括新奇的（例如參觀最近拉斯維加斯剛開幕的「龐克搖滾博物館」）、有挑戰性的（例如學習吹奏長號）或有趣的（例如研究菲律賓群島究竟由幾個島嶼所組成）。

「投入」指的是充分參與一項活動的狀態，例如對「龐克搖滾博物館」的展覽驚嘆不已、全神貫注地學吹長號或認識之前沒去過的一些地方。

由好奇心引發的探索與投入能夠提高對生活的滿意度。你在生活中是否經常利用機會探索身邊的新奇事物並投入其中，讓自己不致過著無聊乏味的生活呢？你想不想知道自己的好奇心有多重？接下來就讓我們做個小測驗。

下面是一些研究人員所設計出的「好奇心與探索量表」（Curiosity and Exploration Inventory），請你從1到5這幾個數字中選擇一個來回答每個問題。[15]

1＝很少或一點都沒有；2＝一點點；3＝中等程度；4＝挺多的；5＝非常多

1. 我遇到新的情況時，都會主動搜尋所能找到的所有相關資訊。
2. 我很享受日常生活中的不確定性。

3. 我在從事複雜或具有挑戰性的工作時,能夠展現出自己最好的那一面。
4. 無論走到哪裡,我都會追求新奇的事物或經驗。
5. 我認為困難是我成長與學習的機會。
6. 我喜歡做有點可怕的事。
7. 我總是在尋求那些能夠挑戰自我認知及世界觀的經驗。
8. 我喜歡做帶有一點不確定性而且充滿刺激的工作。
9. 我經常找機會挑戰自我,以便讓自己得以成長。
10. 我願意接納不熟悉的人物、事件與地方。

第1、3、5、7、9題涵蓋了「延展」(stretching)的概念。從答案可以看出你有多麼想要追求新的經驗和資訊。你或許經常用谷歌搜尋資訊,也可能很少這麼做。

第2、4、6、8、10題涵蓋了「接納」(embracing)的概念。從答案可以看出你有多麼願意接納生命中新奇、不確定或不清楚的事物,也就是說你是否願意將它們視為一場冒險。

你的生活當中有哪些面向可能需要「延展」或「接納」呢?以上這些問題,有沒有哪一個讓你受到了一些刺激或彷彿被打了一巴掌呢?如果有,你可能需要格外注意了。

正向心理學小語:心理的豐盛(Psychological Richness)。小心劇透!在下一章中,我們將會討論如何增加生命廣度,過著所謂的「快樂的生活」(happy life)。之後,在第九章中,我們會探討如何增加生命深度,讓你過著「有意義的生活」(meaningful life)。但研究人

員最近發現「美好的生活」還有一個面向,[16]那便是「心理豐盛的生活」（psychological rich life），指的是一個人具有好奇心，生活中充滿新鮮感和多樣性，日子過得多采多姿、不時還會發生一些出乎意料之外的事情，並且能夠改變自身的觀點（這些我們在這一章中都有談到）。但最棒的是，這樣的生活還能使我們增長智慧。誰不希望自己變得更有智慧呢？

能夠讓我們的心理更加豐盛的活動很多，小自和同事一起玩一場困難的密室逃脫遊戲，大至出國留學都包括在內。

擁抱生命中新鮮有趣甚至帶有挑戰性的事物，可能會讓我們對這個世界的看法改觀，並因而變得更有智慧。研究人類幸福之道的科學家們認為，如果生活中能兼顧快樂、意義和豐盛這三個面向，便是很值得活的人生。

你覺得你的生活有多麼豐富有趣呢？你是否具有好奇心和自發性？是否總是想要接觸或學會新的事物？這些面向或許是你在追求一種豐盛的生活時可以多加探索的。

第七個方法：探險

除了在這本書中所做的探險（探索）之外，也應該從事一些真正的探險活動。有沒有可能你最近所從事唯一的探險活動就是看著別人在電視真人秀上披荊斬棘、冒險犯難呢？

好奇心會促使我們發現新事物，並從事探險活動以便能夠成長。因此，假設你已經有了好奇心，開始注意到自己不熟悉的事物以及不了解的問題，願意去發現新大陸，接下來你就要問自己是否願意更進一步去做些什麼？願不願意偶爾去冒個險？

我發現自己偶爾會很想做點什麼。這種情況通常發生在晚上，我躺在沙發上看電視看得很無聊的時候。有時，我會很想出去看星星、在樹林裡散

步或聆聽遠處的狼嚎。但要這麼做並不容易，因為我們的住處附近沒有樹林（我甚至不知道哪裡才有樹林）。如果我們開車到一座森林然後再開回家，或許就無法在9:05準時上床，而且我極有可能會在樹林裡被人殺害（我看了很多真人犯罪節目，所以知道在太陽下山後，樹林裡會發生什麼事）。於是我便繼續躺在沙發上看電視，然後準時上床。

我渴望的是一種冒險的感覺。我想你們大概知道我在說什麼。

生活可以是一連串輝煌的冒險，也可以是單調無聊的過程。在第十章中，我將提出許多會讓你想要冒險的建議，但此時此刻，你要做的是：了解自己想要什麼，並開始想出一些點子。你有多麼渴望（或討厭）冒險呢？想不想從事一些冒險活動？有沒有可能體驗一些更刺激、更不尋常的冒險？在日常生活中，又可以從事哪些冒險活動呢？請把它們寫下來。

> 就長期而言，避開危險並不會比直接面對危險更加安全。生命如果不是一場大膽的冒險活動，那就什麼都不是了。
> ——海倫・凱勒（Helen Keller）／作家、身障人權利倡導者

好了，該停止搖雪花球了，回頭談談「後悔」吧

可不可以請你打開筆記本，翻到你那份「如果沒有做，臨終時可能會感到後悔」的清單？

其中是否有些項目與嘗試新事物有關呢？舉個例子，如果你會後悔「沒去義大利的「五漁村」（Cinque Terre）」（天哪，如果是我，也會後悔——我們要不要一起去？），這是否代表你需要尋求一些新鮮感？或是想藉著新奇的事物解決某個問題？如果你臨終時會後悔「沒有回學校唸書」，這是不是代表你需要改變自己的生活，以便能再度學習並有所成長？還是目前你所了解的東西已經讓你感到無趣，需要做出一些改變？

我之所以會問你這些問題，是希望藉此強調，新鮮的事物在美好生命中可能扮演的重要角色。或許你已經想出了一個點子，知道自己要採取什麼行動了。如果是，請把它寫下來。我們很快會再加以討論。

習慣 VS. 儀式感

你：我們是不是可以保留一些特別的東西，例如家族傳統？難不成我得廢除所有的節日慶祝活動？

我：喔，聖誕節的慶祝活動當然不能取消。關於「打破習慣」這件事，我可能有點過頭了。一些特殊的儀式當然應該予以保留。

珍·史坦利（Jan Stanley）是一個專業的儀式主持人。她專門運用典禮和一些非宗教儀式幫助人們找到生命的意義與喜悅。我稱她為「了不起的巫師」（她也是我的研究所論文指導教授，所以她深諳「記住你一定會死」的道理）。關於「機械化的習慣」與「儀式」之間的差別，以下便是她的說明：

- 儀式的目的是強化我們心中的大事。舉例來說，結婚儀式就是為了強調婚姻乃是人生中的一個重要的里程碑。在日常生活中，飯前謝恩或每天抽時間打電話給朋友，也算是一種儀式。
- 我們在做自己習慣的事情時，是不帶有任何目的或想法的，但在舉行儀式時，我們唯有投入全副心思才能達到最好的效果。
- 習慣主要是用來處理事情，但儀式則能夠將我們和生命中重要的事物連結，並讓我們停下腳步，更深入的體驗這些事物，從而得到身心的轉化。

簡而言之，習慣與儀式的差異在於：其間有沒有目的與覺知。我們在做著自己習慣的事情時，是否從容不迫、慎重其事？如果我們一邊吃著蜂蜜堅果麥片，一邊看手機上的晨間新聞，那我們就沒有帶著目的與覺知，也沒有好好品味當下了。

儀式則剛好相反。我們在舉行儀式之前、之後與當下，都會帶著覺知，儀式本身也有各種價值、意義與象徵（不見得與宗教或靈性有關）。比方說，對許多家庭而言，感恩節的晚餐就是一年一度的重要儀式，內容可能包括：特別布置的餐桌、在飯前禱告或感恩、大家屏氣凝神地等著切火雞、品嚐金妮嬸嬸著名的烤甜薯，並且在公園裡進行一場好玩的奪旗式美式足球比賽。

我有一名客戶，她每天最喜歡的時段就是下午茶時間。大多數人喝茶時都是大腦放空、心不在焉，她卻是全心投入其中。她會考慮要用哪一個茶杯或茶碟（她是英國人，所以絕對會用茶碟）泡茶以及要泡哪一種茶。在等待開水沸騰的時間，她還會仔細地布置餐桌。在茶湯泡好後，她會深吸幾口氣，享受那沁人心脾的茶香。對她來說，倒茶就是個儀式：「我會像在冥想一樣，觀察茶水的顏色、預期茶湯的味道，並且仔細分辨它的氣味，看今天的茶是帶著花香還是木頭的氣息？整個過程我都很享受。它讓我有機會得以在忙碌的一天當中停下腳步，全心投入這個已經有千百年歷史的跨文化傳統儀式上。」

不過，要小心我們已經習以為常的儀式！對你來說，它或許曾經非常特別且充滿意義，但當你開始覺得無趣時，或許就該做個改變了。你不一定要捨棄其中比較神聖的部分（例如小時候過生日時，一定要吃媽媽做的環形檸檬蛋糕），但可以做點變化，讓自己更開心。過聖誕節時，也可以來點不一樣的（例如全家人先一起去吃中式自助餐，回家後再按照傳統儀式過節）。或者飛到外地（例如舊金山）過新年，午夜時在當地的街道上彼此親吻。也就是說，可以把同一套的儀式搬到不同的環境舉行。

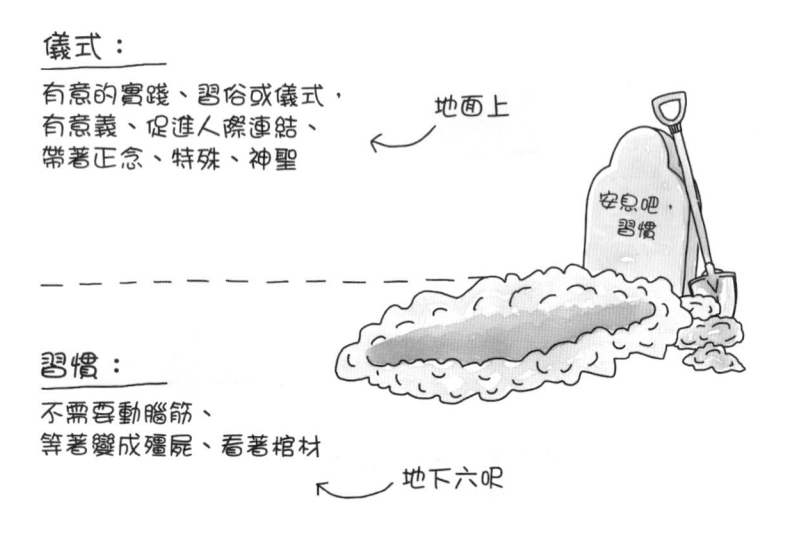

儀式：
有意的實踐、習俗或儀式，
有意義、促進人際連結、
帶著正念、特殊、神聖

← 地面上

安息吧，習慣

習慣：
不需要動腦筋、
等著變成殭屍、看著棺材

← 地下六呎

　你的生活中是否有一些儀式是值得你細細品味的？有沒有哪些儀式已經太過老套，可以賦予它們一些新氣象？

讓生活煥然一新的方法

　多年的習慣或許很難戒掉，但你如果不做出一些改變，就會逐漸失去生命力。況且你會讀到現在，對自己的生命應該是有一些期許的。

　有人說，變化是生活的調味料。你該如何讓自己的生命更有活力呢？以下是我的工作坊學員所想出的一些點子：

- 為了換換口味，我正在做填字遊戲。如果做得不耐煩了，就改做另外一款益智遊戲。
- 晚上吃早餐的食物！
- 我開始在Instagram上追蹤不同的人。觀看別人的生活（和寵物），感覺挺有意思的。

- 以前我都會邊走路邊聽音樂，現在我改聽播客節目，而且還會聽不同類型的。
- 我以前常吃那些有趣的健康食品，但不知怎地後來就忘記它們了。現在，我又開始吃彩虹甜菜之類的食物了。
- 我會輪流讀不同類型的書，比方說先看傳記，再看散文集，接著又讀間諜小說。
- 現在我會依照媽媽從前的食譜，做一些她拿手的料理，然後一邊品嚐我記憶中的味道，一邊想念媽媽，並回憶自己的童年。
- 現在我堅持每天晚上在家裡餐桌旁吃飯時都要換位置。
- 我偶爾會改變準備出門的流程，比方說，先刷牙再沖澡，或者吃早餐再準備出門。
- 現在在外面用餐時，偶爾會換一家館子。
- 我開始穿一些比較鮮豔的衣服，還因此得到不少讚美呢。
- 我已經開始請丈夫規劃今年春假的旅遊了，而且我還要他對我保密，讓我有個驚喜。
- 從前我多半只和團隊裡的成員或同一樓層的人打交道，現在我開始和其他人攀談了。
- 我已經在健身房請了一位教練，教我做一些自己不可能會做的運動，例如拳擊。
- 我告訴家人今年的感恩節假期要去避靜，他們可以訂購Whole Foods外賣的火雞。
- 我們想省錢，所以我和丈夫開始比賽，看誰可以光用食櫥和冷凍櫃裡的食材做菜，而且兩個星期都不能花一毛錢買菜。
- 我開始每天去外面去吃午餐。
- 五個字：開放性婚姻。

- 我問了幾個信仰不同宗教的朋友，看他們是否能帶我去參加他們的宗教儀式。
- 我們開始在早晨起床後、上班前聽各種不同風格的音樂。
- 過去，我每天早上睡醒後的第一件事就是去游泳。現在，我每個星期都會有幾天是在睡前游泳。感覺很不一樣。
- 以前每逢星期六，我們都會點外賣的中國菜，現在我們決定每個月有兩次要換換口味。
- 從前，我的週末生活很無趣，現在我已經改成在週間洗衣服，並利用星期天的時間好好逛逛博物館、畫廊和古董店。
- 我們的廚房有好多香料，所以我現在每隔幾個禮拜就會用這些香料來做新的料理。
- 以前都是花大錢去市區渡假，但這回我要去國家公園玩。
- 我生性極其悲觀，但我現在已經開始想像：如果我是一個樂觀的人，會怎樣看待這個世界。
- 我可以繼續講下去，類似的例子還有很多很多。

你有多麼容易陷入「自動導航」模式？

現在，我們該做一下「反自動導航測驗」（Anti-Autopilot Assessment）了！這個練習將會讓你看出你在哪些方面可能已經逐漸無感，在哪些方面又因為太過熟悉、習慣而逐漸失去生命力。問題的數量還不少（好吧，共有52題，但我相信你很厲害，一定可以完成），請耐心作答，做完這些問題後面的作業，看看有哪些方面可以為生活增添新鮮感和情趣。

第七章　習慣：削弱生命力的殺手　209

#	請在最符合現況的方格內做記號					
		是的	有點	有點	是的	
1	我很滿意目前的習慣。它們讓我安心，感覺自己可以掌控一些事情。					習慣會扼殺人的靈魂。我喜歡跟著感覺走，不喜歡一板一眼，一成不變。
2	我每天早上做什麼事都有一定的程序，如果要我換個時間刷牙，我會覺得很怪。					我每天早上要做什麼都不太一定，有時，我會在床上刷牙，而且這樣做也沒什麼特別的理由，只是因為我想。
3	我每天都在同一個時間吃早餐，而且菜色都不變。					早餐？我有時會吃穀片，有時會吃歐姆蛋，有時甚至不吃。偶爾，我會在晚上吃早餐的食物。
4	無論上班還是參加活動，我每天走的路線都一樣。					我上班時經常更換路線，要跟蹤我很難。
5	早上喝咖啡時，我即使把眼睛蒙起來都可以照喝不誤，因為這套流程從來沒有改變過。					我的早餐並不固定（有時喝咖啡，有時喝茶，有時喝奶昔或當季的果汁），連地點都經常在換。
6	我和別人聊天的話題都差不多，總是天氣、昨晚在做什麼、報告什麼時候要交之類的。					我和別人聊天的主題可說天南地北，無所不包。我會主動帶出不同的話題（例如全球暖化、鎮上哪一家墨西哥捲餅最好吃等等）。
7	我每天說話的對象幾乎都和同一群人。					我每天都和各式各樣的人互動，談話的內容也很廣泛。
8	我對我的工作流程已經很熟悉了，每天只要照著做就行了。					我的工作內容時常變動。
9	我的工作不太容許我發揮創意。					我的工作就是創造、革新以及嘗試新的事物。

#	請在最符合現況的方格內做記號					
		是的	有點	有點	是的	
10	無論開會、做企劃、和別人互動或合作，我的風格和態度始終都是一樣的。					在職場上，為了能獲得不同的觀點，我會扮演不同的角色。開會時，我偶爾會故意和別人唱反調，有時則只是默默地觀察。
11	我的午餐菜色沒什麼變化，都是同樣幾種餐點輪著吃，時間也很固定。					我每天吃午餐的時間都不太一樣，不過通常都是在十一點到三點半之間。這也算是一種習慣嗎？
12	我如果和朋友出去，一定是在同一個地方碰面，而且點的開胃菜和飲料也一樣。					我和朋友出去時，每次都會上不一樣的餐廳，點的東西也不一樣。
13	我已經一整個月都沒有認識什麼新朋友了。					我經常會認識新的朋友或同行。
14	在搭計程車或者和別人共乘時，我通常不會主動開口和別人交談。					在搭計程車或和別人共乘時，我會和司機聊天，以便了解他們的個性、背景、最喜歡什麼餐廳等等。我之所以選擇和別人共乘，就是為了認識更多人。
15	我去酒吧喝酒時每次點的都是同一款最愛的招牌特調。					我去酒吧喝酒時都會嘗試新款的雞尾酒，或者名字聽起來很時髦、口味比較特別的精釀啤酒。
16	我知道哪家餐館的哪些菜是我喜歡的，而且每次都點這幾道。有時我一走進門，老闆就知道我要什麼了。					我去外面吃飯時，很少會點自己吃過的菜色。

#	請在最符合現況的方格內做記號					
		是的	有點	有點	是的	
17	我和另一半的約會已經有固定的模式，不是點外賣，就是在家裡吃飯；不是去看電影，就是在家裡看最新的Netflix影片。					我和另一半的約會充滿了神祕的色彩。在晚上6:59之前，我們都不知道自己要幹嘛。
18	我的生活就像蓋著一床毯子，過得挺舒服的，而且沒有什麼太大的意外。					我的生活就像蓋著一床毯子，但我會興致勃勃地把毯子掀開。
19	我的晚餐總是那幾樣輪著選：雞肉配紅醬以及和其他兩、三樣料理。					吃晚飯時，我總會嘗試各式料理、香料和菜色。
20	我有固定的運動方式。比方說，我總是做同一種伸展運動，因為它的效果不錯。					我會做各式各樣的運動和伸展操。
21	建立固定的習慣和秩序對小孩很有幫助。					對於孩子，我贊成自由放養，不要有太多的限制和束縛
22	我一坐上椅子，理髮師就知道我要剪什麼髮型了。幾十年來，我的髮型從未改變過。					我的髮型每個季節都不相同。
23	我的造型都沒怎麼變過。我買的衣服款式和顏色都差不多。					我的造型時常有很大的變化。
24	我家裡的沙發、椅子、茶几和牆上的畫都有固定的位置。					我經常會調整家具（至少是那些小裝飾物）擺放的位置。
25	我喜歡穩定的環境。空氣和水的溫度以及燈光最好保持在一定的狀態。					即使環境改變，我也能適應得很好。有時我甚至會為了有不同的體驗而刻意洗冷水澡。

#	請在最符合現況的方格內做記號				
		是的	有點	有點	是的	
26	我總是隨身攜帶手機，而且隨時都處於開機狀態。					我經常不帶手機出門，以便遠離網路。
27	過去半年內，我從來不曾去遠足。					過去半年內，我曾經從事一次戶外活動（如露營、健行、滑雪等）。
28	我散步時都有固定的路線，每次都是從A點走到B點。					我散步時，經常變換路線，有時會沿著某一條小巷子走，有時會去看新的建築工地，有時則會特意繞遠路去看某個新的事物。
29	我的休閒方式大同小異，沒什麼變化。即使去參觀美術館，我也都會沿著固定的路線走。					我的休閒活動就像一片雲，變化無常，經常有創新之舉。
30	我目前的嗜好和去年沒什麼兩樣。					去年我開發了一項新的嗜好，未來還打算嘗試更多。
31	我看的書籍、電影和電視節目都是我喜歡的類型。既然知道自己喜歡傳記，幹嘛還要去看推理小說呢？					我喜歡看各種不同類型的電影、書籍和電視節目，而且也會聽我沒聽過的播客節目。
32	我每天看電視的時間超過1小時。					我每天看電視的時間不到1小時。
33	對我來說，網路的功能就是用來購物、打發時間和解答問題。					對我來說，網路是用來探索的工具。每次上網都能夠學到新的東西並有所成長。
34	我都固定聽某幾個電台的節目和音樂，對其他的沒什麼興趣。					我經常聽我沒聽過的音樂，包括那些我聽不懂歌詞的外國音樂。

#	請在最符合現況的方格內做記號					
		是的	有點	有點	是的	
35	除了有一次我沒帶傘，淋雨走了一條街之外，我想不起去年我做過什麼好笑或孩子氣的事。					去年我做過一些很孩子氣的事，例如跳跳床、蹦蹦跳跳地走路以及和別人進行一場食物大戰。
36	我很滿意自己目前的知識，也滿意我現在所做的事情，不需要特地去探索什麼新事物。					我喜歡探索新事物，真希望有一天能發現什麼新大陸。
37	我上床的儀式就像我早上準備出門的程序一樣，是固定不變的。					我每晚都有不同的上床儀式，有時甚至會輪流睡在床的兩側。
38	我每個週末都有固定的事要做，例如購買生鮮雜貨、洗衣服、運動、把衣服送去乾洗以及為孩子舉辦派對等。					我的週末時光很有彈性。我會從事各式各樣的活動，有時甚至會把一些雜務留到下週再做。
39	未來幾個月我的行事曆內容和過去幾個月差不多。					未來三個月我的行事曆內容和過去三個月完全不同。
40	我每天的作息都很固定。					我的作息並不固定。有時我會改在早上九點上班，有時則在七點。兩者的感覺大不相同。
41	我的信念在去年一年都沒有什麼改變。我不曾因為任何事情而重新評估、修正自己的信念。					在去年一年當中，我曾經因為接收到新訊息或有了新觀點而改變信念。
42	外出旅行可能會帶來很大的壓力，因為你必須改變原有的一些習慣，但離家在外時，我又會建立一套新的習慣，讓自己舒服一些。					旅行可以讓我們大量吸收不同的文化。每一個經驗對我們來說都獨一無二。

#		是的	有點	有點	是的	
43	如果我喜歡某個地方，往往會舊地重遊，以便更進一步體驗當地的文化。					這個世界太大了。縱使義大利或愛荷華的某個城市很棒，我也不會想再去一次。
44	我們慶祝節日的方式每年都一樣。我可以預期活動的內容和時間，甚至知道到時會有哪些菜色。					我們的節慶活動都是心血來潮，臨時安排。
45	我不會在新年時立定什麼新志向，也不會為來年設定目標。					我每年都會設定遠大的目標和志向。
46	我知道自己在死前想做什麼，不過還有一些時間，所以不需要立刻採取行動。					我有一份願望清單，而且正在逐步實踐中，因為我一直很努力的在生活。
47	我感覺時間飛快。					時間雖然不停流逝，但我感覺自己能夠掌握它。
48	我不喜歡做事情毫無計畫。					我不喜歡墨守成規。
49	好奇心會害死貓。					滿足於既有的知識，不再吸收新知，會讓我感到窒息。好奇心能提供我更多的氧氣。
50	有時我感覺自己的人生就像是《土撥鼠日》(Groundhog Day)，這部電影的劇情一般，每天的生活都大同小異。					我每天的生活都充滿變化，所以覺得自己彷彿天天都過著不一樣的人生。
51	我感覺自己好像錯過了什麼，沒有完整的體驗人生。					我的座右銘是：把握今天，及時行樂。所以我正充分利用每一天的時光。
52	有時我會渴望用不一樣的方式來做某些事情，讓生活增添一些趣味。					有時我會渴望建立某些習慣，讓生活變得更順暢一些。

「反自動導航測驗」的意義

1. 你做完這份問卷時,有什麼感想?
2. 其中哪幾句話最吸引你?
3. 你希望生活中的哪些部分能有更多新鮮感?你想做些什麼讓生活更加有趣、精彩?請寫在以下的表格中。

#	我想增添新鮮感的部分	我的構想(大小不拘)

4. 你希望生活中有哪些部分能更有規範和條理?你想做些什麼讓生活更有規範和條理?請寫在以下的表格中。

#	我希望能更有規範和條理的部分	我的構想(大小不拘)

5. 哪些習慣你最不希望改變?如果你在某一方面特別抗拒改變,或許那就是你應該先著手改變的。但我的意思不是要你放棄所有的習慣,而是要你做一些微幅的調整,以恢復生命力。
6. 在下個星期之前,請你選出一件事情來做,讓自己更有活力。
7. 去吃一塊布朗尼吧。

盤點習慣

談到這裡，你應該準備好要盤點習慣了，而且或許已經有了許多想法。

- ☠ 請列出生活當中的各種習慣。你可以參考「反自動導航測驗」中的內容，讓這份清單更豐富完整。
- ☠ 逐一檢視這些習慣，看看它們是否對你有利，還是好壞參半，抑或需要修正。舉例來說，如果你每個星期五晚上都和另一半約會，這或許是一個好習慣，因為它能讓你和另一半保持連結，但如果你們約會時每次都是吃瑪格麗特披薩，並且固定在晚上七點看場電影，這樣的習慣可能就需要做些修正了。
- ☠ 接著，請你看看該如何為現有的習慣注入一些新鮮感，或者將它們稍微調整一下。
- ☠ 談到好奇心與冒險性，你要如何探索那些陌生的領域？可以做什麼讓人無法預料的事？你有沒有辦法讓這個星期過得和上個星期不一樣？
- ☠ 不必急著採取行動，但你在你的筆記裡有沒有發現哪一個構想是值得立刻付諸實行的？如果有，就去做吧！

到目前為止，我們討論的都是很掃興的事，包括死亡、遺憾和習慣等等。這是因為你必須知道自己如何習慣性地過著無聊的生活，在不知不覺中扼殺了生命力，以致於沒有活出自己想要的人生，並且可能在臨終時因此感到懊悔。要閱讀這些篇章並不容易，所幸我們已經努力釐清問題。不過，除了了解自己哪方面有問題之外，也該學習如何調整，以活出自己想要的人

生。幸好在接下來的這幾章當中,我們要開始把重點放在如何生活,畢竟我們都希望自己更有生命力,不是嗎?

我想大多數人都希望自己的生活過得豐富精彩,而非老是處於「自動導航」模式,那麼,我們怎麼能夠不認真地生活,並且偶爾調整一下自己的習慣?怎麼能不懷著好奇心去探索新的事物?又怎麼能不去做些別人眼中的「傻事」(例如在早餐時間吃火鍋),讓每一天都變得很特別呢?

我們的生命是由一分一秒、一時一刻所構成的。要用這些時間來做什麼,完全操之在己。我們可以跳脫流俗,走一條人跡罕至的路,做一些讓自己充滿活力的事,為自己的生活增添新鮮感,以便活出更美好的人生。

如果一味根據自己的慣性行事,就會受到習慣的支配,變成一具木乃伊。我們要改變這個情況,不能繼續沉睡下去,否則就距離死亡不遠了。只死一次,不要死得無聊。

第八章

增進生命的廣度：
有趣＋玩樂＋生活的樂趣

> 人們都說我們追求的是生命的意義，但我認為並非如此。我認為我們追求的是一種活著的感受，以期我們在物質層面上的體驗能夠和我們的內在與現實共鳴，使我們真切感受到生命的狂喜。
>
> ——約瑟夫・坎伯（Joseph Campbell）／美國神話學家

既然已經討論了你如何透過種種方式扼殺自己的生命力，現在就應該設法解決這個問題了。

如果你發現自己屬於以下任何一個類別，那麼這一章就是為你而寫的：

A. 你感覺自己的人生沒什麼意思，而且已經失去生命力，日子過得無聊、乏味，只不過是在隨波逐流、虛應故事。在朋友和熟人眼中，你不再是個「有趣」的人。

B. 你是那種想要「吸吮生命精髓」的人。然而，儘管你已經很努力（例如做各種新式的料理、去各地旅遊、撰寫文章並且嘗試新的運動），但還是認為自己的生命不夠精彩豐富。

C. 你介於A和B之間。有時你比別人更有生命力，有時則死氣沉沉。你對本章開頭坎伯的名言所描述的「生命的狂喜」感到好奇，希望自己也能體驗到那樣的感受。

我確信每個人都是前述這三種人其中之一。這正是我的目的，因為我想邀請每一個人都參加這場「生命力的營火派對」（Vitality Bonfire Party）。

　　是的，在這一章中，我們將圍繞在這堆明亮而熾熱的營火四周，討論該如何增進生命廣度。首先，我們要讓你更進一步了解「生命力」的意涵以及它的重要性。接著我們會談論該如何避免澆熄你內在的生命力火焰，以及該如何讓火苗燒得更旺。我們的目標當然是要提升你對生命的熱情，但最重要的還是希望你能從中得到一些啟發，並想出一些有用的方法，以便將它們納入本書末尾會談到的「提升生命力的行動方案」中。

　　在閱讀這一章時，不妨試著以任何一種會讓你開心的方法展現你的生命力。不一定要戴上那種頭頂尖尖的派對帽（尤其是在辦公室裡偷讀這本書的時候），但可以播放你最喜歡的音樂，穿上色彩鮮豔的衣服，拿出彩虹糖，聞著行動酒架上傳來的酒香味，開始這一場營火派對。

讓生活更豐富多元

　　當你嘗試體驗各種不同的娛樂與消遣，感覺渾身是勁、興味盎然時，你就拓寬了自己的生命廣度。

　　你可以把生命的廣度想成是一把水平放置的尺，一頭是「躺在沙發上不停地看Netflix影片」（不太起勁、無精打采、像具殭屍），另一頭則是「積極投入生命」（生氣勃勃、盡情玩樂、充分品嚐生活的樂趣，每天都過得像是一場嘉年華會）。還記得第二章象限圖中那個「充滿生命力」的區塊嗎？

　　生命力的定義是「一種正向的、充滿活力和幹勁的感覺」。有人稱之為「精神健康」，聽起來頗為美好，畢竟，誰不希望有健康的精神呢？但也有人說，生命力就是：

☠ 興味（對生命感興趣）。

生命力／生命的廣度

- 心理的能量（我們可以用來採取有益行動的資源）。
- 精力（包含活躍的大腦、情感能量與體力）。
- 對生活的投入（精力滿滿、全神貫注、專心致志）。
- 充沛茂盛的狀態。
- 繁榮滋長（充滿活力，不斷學習）。
- 熱情（有人說這是一種生存機制，為的是讓我們持續對生命感興趣）。

東亞地區的人稱生命力或精神為「氣」，日本人則稱「氣」為「煥發的生命力」，也是一鍋米飯沸騰時將鍋蓋掀開的那股能量。你有沒有足夠的「氣」可以將生命的鍋蓋掀開呢？我們的任務就是要讓你產生這股能量。

生命力的重要性

為何我們要重視自己的生命力以及對生命的熱情呢？為什麼它們比生命中的其他事物（如創造生命的意義或每晚填寫感恩日誌）都更加重要呢？這是因為當我們擁有充沛的生命力時，幸福感便會大大提升，讓我們活出一個值得活的人生。

如果一個人能夠將生命視為一場冒險，以期盼與興奮的心情，懷著熱情與幹勁，全力投入其中，那麼他對生活和工作的滿意度通常都會很高，[1]而且也會認為他所從事的工作就是他的天職。

土耳其的一項研究證實：[2]生命力的強弱會影響一個人的幸福感。如果感覺自己充滿生命力，你的幸福感就會比較強；相反地，如果認為自己缺乏生命力，你就會過得比較不快樂。一個人對生命力的主觀感受影響他的幸福甚巨。因此，如果你覺得自己了無生氣，那可不是一件好事。

那些充滿生命力的人，除了較有幸福感之外，也比較相信他們的生命是有意義的。我們在生命力旺盛時，會有較高的生產力，做事更主動積極，表現更好，也比較能夠持之以恆。有一項針對以色列研究所的學生，[3]在兩個不同時期所做的調查，了解他們在創造性工作投入的程度，以及對自己生命力的感受，結果發現：那些生命力很強的學生能夠想出更多比較有創意的點子，遇到問題時也比較會以創新的方法解決。

提高生活滿意度

還記得正向心理學大師塞利格曼博士嗎？他很相信熱情的重要性。而他所做的研究顯示：[4]熱情是最能提升生活滿意度的特質之一。最近剛滿80歲的他表示，他覺得自己已經不像從前那樣對生命滿懷熱情了。在最近的一次視訊談話中，他告訴我：「我現在對知識的熱情以及身體的耐力已經比不上三十年前了。」不過，接著他便告訴我，他找到了一個可以激發他生命力的

嗜好：國際橋牌賽。

我問他為什麼玩橋牌可以激發他的熱情與生命力，他說：「我的橋牌技術還有待提升。目前我在全世界最厲害的一千名橋牌選手中還是墊底的，不過我的排名一直在上升，而且我也不斷學習。」換句話說，參加具有挑戰性的活動能激發生命力，進而帶來幸福感。看來，如果我們想要過著美好的生活，就必須強化自己的生命力。

> **正向心理學小語：熱情帶來幸福**。和生活滿意度最有相關性的五個人格特質分別是：熱情、希望、感恩、愛與好奇心。你擁有多少這些特質呢？

生命力的強弱

一個人生命力的強弱並非固定。我們有能力加以改變。

我有一位客戶最近努力調整了她原本「只工作，不玩耍」的生活方式。在第一個療程中，我們一起檢視了她在工作上的種種成就。當時，她問了一個讓我終生難忘的問題。她說：「我到底把自己置於何處呢？」為了追求成就，她把所有的時間和精力都放在工作上，雖然因此而頗有收穫，卻犧牲了自己的生活。在她的生命中，完全沒有樂趣可言。她因此開始擔心如果這樣下去，她將會失去自我，而且有可能會成為呆板乏味的人。她問我，要如何才能激發生命的火花呢？

我建議她循序漸進，一步一步慢慢來。後來，她買了一本素描簿，重拾幾十年前她對繪畫的熱愛，開始一週畫幾次素描。接著，她開始在晚上出去散步，不再待在家裡看電視。然後，她把自己最喜歡的音樂做成一個播放清

單,開始趁著晚上家裡沒人的時候在客廳裡跳舞。這時,她才想起過去她有多麼喜歡跳舞。就這樣,她開始一點一滴地積極創造生命的樂趣。

研究顯示,[5]在美國,平均每五個成人中,只有不到一個人認為自己很有生命力。你的生命力有多旺盛呢?你是否正充分體驗生命?在以下的「生命力圖譜」中,你位於哪個位置呢?

生命力圖譜

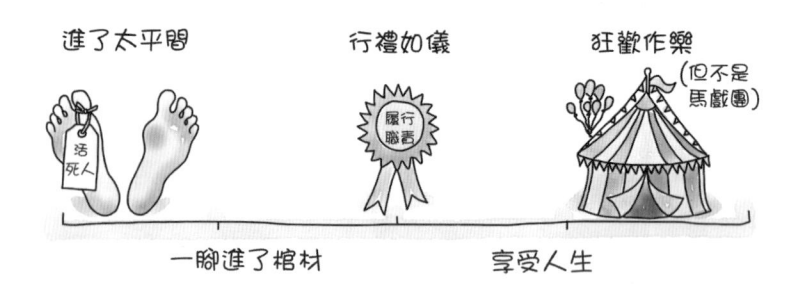

進了太平間　　　　行禮如儀　　　　狂歡作樂
（活死人）　　　（履行職責）　　　（但不是馬戲團)

一腳進了棺材　　　　　　　　　享受人生

在你回答之前,我想說說我客戶的故事。在最初的幾次療程,他評估了自己以上這個「生命力圖譜」的位置。就像大多數人一樣,他對生活中的許多方面都很滿意,但對於工作,卻提不起勁來。他說他並不指望生活和工作都像嘉年華一般,但他愈來愈意識到,在工作上必須做出一些改變,否則就會被工作所改變。

於是,他便開始為自己的生命重新注入一些活力。他鎖定他最缺乏生命力的幾個面向,考慮了幾個選項,然後便開始認真過活,不再將就妥協。後來,為了讓他的生活增添一點趣味,他甚至休了八個星期的假去托斯卡尼學烹飪。我知道,並不是每一個人對工作感到厭煩時,都可以去休個長假,但我們還是可以設法做出一些改變,以便讓自己的「飯鍋」重新沸騰起來。或許,你只要去托斯卡尼旅行一個星期就能夠重振活力(而且不必擔心會丟

掉飯碗)。如果你無法出門旅行,或許可以報名住家附近的烹飪課。此外,也可以找個職涯教練,和他談談你的困境,或是啟動一項能夠讓你感到振奮的專案,以打破那種意興闌珊的狀態?你也可以請調到一個比較有興趣的職位?無論有錢沒錢,都可以設法提升自己的生命力。

就像前一頁所畫的圖譜一樣,**每個人的生命力強度不同**。即便我們活著,並不代表有生命力。關於這點,那些一直從事乏味、沉悶的工作的人都很清楚。心理學家理查‧萊恩(Richard Ryan)和克麗絲蒂娜‧弗列德瑞克(Christina Frederich)[6]設計了一套「生命力主觀評量表」(Subjective Vitality Scale),以幫助我們判定自己是處於生命力旺盛或消沉的狀態。

請仔細思考以下的問題並作答。答案分成五個等級,1代表「是」,5代表「不是」,看看你屬於哪一級。

#	對生命力的主觀感受	1	2	3	4	5
1	我覺得自己很有生命力。					
2	有時,我覺得自己的生命力快要爆表了。					
3	我有活力,也有熱情。					
4	我期待每一個明天。					
5	大多數時間,我的腦筋都很靈敏而清醒。					
6	我感覺自己能量充沛。					
7	我將生命視為一場冒險,懷著期盼且興奮的心情全力投入其中。					

如何?你是否具有生命力呢?如果是,你的生命力指數是多少?

我知道有些雜誌上的測驗要比這種科學評量好玩的多。他們會給你一些有趣的答案,例如「你的靈獸是一隻鬣蜥蜴,它會引導你做出生命中重要的決定。」但科學評量並不會給你一隻靈獸,你得努力找出自己的答案。然而,科學評量畢竟有實證經驗為根據,比較能站得住腳。何況我們談的是關

乎下半輩子的事，因此遵循可靠的途徑（而非鬣蜥蜴之類的民間傳說）還是比較明智一些。因此，請你想一想：你從答案中看出了什麼？

如果你的答案裡有很多3，或許已經開始感覺生活有點乏味。如果1和2比較多，那表示你可能已經出現早期的「屍殭」現象了。如果4和5很多，那就表示你活得有滋有味。

或許你對某個問題的答案顯示出你已經有一些「組織壞死」（這個比喻有點可怕，但很貼切）的現象。你可以暫時不予理會，但根據我看了大量醫療劇的經驗，如果你不趕緊讓傷口癒合，它很快就會長出壞疽。如果內在有某些部分已經開始壞死，你真的必須要趕快處理。

舉個例子，如果你對第四個問題（「我期待每一個明天」）的答案是1或2，那代表你可能有必要考慮換個跑道了，因為：「如果工作正在扼殺你的生命力，你是可以改行的」。不妨選擇一門可以讓你每天早上都懷著期待的心情去上班的行業。請你用螢光筆在這裡做標示，以供你在書末規劃行動方案時參考。

如果第七個問題（這一題是我自己加上去的）特別引起你的注意，因為你一直渴望探險，但近幾年卻沒有太多這樣的機會。這是很多人都有的困擾。就像我們先前在討論習慣時所說的，你可以先嘗試一些小規模的冒險（例如不帶傘在雨中漫步、拿出你那雙老舊的直排輪開始溜冰，或嘗試厄瓜多爾食物等等）。當然，你也可以進行比較大規模的探險活動，例如泰國旅遊、報名參加鐵人三項比賽，或在人跡罕至的鄉下露營等等。這樣或許就能讓自己感覺充滿生命力。

既然你已經看出自己在哪些方面缺少生命力，或許你會想知道該如何提升。這個問題可以分成兩個層面來回答。首先，要談談不能做什麼，其次再來談談該做什麼。

扼殺生命力的六個罪魁禍首

首先我要聲明：下面這六件事我全都做過，而且還經常做。我之所以這樣說，是因為不希望你們認為我有多厲害，也不希望你們以為我把你們當成可憐的行屍走肉，對著你們說教。事實上，我自己也缺乏生命力，所以才會做一些相關的研究，藉以幫助自己，並且和你們分享，希望能幫助你們活出更精彩豐富的生命。

以下這份清單可能會讓你們不爽。如果會，那很好，因為這代表我觸及了你的痛處。你可以置之不理，照舊過日子（就像試著忽略你的坐骨神經痛一般），也可以將它加入你的「拓寬生命廣度的事項」清單（也就是你此時此刻正在擬定的清單）。

以下是扼殺生命力的六個罪魁禍首，你可以看看自己是否有這些現象：

1.看太多電視、電影和社群媒體

你一天花多少時間坐在螢幕前（不包括上班時使用電腦的時間）？

- ☠ 二〇二三年全球的統計數字顯示：[7]人們平均一天上網6小時37分鐘。
- ☠ 美國人平均一天看電視的時間是2.86小時。[8]更可怕的是，研究顯示，從25歲起，每看1小時電視，預期壽命會減少21.8分鐘[9]（根據我最近計算的結果，我應該活不到星期四）。
- ☠ 此外，我們還花大量的時間瀏覽社群媒體。全球人口每天花在社群媒體上的時間平均是2小時31分鐘。[10]這意味著，在這段時間之內，我們不僅沒有起來活動肢體，而且每滑一下、每點一次讚，都會減損我們的幸福感。我還沒見過哪個研究幸福感的科學家，熱衷使用社群媒體的。

☠ 有一項網路成癮與個人主觀幸福感與生命力之間的關聯研究，[11]結果發現：網路成癮會降低幸福感與生命力。有趣的是，這樣的影響是雙向的：研究顯示，[12]當人們設法提升自己的生命力時，可能會減少使用網路的時間。如果將使用社群媒體的時間限制在每天30分鐘以下，則可能大幅提升個人的幸福感。

> **相關的數字**：如果你和大多數人差不多，那麼你每天流連在數位國度（網路、社群媒體、電玩等等）的時間多達8小時14分鐘。[13]假設你還有2,000個星期可活，那你的生命就只剩下336,000個小時。扣除三分之一的睡眠時間，你就只剩下224,000個小時。你真的希望把其中的114,000個小時花在螢幕前，觀看別人的生活？還是寧可把這些時間用在現實世界裡做些事情？

我有一位客戶知道3C產品是她的致命傷，於是她決定做些改變：首先，她關閉了手機的通知鈴聲。其次，每當她和家人在一起時，她就會把手機放在另一個房間。此外，她也在手機上做了設定，限制每天瀏覽社群媒體的時間（是的，這是可以辦到的）。我輔導的一個團隊決定每天下午五點及週末時不再發電子郵件，結果大家的幸福感都大大提升。我輔導的一位企業執行長則在她的電視上安裝了定時器，限制自己每個星期頂多只能看五個小時的電視。在這種情況下，只要她想看電視，就會優先觀看她最喜歡的《家庭主婦》(Housewives)影集。

如果你少看一個30分鐘的電視節目，或減少三分之一瀏覽社群媒體的時間，並且把那些時間用來做別的事情（例如在社區裡散步、打電話給朋友、上有關銀河系天文學的免費網路課程，或寫短篇小說），結果將會如何呢？

2.該渡假時不渡假

你知道嗎？有52%的人沒有好好利用他們的假期。想想看，這不是太傻了嗎？我知道要把工作放下可能不太容易，但你知道還有什麼事情也很不容易嗎？那便是：臨終時躺在床上後悔自己花了太多時間在工作上，沒有足夠的時間過自己想過的生活。

赫爾辛基大學（University of Helsinki）的一項研究顯示：[14]如果每年休假的天數少於三個星期，你的死亡率將會比那些休假超過三個星期的人高出37%（其中的邏輯是這樣：休假較少＝壓力更大；壓力更大＝死亡率更高）。所以，千萬不要為了工作而犧牲假期。如果你休假的天數不足，最好的解決辦法就是提前安排休假時間，這樣才不會到了十二月才發現，自己又放棄了九天假，心裡還納悶怎麼一年的時間就這樣過去了。

我在輔導新的客戶時，為了讓他們迅速恢復生命力，我最先做的事情之一就是請他們事先規劃自己的假期。大多數忙碌的專業人士都會等到自己方便的時候再渡假，但這就像是在等一輛永遠不會抵達的巴士。如果你能事先安排渡假的時間時，那就等於是在告訴自己：你有能力積極主動地為自己的幸福著想，讓自己有機會探索生命。這是你在工作時做不到的。

休假是讓生活重新達到平衡狀態的必要方法。你要下定決心讓自己有更全方位的發展，並且設立個人的界限，把該休的假都休完。沒有人臨終時會因為自己還有許多沒休的假而感到自豪。

今年你打算在哪幾天休假呢？（這不是個修辭性的問句。如果你還沒有在日曆上規劃好未來十二個月的休假時

間，你的生活將會變得很無趣。）

3. 相信愈有錢就愈快樂

　　如果你生活在貧窮線下，一旦你有了錢，你的生活方式將會大幅改變，你的幸福感也會大幅提升。如果你生活在貧窮線上，你可能還是會像隻踩輪子的倉鼠一樣，努力掙更多的錢，讓自己的生活更豐富、更快樂。但現有的研究顯示：[15]收入的高低對人們的幸福感並沒有太大的影響。如果你想用金錢換取快樂，結果徒勞無功，你便是一直在那台「享樂跑步機」（我們之前討論過）上奔跑，而且跑得氣喘吁吁卻停不下來。購物會讓你快樂，但效果並不持久，然後你就會發現：要靠著物質來保持快樂，是個很不實際的想法，也會讓你喪失生命力。

　　以下是你能用金錢來提升生命力的三個方法：

- ☠ 把錢花在別人身上。一般來說，一個人花了錢之後並不會變得比較快樂，但無論你的收入高低，如果你能把錢花在別人身上或用來做慈善工作，會感覺更加快樂。舉個例子，當你買下一根新的蠟燭時，雖然心情會很好，但這種感覺很快就會消退。如果你買蠟燭是為了送給朋友，你的好心情將會持續得比較久。

- ☠ 先花錢，後享受。 預期原則（anticipatory principle）對我們有很大的影響。我們都喜歡有所盼望。如果你報名兩個月之後的養生旅遊，並熱切的期待那一天的到來，你所感受到的快樂會更甚於你當天就出發。再舉個例子，如果你把蛋糕放在冰箱裡，到了明天晚上再吃，你所感受到的快樂會多過你把蛋糕做好立刻吃掉。延遲享樂（delayed gratification）會讓我們更加快樂。

- ☠ 經常性的小額消費。比起一次性的大筆消費，經常性的小額消費會讓我們更快樂。與其一年花一大筆錢購買會讓自己快樂的東西（例如一

棟小屋、一枚黃鑽或一個柏金包），不如分幾次花點小錢買些又便宜又讓人開心的東西。這主要是和新鮮感有關。經常買一些會讓你開心的別緻小物（例如一盒文具或一本美麗的書）會比買一輛時髦的新車讓你享受到更多的生活樂趣。

4. 生活方式不健康

生命力與能量有關。如果你的生活方式讓你沒有能量，你的生命力很快就會下滑。我最近曾經和專門研究生命力的知名學者理查・萊恩博士（沒錯，就是設計出「生命力主觀評量表」的那位學者）通信，和他討論「生命力」（他對這個題目也很有興趣）。他表示：「在我們的研究中，生命力與能量本身或被喚醒（arousal）的狀態無關，而是與自身可使用的能量有關。人們有了生命力，才能追求他們在意的事物。因此，要過著美好的生活，就不能沒有生命力。」生命力源自內在，我們必須創造一些條件，讓自己得以擁有豐沛的能量。以下有四個方法可以做到：

- ☠ 睡眠：深度睡眠可以清除大腦中的廢棄物，因此又被稱為「心智牙線」（mental floss）。研究人員花了十三年時間追蹤了43,000名受試者之後得出了一個結論：[16]如果你未滿65歲，且每晚睡眠時間少於五小時，則你的死亡率將比那些每晚經常睡足6到7小時的人高出65%。
- ☠ 運動：運動可以延長你的壽命，每天做15分鐘的運動，早死的風險便可降低4%。[17]哪怕運動的時間不長也有效果，因為每週只要做15到20分鐘的劇烈運動，你的死亡風險就會比那些完全不做運動的人低40%。[18]另外，如果每天坐9個小時，你早死的機率就會上升50%。[19]要如何在日常生活中養成規律運動的習慣（例如站著開視訊會議）呢？
- ☠ 營養：研究顯示，[20]每五個死亡案例中，就有一個是因營養不良所導致。請你在腦海中想著五個人（可以是你的家人、同事或朋友）。他

們當中就有一個人會因為不良的飲食習慣而死亡。其他四個人的飲食習慣或許也不會太好。如果你吃的食物對你有害，你會不會是五個人當中死掉的那一個呢？

- **喝水**：專家指出，我們的社會並沒有營養不良的現象，卻有水分攝取不足的問題，因為我們喝的水不夠多（即使有喝，也是那些對身體不好的含糖飲料或添加代糖的飲料）。還記得從前專家建議每人每天要喝八杯水嗎？因為通貨膨脹的緣故，現在已經變成女人要喝十一杯，男性要喝十六杯了。研究顯示：[21] 適量喝水可以提升大腦功能，讓心情變好並提升睡眠品質。

你是否善待自己的身體，讓自己得以邁向成功的人生？你是否需要改變自己的作息或經常運動？每個星期是否需要多吃一份綠色蔬菜或多喝一、兩杯水呢？

5. 和那些喜歡掃興、潑冷水的人在一起

你經常和那些會潑你冷水的人在一起嗎？小心，這會讓你失去活力。這種人的感染力更甚於流行性感冒。社會濡染效果（social contagion）確實存在：根據社會學家的研究，[22] 一個人所交往的朋友會影響他快樂、寂寞或憂鬱的程度，以及他是否會離婚、抽煙、喝酒、是否會與人合作以及他對書籍、音樂和電影的品味等等。

無論距離多遠，人們的情緒是會互相感染的。如果你的伴侶、家人或朋友沒有什麼生命力，建議你把他們通通都拋棄。當然，我是在開玩笑啦。

話說回來，我們都有自主性，要為自己的生命和活力指數負責，因此我們要主導自己的幸福與快樂。你可以少花點時間和那些會耗損能量的人在一起，並多花一些時間和那些活潑愉快的人相處，畢竟那些掃興的人確實會破壞我們的興致，所以必須有所取捨。

這讓我想起了雪依的圓圈。你要清楚想把哪些人納入你的生活圈，把哪些人放在圈外。對於圈外的人，你不必和他們老死不相往來，但可以減少和他們相處的時間。我的客戶發現她之所以和那些不能給她什麼能量的朋友和熟人在一起，純粹只是因為他們主動邀請她去喝咖啡或吃晚餐。在她的社交生活中，她完全處於被動的地位。所以才會和一堆會耗損生命力的人在一起。想通這點後，她開始主動和那些能讓她更有生命力的朋友來往，如此一來，自然就沒有時間和那些耗損她能量的人在一起了。

你：萬一我想找點樂子，但我的社交圈子裡的人卻興趣缺缺，那我該怎麼辦？

我：如果你想要，可以邀請生活圈裡的人加入你的行列。如果他們沒興趣，你可以一個人去。

我有一位客戶，因為另一半從來不想嘗試新的事物，而讓她感到挫折。去沒去過的地方？不要。培養新嗜好？不要。嘗嘗新的食物？不要。後來，當她說：「我們去試試那家衣索匹亞餐廳吧！」當她的另一半拒絕時，她已經做好準備。她說：「我愛你，希望你今天晚上為自己點個披薩，因為我要和自己約會，去吃衣索匹亞料理。」結果，她很滿意那裡的食物，也很喜歡自己帶去看的那本書。

我的另一名客戶想在今年夏天來一趟自駕遊，但她的朋友和家人都不感興趣，於是她便一個人上路。結果她白天逛博物館、參加徒步導覽行程，晚上則待在旅館房間看電影，玩得開心極了。

幾年前，我的客戶想上一門陶藝課程，但他的太太不感興趣，讓他很為難，不知道該待在家裡，還是一個人去。最後，他決定獨自報名。之後，他非常投入，還買了一個陶輪，開始在家裡地下室製作陶碗。有意思的是，他的太太逐漸被他感染，也開始嘗試捏陶。後來，當他放棄陶藝，追求別的興

趣時，他的太太反而決定繼續製陶。

請好好想一想以下這些問題：有哪些人是你需要少花點時間和他們在一起，以免被他們的負能量所影響的？有哪些活動是你可以獨自進行的？你不需要將那些會耗損生命力的人排除在生活之外（尤其是在他們和你有血緣關係的情況下），但即便他們在你身邊，你還是要設法過著豐富精彩的生活。

6. 習慣與例行公事

關於習慣和例行公事，我們已經在前一章討論過。由於它們會在不知不覺中扼殺我們的生命力，如果我不再次提醒它們的危害，我就沒有盡到應盡的責任（諷刺的是，告訴你們習慣會如何扼殺生命力，已經成為我的一個習慣了。請再給我 2 分鐘的時間，我就會改掉這個習慣）。

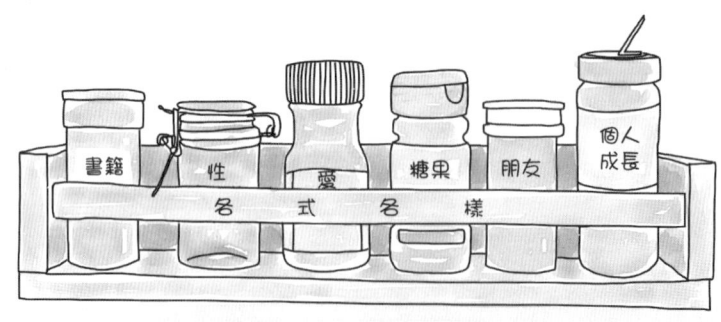

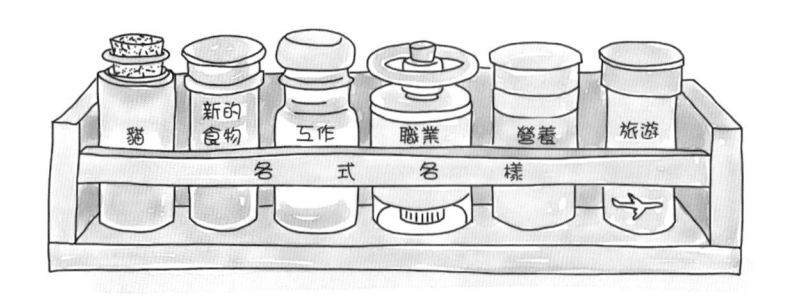

生命的調味料

你一直重複做著同樣的運動嗎？每天早上都吃花生果醬三明治嗎？滑手機時看的都是同樣的東西嗎？每個星期天都和朋友一起吃早午餐嗎？在公司裡和團隊成員聚餐時都規定一人帶一道菜同樂嗎？如果是，那你剛好可以趁此機會做出一些改變，讓那些時光變得更有生氣。

自從讀了前一章之後，你有沒有改變什麼習慣，讓你的生活不再一成不變？有哪些習慣是你需要調整的？

以上是你為了保持生命力，要避免做的六件事。如果有哪一件事情特別吸引你，請把它記下來。在本書的末尾，我們將會開始一起規劃你可以採取的行動，但如果你想即刻付諸實行，以便過更好的生活，我也不會阻止。所以，何妨在此之前為自己安排一天的假期呢？

九個拓寬生命廣度的「超級好方法」

既然我們已經知道哪些東西會扼殺生命力，現在該來談談可以採取哪些行動來讓自己變得更有生命力。那些生命力豐沛的人都是怎麼做的呢？我們要如何更像他們？以下是我最喜歡的九個點子。它們都是經過研究證實有效，而且我的客戶也認為很有幫助的方法。

1.做你認為有價值的事情

正向心理學的研究證明，[23]我們之所以會感到幸福，是因為積極參與自己認為有價值的活動。

我的一名客戶很重視創意表達。她在中斷了二十年之後，開始再次提筆寫詩，並且從中得到很大的樂趣。她感覺生命力的開關彷彿被打開了，因為她從事了一件對她來說別具意義的工作，讓她得以發揮在會計工作上無法展現的創意。

我的另外一名客戶很在意自己的健康，但他懊惱地承認：自從有了孩子之後，他就無法好好照顧自己的身體。於是他決定要在晚餐之前出去散步，並且每週少吃七片餅乾。

你這一生最看重的是什麼呢？你是否真的有去做那些你認為有價值的事？其中有哪些活動可能會讓你更有生命力（比方說去遠足、輔導孩子或幫助客戶獲得成功）？

2. 多多活動

你有沒有發現那些生命力旺盛的人都很有活力、充滿熱忱而且很少坐著不動？那就是我們希望變成的模樣。

我的姨婆柏妮絲就是一個例子。她的生命力非常旺盛。儘管已經90幾歲了，她還是坐不住，隨時要去做些什麼。如果她住的老人院有開踢踏舞的課程，我想她也會去參加。她總是到處跑，彷彿不受地心引力的影響。雖然不是每個人都能像她那樣，但我們是否能讓自己變得更活躍一些呢？

人確實是有惰性的。一個人如果一直躺在沙發上看電視，他就會始終維持老樣子，但如果他動個不停（走到店裡去買東西、一邊做飯一邊跳舞、一邊走路一邊開會、經常用吸塵器清理地板……），他就能持續保持活力。給你一個提示：當你感覺自己完全沒有力氣站起來走動時，那就表示你最好起來動一動。久坐不動會造成一個惡性循環，讓你更不想動。這是導致死亡的主要原因之一。

我那個說「我到底把自己放在哪裡呢？」的客戶，一提到要去高空滑索就像個孩子般興奮，但這並不僅僅是因為這個活動很好玩而已。上回她去渡假時，因為沒有力氣走到索道的起點而無法參加高空滑索活動。在她改變自己的生活方式後，她已經迫不及待地想去嘗試了。

你經常動個不停嗎？如果把你一天的生活拍成一部縮時影片，片中的你是動個不停呢？還是鮮少活動？你是不是能設法讓自己動起來呢？

3. 找個充滿活力的榜樣

想想看，你認識的人當中，有沒有哪個人是超有活力的呢？他們的生活是什麼樣子？你為什麼會覺得他們很有生命力？

我想到的是我的姨婆柏妮絲。她超級喜歡與人交往，總是動個不停，有很多嗜好，也會參加各式各樣的活動。你絕對不會認為她是一個乏味的人。我雖然因為生性內向，永遠無法像她這樣活力四射，但她是我的榜樣。

我工作坊中的一位學員，認為她所認識的三個最有生命力的人，都有值得她效法的地方：「我的女兒很喜歡嘗試新事物。我的好友過著非常活躍的生活。我的執行長是個理念和行動超級一致的人。」她們都是她的榜樣。

你可以仿效哪些人來提升生命力呢？如果你的生活圈裡沒有這樣的人物，是否有哪個名人、企業家或者令你尊敬的成功人士可以成為你的榜樣呢？或許可以先看看他們的傳記或聽聽他們的播客訪談。如果你喜歡某些人的生活方式，便可以向他們看齊。

4. 抱著玩遊戲的心態

許多生命力旺盛的人都知道該如何玩樂。有許多科學研究都顯示，[24]玩樂遠不只是讓自己開心而已，還可以增強大腦功能、增進記憶力和批判性思考的能力，並激發創造力、減輕壓力，還可以讓我們感覺年輕。所謂的「玩樂」包括棋類遊戲、必須遵守規則的運動、繪畫、玩比手畫腳猜字謎或上即興表演課等，可以發揮創造力的遊戲，以及各種必須移動或對抗重力的身體遊戲，如坐雲霄飛車、跳跳床或衝浪等，另外還包括所有能夠讓你彷彿回到童年的遊戲，例如尋寶遊戲、打雪仗、大型的疊疊樂遊戲或蓋城堡等。

玩遊戲其實是一件很嚴肅的事。我輔導的一個領導人團隊，每次開會時都會先玩10分鐘的遊戲，如腦筋急轉彎、猜猜畫畫和扭扭樂等。之後的50分鐘，他們開起會來就會更有活力、心胸更開放也更有熱情。

如果你認為玩遊戲是在浪費時間，你可能需要改變觀念。每週騰出一些時間讓自己休息放鬆是一件好事。你要怎樣在生活中安排一些時間來玩玩遊戲、做做傻事呢？

5.建立良好人際關係

想想看，當你和一些你喜歡或覺得有趣的人在一起，你會獲得多少能量呢？這正是我們要追求的東西：來自他人的正向能量。

> **正向心理學小語：他人是很重要的。** 克里斯‧皮特森（Chris Peterson）是最早研究正向心理學的人之一。曾經有人請他以一、兩個字總結正向心理學的內涵，他的答案是：「他人。」後來他解釋道：「他人是很重要的，世上或許沒有快樂的隱士。」

一群頂尖的科學家透過研究得出一項結論：良好的人際關係可能是提升生活滿意度與心理健康最重要的一個因素，而且這項結論適用於各個年齡層與文化。有一項研究的結果更是驚人，[25] 他們發現：社會關係良好的人，存活的機率會比其他人高出50%（這項研究彙整了148組研究人員的數據，涵蓋了30萬名受試者平均追蹤時間長達七年半，研究過程頗為嚴謹。）

一些研究人員也發現，職場上的人際關係與員工生命力之間的關聯。[26] 他們指出，與同事建立「高品質的連結」，彼此互信互重、遇事積極參與，能夠讓員工更有活力及更有工作熱忱，即使遇到艱鉅的任務也願意積極採取行動。我所輔導的一位企業領導人創造了一種「喝咖啡聊天」的文化。這不僅僅是因為他喜歡喝卡布奇諾，也是因為他知道讓團隊成員花30分鐘閒聊會帶來怎樣的投資報酬率。如果你看過行銷部門某個人的小孩打樂樂棒球的

照片,那麼當她不小心把你的項目搞砸時,你就很難對她懷恨在心。在那些生命力旺盛的員工中,有高達79%的人「感覺他們和同事有連結」,相形之下,那些沒有什麼活力的員工卻只有12%的人有這種感覺。[27]

一般來說,我們到了中年時,大約還會有五位較親近的朋友,而這個數字會逐漸隨著年齡增長而減少。成年後,我們和朋友在一起的時間僅占所有時間的不到十分之一。有鑑於友誼能降低我們的死亡風險,因此這樣的時間實在不算多。隨著年紀漸長,我們往往不會把友誼看得那麼重要,但正如我們在有關「遺憾」的那一章中所說的,許多人往往會為此而感到後悔。

在我舉辦的工作坊中,我常會請學員拿出手機,瀏覽他們的聯絡人名單,看看有哪些人會讓他們感到開心。結果大多數學員都承認,他們和這些朋友在一起的時間,並沒有他們所希望的那麼多。你有哪些這樣的朋友呢?

你今天可以和誰聯繫,就算只是問一句「找時間聚聚吧」(不管是見面還是線上)?你想和哪些已經逐漸疏遠的朋友重溫友誼呢?此時此刻,你可以傳簡訊給誰,告訴他們「我愛你」、「想你」、「很高興有你這個朋友」或者只是傳一些貼圖給他們?

6.運用你的第六感

所謂「生命力」涵蓋了心理層面和生理層面。簡單地說,這是一種100%的感官體驗。當一個人的生命力超級旺盛時,這就表示他的感官經常受到各種刺激。

我曾經輔導過一位女性。她覺得她過得死氣沉沉,對生命失去了熱情。後來,她根據她的五感找出最喜歡的那些東西,這才發現,她一直忽略了許多自己熱愛的事物,例如她從前常去遠足的森林保護區裡的樹木氣息、從前經常烘焙的燕麥餅乾香味,以及在客廳裡那些裝飾用的仿真皮毛枕頭觸感。於是她列出所有會讓她的感官愉悅、心情好、有生氣的事物,並從中挑選一些來補強。比方說,她約了一個朋友,一起開車到那座森林保護區遠足,而

且現在大約每個月去一次，有時是在下班之後去那裡走個20分鐘。現在，她也經常做餅乾（為了可以聞它們的氣味，嚐嚐它們的味道但又不至於變胖，她很大方地把許多餅乾都送人）。至於仿真皮毛，她在 fabric.com 這個網站，訂了大約五種不同顏色的仿真皮毛做成枕頭，而且會真的使用這些枕頭，享受它們的觸感，不再只是當成擺設。現在，她有了更多的感官體驗，也大大提升了生命力。

我認識的一名女性（她可能是這本書的可愛編輯，也可能不是）會帶狗去散步，然後觸摸樹木的樹皮，以舒緩壓力。她說：「我光是把一隻手放在樹皮上，感受它的肌理，並看著那些綠葉，心情立刻就會平靜下來。」一些關於幸福的研究顯示：如果你想變得更健康、更快樂，最快速的方法之一就是到戶外（尤其是充滿綠意的空間）待上一段時間，主要是因為這麼做可以啟動我們的各種感官。置身大自然能提振我們的心情和精神健康，緩解壓力，讓心跳變慢、血壓降低，也會讓我們有想要活動肢體的欲望。

只要在公園裡待上20分鐘，即使你不在那裡運動，也足以提升你的幸福感。[28]我有一名住在曼哈頓的客戶，她會帶著她的狗穿過嘈雜的市區，走到公園散步、靜坐和呼吸，放慢自己的步調。這使她的情緒得以穩定，回到家工作時便感覺有如重獲新生。她現在每個星期都盡可能多去幾次。

你需要活化哪些感官呢？你上一次嘗試一種新的味道（例如印度的葛拉姆馬薩拉香料）是什麼時候的事呢？當你待在自己最喜歡的地方（例如湖邊或你最喜歡的糕點店外面）時，是否曾經深深吸入那裡的氣息？是否曾經刻意觸摸一朵花的柔軟花瓣或你的寵物的耳朵？又是否曾經注視著一件絕美的藝術品、一棟建築甚或一群人呢？

7. 保持好奇心

在讀過有關習慣的那一章之後，你應該一點兒也不意外我們會再談到好奇心。那些懂得享受生活樂趣的人都充滿了好奇心。他們想知道最近有什麼

新聞、社區裡發生了什麼事、氣候變遷的情況、藝術界的動態、泰勒絲最近在做什麼，以及別人的生活狀況等等。對事物懷有好奇心是一件好事。追求資訊能讓我們不致落伍，並且充滿活力。

關於這點，有研究人員表示：[29]「那些經常懷有好奇心，願意擁抱在日常生活中必然會遇到的新奇、不確定且具有挑戰性事物的人，比起那些比較沒有好奇心的人，更有可能為自己創造出充實的生活。」不過，在看過之前有關「搖晃生命的雪花球」的討論後，這點你應該已經知道了。我希望你也能擁有充實的人生。

你有沒有機會了解新的事物、讓自己得以成長並拓寬視野呢？你是否願意去讀某個你通常不會想要了解的人物自傳、觀看一個和你的立場不同的新聞頻道、上一門你並不擅長的課程，或走一條平常不會走的路呢？最近我在芝加哥時，走進了一條鋪著鵝卵石的小巷，結果發現了一條具有歷史意義的可愛巷道。那裡有古老的太平梯、樓梯井和幾個可能通往當年芝加哥黑幫老大卡彭（Al Capone）槍殺別人之處的出入口，令人流連忘返。如果當時我走的是觀光客常走的路線，就無法得到這樣的體驗。

如果你需要改變一下你的習慣，可以回去看看之前的「反自動導航評估表」（第209頁），以便了解生活中有哪些部分正逐漸變得乏味無趣。你要如何脫離「自動導航」模式，並且帶著好奇心去探究新的事物呢？

8.勇於追求你的人生

要主動積極，不要被動消極。要有生命力，我們就必須站起來，走出去，嘗試新的事物。熱情的火焰並不會自動燒起來，而是需要你來點燃。就像那些露營的人一樣，你必須自己生火。

這是我多年前學到的一個功課。當時我想換工作，卻因為害怕而裹足不前，只是一味地等待理想的工作從天上掉下來，但這樣的好事一直沒有發生，最後只得自己採取行動。當時，我做了許多研究，看看自己可以從事哪

些新的行業。雖然繞了一段遠路，但最終證明，生命力是可以培養出來的。往往，我們必須願意承受失敗，才能找到照亮我們的事物。

在生活中，有哪些方面是你需要更積極、主動一些的呢？有哪些方面是你需要為自己的熱情之火添加柴薪的呢？又有哪些方面是需要拋開恐懼、勇敢向前走的呢？

9. 刻意安排休閒活動

生命力旺盛的人會主動追求新的嗜好，或重溫之前已經擱下的嗜好。當他們不想工作時，也會毫不猶豫地讓自己休息。這無關職業道德，因為許多生命力旺盛的人在工作時也很勤奮，只是他們在努力工作之餘，也會理直氣壯地騰出時間從事休閒活動，盡情玩耍。

研究顯示：我們從事休閒活動的時間，是影響我們的生活滿意度的主要因素之一。一個人如果有足夠的時間參與他認為很重要的活動，會感覺比較幸福。[30] 在從事休閒活動時，如果能讓挑戰的難度與他的技巧水準達成適當的平衡，他就會進入「心流」狀態，也就是一個人完全投入某個活動、沉浸其中時所處的一種狀態。二○二一年時，美國成人每天花在休閒與體育活動（例如看電視、社交或運動）上的平均時間是5.3小時。[31] 之前我們已經提過：其中看電視就占去了54%。假設你看電視的時間並未減少，那麼扣掉你睡覺和工作，一天就只剩下幾個鐘頭的寶貴時光。你打算如何運用這些時間呢？

如果你增加休閒時間（哪怕只有9%），你的生活會變成什麼樣子？在工作之餘，你還可以擠出哪些時間來從事休閒活動？你要如何安排生活，好讓自己有更多空閒？有哪些嗜好是你可以追求的？

以上便是六個扼殺生命力的罪魁禍首以及九個能夠提升生命力的方法。我建議你可以好好想一想，看看會得出什麼結論。

接下來我要再多談談「休閒生活」這個概念，因為增加休閒生活不僅很容易做到，也能拓寬生命廣度。你可以看看有關嗜好與慶祝儀式的說法是否能讓你產生共鳴。

大人也需要嗜好

如果你隨便找一個大人，問他有什麼嗜好，他的眼神可能會變得有些茫然和傷感，因為他在成年之後，就逐漸忘卻當年的嗜好了。

他們把以前常看的書束之高閣，把小提琴裝進盒子裡，放在樓梯底下某個看不到的地方，然後就遺忘了它的存在。他們認命的把自己的花式溜冰鞋捐出去，心想：「會有人穿著這雙鞋玩得很開心的」──只是那個人不會是我。負責任的成年人哪有時間練三迴旋跳！我們在車庫拍賣上賣掉了製麵機。也任由自己的顏料乾涸、畫筆磨損。

你懂我的意思。

因為時間不夠，我們只得暫時擱下嗜好。我們很忙，因為一週要工作50幾個小時，要爭取升遷的機會，要照顧孩子和他們的寵物，要割草，還要換機油。有這麼多事情要優先處理，便逐漸忘記嬉戲和娛樂也是美好人生中不可或缺的一部分。事實上，有許多研究顯示，[32]擁有嗜好的人壓力較小，比較不會有憂鬱的現象，對自己的人生比較滿意，也比較能投入生活（就像80歲的馬提還像個20歲的年輕人一般興致勃勃地玩著橋牌）。

我們該重拾自己的嗜好了。

那些書還在架子上等著你去翻閱，你從前寫的文稿也還在等著你去完成（除非你把它存在磁片裡，如果這樣，那我就只能祝你好運了）。

那些樂器還在你當初放置它們的地方。不然你也可以重新買過。我不確定你們是否有聽說過亞馬遜網站現在什麼東西都可以宅配。無論是溜冰鞋、製麵機、相機、中提琴、素描簿、保齡球、泳鏡、縫紉機、塔羅牌、十字繡

的材料、釀造啤酒的設備,只要把它們放進你的購物車,週末之前它們就會出現在你家門前的台階上。

記住你一定會死,所以請按下你的生命倒數計時器。你還有多少個星期可活呢?既然剩下的時間愈來愈少,你想要(不,應該是需要)追求哪些嗜好呢?當你看清自己必有一死時,會不會想要重新考量事物的優先順序並且重新安排你的活動,以便活出真正想要的生活呢?

現在是該重新找到一些嗜好的時候了。方法如下:

- **重拾往日的嗜好**。如果你曾在二〇〇三年拿到空手道的綠帶,現在想回去練習,那還不簡單。你可以趕緊放下這本書,上網看看附近哪裡有空手道課程。
- **找到新嗜好並且試試看**。你對編織感到好奇嗎?那就買一個入門工具包試試看。想了解地理尋寶(geocaching)遊戲是怎麼一回事嗎?那就多讀點相關的資料。對蛋糕裝飾有興趣嗎?那就打開YouTube學習如何做翻糖,再為自己做一個蛋糕以示慶祝。我有一名客戶已經75歲了,但她還是決定每個月要嘗試一種新玩意兒,做為對自己的挑戰。最後她選擇了騎馬。
- **聰明消費**。如果你把錢花在與嗜好相關的事物上,你可能會對生活更滿意一些,因為花錢買體驗會讓我們更開心。購買產品帶給人的快樂遠比不上花錢買體驗(例如週末參加部落客訓練營或學習做壽司),因為在實際體驗前,我們會滿懷期待,體驗後又可以反覆回味。
- **仿效別人的嗜好**。當你的朋友絮絮叨叨地說著她製作肥皂的過程,而你並不討厭時,不妨也試試看。當你的伴侶迷上擲斧運動,而你也躍躍欲試時,何不練習看看呢?你喜歡的人所喜歡的東西,你可能也會喜歡。你可以從這些嗜好中汲取靈感。

- **先報名再說**。在你後悔之前，先讓自己沒有退路。幾年前，我預約了一堂射箭課程，也去上了，只因為我已經預約了，而且不希望無故爽約，讓那位長得像老兵一樣的教練失望。結果，上了之後我很喜歡。雖然四個月之後我就沒上了，但至少哪天殭屍來襲的時候，我會把箭射得比較準一些。

- **如果一種嗜好不能激發熱情，就立刻放棄**。要小心，不要因為你花了很多錢買了頂級的設備，就認為不能放棄那項嗜好，否則就是「不負責任」。我們之所以追求嗜好，是為了讓自己開心，而非讓它變成一種不得不的義務。如果你不那麼喜歡做肥皂，就把那些用具送人，再找一項會讓你滿心期待的新嗜好。另外，也不要責備自己做事都只有3分鐘熱度。如果你對原本喜歡的嗜好逐漸失去興趣，那並沒有什麼不對，也不代表你善變。如果你願意不斷嘗試新事物，那代表你很有好奇心，願意嘗試不同的體驗。（但如果你很容易對某件事情失去興趣，就不要買太好的用具或設備，這是我的親身體驗。）

- **刻意騰出一些時間來**。即使一個星期只花1小時追求嗜好，也足以讓你感到喜悅，忘卻周遭的喧囂煩擾，或許還能讓你覺得自己完成或做出了一些什麼，並因而有些成就感（例如收集到一枚一九一四年發行的稀有郵票時）。如果可能，甚至不妨撥出更多的時間投入自己的嗜好。我之前的一位客戶曾經傳簡訊給我，並附上他去外地旅行時參加重金屬音樂會的照片。那是他在忙碌工作之餘主要的快樂泉源。什麼？你說你一個星期連1小時都騰不出來？我有點懷疑，但可以理解。如果你撥不出1小時，那15分鐘如何？

- **不要害怕**。許多人都很在意自己的表現，不喜歡自己重拾某項愛好時那種生澀、彆扭的感覺。如果你在睽違二十年之後，再度站上高爾夫練習場，那你的表現必然不會太好。同樣地，如果你隔了許多年之後，才再度開始彈鋼琴、跑步或畫畫，你的手指也一定不會像從前那

麼靈活，速度也不再那麼快，下筆時也不會像過去一樣行雲流水。

☺請記住賈伯斯說的話：「求知若飢，虛心若愚。絕不要放棄你追求新觀念、新體驗和新冒險的慾望。」所謂「虛心若愚」的意思就是：以新手自居，即使對自己所做的事情並不精熟，也能樂在其中。

> **教練的話：選擇成長思維模式**。一個人如果要拓寬自己的生命廣度，就必須從「固定思維模式」(fixed mindset，認為失敗是一件令人難堪的事，代表自己能力有限) 轉為「成長思維模式」(growth mindset) [33] (認為失敗雖然令人難受，卻讓我們有機會學習、成長)。
>
> 　　我在從事藝術創作時，有時會不太願意動筆，因為我很怕自己畫得沒有別人好。但這時，我總會提醒自己，不要有這種狹隘的固定思維，並告訴自己：如果想要學習成長，並且拓寬生命的廣度，就必須主動採取成長思維模式。你在哪些方面可能陷入了固定思維模式，擔心失敗會讓你顏面無光呢？
>
> 　　生命是有限的，但在有生之年可以盡量拓展自己的能量與經驗。要追求嗜好並不難，只要願意騰出時間，並且知道這樣做會提升幸福感並拓寬生命廣度。讓我們去尋找好玩、有趣、能夠吸引自己、具有挑戰性但又不至於太難的嗜好吧！

舉行無厘頭的慶祝活動

要拓寬生命的廣度，最有趣的方法之一，可能就是偶爾舉辦一些慶祝活動了。畢竟誰不喜歡吃吃喝喝、開開心心呢？

讓我們索性一不做、二不休，經常理直氣壯地找個藉口精心策劃一些活動吧！這樣可以提升生命力並拓寬生命廣度。

舉個例子，到了每年的第333天，我就會舉辦一個慶祝活動。有一部分是因為我很迷信，喜歡3這個數字，但主要還是因為我想要一個可以期待的日子、一個安排玩樂計畫的藉口，以及實現我那些荒唐點子的機會。在最近的一次慶祝活動中，我先跑到甜甜圈店的門前，拿一袋我提前預訂、撒滿彩糖的甜甜圈，然後回家坐在沙發上，一邊吃著拉麵當晚餐，一邊看那些雖然拙劣但很搞笑的九〇年代電影。

美好生活不會憑空而來，必須自己創造。一旦明白了這個道理，便可以真正開始過著我們想要的生活了。

你也可以享受自己創造的節日。以下這幾個點子提供參考：

- **一年當中最長的一天。** 夏季的第一天是一年當中最長的一個日子。這代表我們可以品味或浪費那多出來的兩秒鐘。在這一天，你不妨從太陽出來的那一刻就安排一系列活動，直到太陽下山為止（或像個正常人一樣，依照自己的步調進行）。

- **一年當中最短的一天。** 不要看不起這個不受歡迎的日子。當大多數人在十二月二十一日這天都陷入消沉的情緒裡時，我們何不懷著樂觀的精神，舉辦一場穀倉舞大會，慶祝白晝將變得愈來愈長呢？

- **星期一的約會之夜。** 這是我們家的習慣，因為星期一是一週當中最悲慘的一天，我和先生需要有個希望。於是，當天晚上，我們會醺醺然舉起酒杯，說：「為星期一乾杯！」然後便開始享用事先準備的簡單餐點，之後便坐下來觀賞HBO的節目，並且以一個熱鬧的居家樂活頻道節目（這很適合一對已經結婚二十六年的夫妻，不是嗎？）做結束。

- **第一次約會的週年慶。** 好好慶祝這一天，那是你和你的伴侶種下愛苗的日子！如果願意，你們還可以還原當時約會的情況。

- ☠ 半生日。準備半份蛋糕和半份禮物給某人一個驚喜！
- ☠ 半輩子。我丈夫滿38.1歲那一天，我帶他去外面吃飯，因為當時男人的平均預期壽命是76.2歲。我找不到一張慶祝「半輩子」的生日卡，但還是隨便買了一張湊合。但這次慶祝活動不是很受歡迎。我以為這樣的舉動顯示我很貼心，沒想到我丈夫卻受到了一點驚嚇，所以你要慎選對象。
- ☠ 閏日。對像我這樣一心一意想要多爭取一些時間的女人來說，二月二十九日比一年一度的生日還要刺激四倍。這是我們每四年才會得到的福利，所以必須大肆慶祝。下一個閏日是在二〇四四年的星期一。我們要不要在「死谷」（Death Valley）*一起慶祝呢？我好興奮呀！我們可不能在那之前就死掉。
- ☠ 慶祝小勝利。我喜歡慶祝那些大喜事，但這種事並不常有，所以我們為什麼不慶祝一些小小的成就呢？我有位客戶在唸研究所時過得很辛苦。因此，她每完成一期（七週）的課程，便會在家裡開香檳大肆慶祝。她的孩子甚至用白色的硬紙板做了一個告示牌，上面顯示她還有多久能夠拿到學位。這些特別的夜晚讓她得以撐過那些熬夜寫論文的日子。
- ☠ 隨便一個工作日。為什麼不慶祝二月的第三個星期二呢？或者隨便一個星期四？我的恩師巴瑞曾經輔導過癌症病患，因此他很清楚人終有一死。他曾經說過：「不要把所有的好東西都留到特殊的場合才用。今天就是上天給我們的一份禮物，所以請記得它有多麼特殊。你今天就要使用上好的銀器和漂亮的床單，把一九九〇年釀造的上等波爾多紅酒拿出來喝。」最重要的是：我們活著的每一天都很特別。

---

* 譯註：位於美國加州的一處沙漠谷地。

☻ **無厘頭的節日**。每年我都會在日曆上標示出那些雖然滑稽可笑卻值得注意的日子,例如四月的第一個星期四是所謂的「國家墨西哥捲餅日」,七月三十一日則是「特殊樂器關注日」。為了慶祝這一天,你或許可以和其他一些吹短笛的人來場即興演奏呢!

研究顯示,[34] 人們如果有什麼東西可以期待(例如在小木屋裡渡過一週的假期、上一堂水肺潛水課或吃香蕉船當甜點),會比較容易有幸福感。除此之外,享受歡慶的時刻(例如特殊的週年慶或「全國烤乳酪三明治日」)能讓我們變得更樂觀、更有復原力,尤其是在我們懷著感恩的心情的時候。[35]

根據研究,想出一些藉口來慶祝,不僅能讓我們開心,也對我們有益。生活往往充滿荒謬,所以我們都需要一些滑稽可笑的事物讓我們有所期待。(「全國烤乳酪三明治日」是在四月十二日。到時我會烤曼切格乳酪,你呢?)

給你一個挑戰

我知道參加一場生命力派對之後還要回家寫作業,實在是有點說不過去,但你看了〈死前驗屍〉那一章之後就應該知道會碰到這種事了。不過,這個項目還挺好玩的,所以這裡應該不會有人替你感到難過。

在這裡我要給你一個挑戰:請在十四天之內做一件能夠拓寬生命廣度的事。你可以用我們之

前談過的任何一種方式，例如開始一項新的嗜好、重溫昔日的一個嗜好，或者停止做一件會扼殺生命力的事（例如在星期一到星期四之間不看電視或逐漸遠離一個負能量的朋友）。此外，你也可以展開一場探險，或舉辦一場慶祝活動，因為八個月後的今天就是你的生日。或者，你可以去上一期「撐竿跳入門」的課程，或者吃一個蕪菁甘藍。這不是一個終生的承諾，只是要向自己證明，你可以隨時為自己的生命增添一些滋味。

結尾

終於到了這一章的末尾了。說了這麼多如何提升生命力的方法，老實說，我還真的有些亢奮呢。

你是否可能成為所認識的人當中最有生命力的那一個，讓其他人見賢思齊呢？答案或許是肯定的，但你不一定要急著做到最好的程度，以便成為別人的榜樣。你只要問問自己該如何擷取我們之前談過的要點（什麼該做，什麼不該做），讓自己不致過得了無生氣就可以了。

當我們有了生命力之後，就會相信自己有能力做出各種決定，以掌控自己的生命。生而為人，我們需要有自主性，而我們是否能夠過著自己想要的生活，取決於是否能掌控生命。我們所做出的決定（例如要去哪一個城鎮自駕遊或20分鐘的午餐休息時間要做什麼）可能會增強或削弱我們的生命力。我們可以決定自己要花10分鐘還是2小時瀏覽社群媒體，也可以決定是否要沒完沒了地追劇，還是看完一集後就去外面散散步。有時我們會忘記我們在駕駛自己的生命之船。對於生命力，我們擁有遠比自己所想像的更多主控權。在這短暫的一生中，我們要做自己生命的主人。

回到本書的主題，我們要知道記住自己必然會死其實有助提升生命力。如果能時時意識到自己一定會死，就會有增強自己生命力的動力並採取相應行動（所以我才會提醒你要算算自己還有多少個日子可活）。當我們意識到

自己終有一死時，必然會感到震驚。在震驚之餘，我們通常會想要提升自己並且開始認真生活。這不正是我們想要的嗎？

　　如果你有輕微的存在焦慮（事實上，我們都有），只要你願意認真生活，便可忘卻對死亡的恐懼。也就是說，如果我們能強化自己的生命力，便可緩解心中對死亡的焦慮。還記得我們在第四章（第105頁）談過的：之所以懼怕死亡，主要是因為我們感覺自己沒有好好生活。我們的生活愈狹隘，死亡焦慮就會愈強烈。換個比較正面的說法：我們愈是全心投入生命，活得有滋有味，就愈不會對必然到來的死亡感到焦慮。那麼，從現在起，我們是不是應該開始努力拓寬自己的生命廣度呢？

「生命力！那不就是對生命的追求嗎？」凱瑟琳・赫本（Katharine Hepburn）說得對。我們就是要追求活著的狂喜，讓你的生命之鍋沸騰，把蓋子掀翻吧！

第九章

增進生命的深度：追尋活著的意義

> 我們害怕生命沒有意義，一如我們對死亡的恐懼。
> ——王載寶（Paul Wong）／加拿大臨床心理學家

既然你已經在生命力的宴席上品嚐了這麼多道佳肴，我猜你已經準備好要來點有料的東西吧！（我並非指「生命力」是純粹只有熱量、沒有營養的東西，但對我們的靈魂而言，「意義」的營養價值確實更多一些。）

在這一章中，我們將深入討論一個充滿意義的生活是什麼樣子，以及這樣的生活為何值得追求。大多數人都會覺得「徒有廣度卻缺乏深度」的生活可能不是那麼讓人感到充實，因此在做了這麼多討論之後，我希望你們已經被我說服，願意追求一種「既有廣度、又有深度」的生活。接下來，要請你思考是否覺得人生有其意義、以及意義何在等等，最後再想想，可以採取那些行動來增進生命深度。

你：（突然顯得怯懦）看了前一章的討論，我還在想該如何讓自己的生命變得更精彩豐富，恐怕沒有太多時間可以花在追求意義上。我還有救嗎？

我：親愛的，你當然還有救啦！我們將會深入探討「意義」的內涵。你就跟著我來吧！

追尋意義，活出更深刻的人生

當你的生命有了意義時，就會變得更為深刻。意義攸關幸福。所謂的意義指的是你有生命目標，知道自己為何會來到人世，為何會從事現在的工作。此外，如果你想活出更深刻的人生，也必須與他人建立連結，做自己最擅長的事，超越小我、有歸屬感、幫助他人，願意付出等等。

你可以想像一條垂直的線，線的底端是「感覺生命沒有意義」（空虛、無謂、空洞），頂端則是「感覺生命充滿意義」（有目標、有方向、感覺自己來到人世是為了要做你在乎的事情）。

你感覺生命有多少意義呢？你的工作除了能養家餬口、購買名牌鞋之外，是否能給你成就感？你覺得生活是充滿意義還是頗為膚淺？如果你擔心臨終時會感覺自己的生命雖然豐富精彩，卻不深刻那麼，現在就可以開始探索並追求生命的意義，好讓自己屆時得以安息。

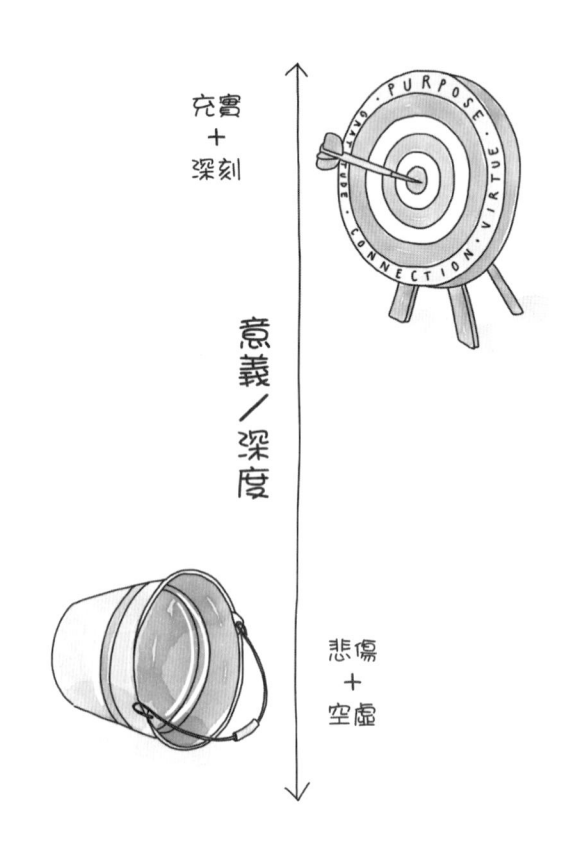

正向心理學小語：我想在繼續討論之前，需要釐清一點：那些研究幸福感的科學家以及古往今來的哲學家與大思想家都強調，「快樂的生活」和「有意義的生活」是不同的。

有一派人追求快樂。他們透過培養正向的情緒、參加各式各樣的活動、體驗美好的事物、探索新的城市或享受按摩等方式，讓自己開心。

另一派則是追求生命的意義。這指的是一種存在的方式，而非生活方式。他們想找到生命的意義、實現自己的潛能、對社區有所貢獻並且養成良好的品格。心理學研究人員指出，追求意義比追求快樂更能提升對生活的持久滿意度。在本章中，我們要討論的是對生命意義的追求。

何謂意義

意義能讓生命具有深度，是享樂的反面。

意義賦予生命一種重要性，讓我們相信自己的生命是有價值的。我們往往想知道自己的生命究竟是怎麼回事，在宇宙的萬物以及我們所處的世界中有何等的位置。所謂「意義」就是我們對這些問題的答案。

《意義的追尋》(Man's Search for Meaning) 一書的作者、在納粹屠殺中倖存的心理學家維克多・法蘭克（Viktor Frankl）認為，「追求意義」乃是人類的主要動力。他說：「問題不再是：『我期望能從生活中得到什麼？』，而是『生活對我有什麼期待？在生命中有什麼任務正等著我去完成？』」[1]

讓我們都先喘口氣，想一想。

要想過著有意義的生命，我們便有責任找出生命對我們的期待以及我們未來該做什麼。

　　你也被這個想法困住了嗎？我人生中大約還剩下1,821個星期一（差不多啦）；那些星期一是不是正在集合開會，還準備了白板，列出「她在嚥下最後一口氣前必須完成的事項，否則就將是極其荒謬又毫無意義的一生」清單？我們要如何才能知道生命對我們有何期待呢？又如何才能知道在生活中，除了打掃、做晚飯、退回從亞馬遜買來的貨品之外，還有什麼任務在等著我們呢？這一切和意義又有什麼關係？

　　意義是建構幸福感的要素之一。但我們不只是在經歷創傷（就像法蘭克所經歷的恐怖大屠殺）之後才會想要尋求生命的意義。事實上，尋求意義乃是人類的天性之一。唯有這麼做，才能理解發生在我們身上的種種事情，包括那些平凡的日常瑣事（例如家裡的青少年為何會做出那些行為，又或者湯姆為何得到了我們所希冀的職位）。

　　讓生命有意義的，正是我們對「生命對我們的期待」所做的認定。我們之所以探究如何才能讓這個世界變得更好，努力完成對我們來說很重要的事情，尋求下一個使命，仰望天空並試圖與一個超乎人類的存有連結，或者在夜深人靜時捫心自問：「我真的在做應該做的事情嗎？」就是為了追尋生命的意義。

　　究竟生命期待我們做什麼？這個問題並沒有一個令人滿意的正確答案。

　　但真正讓生命有意義的，是試圖了解生命意義的這項舉動。對大多數人而言，這樣的追尋是永無止盡的。隨著時間過去，我們會逐漸改變，所重視的事物也會改變。我們必須承認自己並不一定知道當下生命對我們有何期望。只要我們積極的尋求答案，並期盼有朝一日能夠找到答案就夠了。不過你必須努力反覆探索，並朝著太陽的方向生長。意義很少從天而降，我們必須自己製造意義。唯有勇於採取行動，才不會陷入沒有意義的困境。

書呆子的筆記：關於意義的研究

- 有許多研究都顯示：[2]那些認為自己的生命有意義、有目標的人，整體的幸福感和生活滿意度都比較高，心理和身體健康狀態較佳，復原力和自尊心較強，也比較不會罹患憂鬱症。
- 那些出現「意義危機」（認為自己的生命缺乏意義並感到空虛）的人沒有幸福感，心理健康狀況也不佳。[3]
- 那些過得快樂但認為生命沒有意義的人，和那些出現逆境壓力反應（adversity stress reponses）的人，具有相似的基因型。[4]一個健康快樂的人，如果自覺生命沒有意義，似乎還是會感受到某種壓力。
- 那些認為自己的生命很有目標與意義的人對死亡會抱持著正向、接納的態度。我們是害怕死亡還是接納死亡，取決於我們是否找到生命的目標與意義。[5]
- 那些相信自己的生命比較有目標和意義的人，比較不會有死亡焦慮。[6]換句話說，如果我們認為生命有意義，就可以免於存在危機。舉例來說，那些有目標的人，即使罹患絕症，也能在生命中找到更深刻的意義，從而提升自尊心。同時，當他們在自己有限的餘生中找到新的意義時，也會出現脫胎換骨的變化。
- 心理學家在統合分析十餘項超過137,000人的研究數據後發現：[7]如果生命意義的指數上升一個點（共有六個點），那些心臟有問題的人，在兩年後心臟病發作的風險會減少27%。對於年紀更大的成人來說，如果他們的生命意義指數上升一個點，中風的機率就會下降22%。
- 那些在乎生命意義的人，在經歷某種創傷事件後，往往會開始在自己的生命中**創造**意義。至於那些有幸不曾經歷過創傷的人，也可以好好想想，該如何在自己的生命中創造意義。你是在創造意義，還是等待意義呢？

相信你已經了解目標與意義在生命中所產生的效用，以及它們如何能在有限的餘生中讓生命變得更深刻。接下來，就來談談該怎麼做……

創造意義的十一種方法

如何深化生命的意義？下面列出了個人最喜歡的一些方法。其中有些相信你已經開始做了，有些則可能會讓你有些不爽。請記住，會感到不爽，通常就代表有某個點觸動了你，值得你好好想一想。無論有哪些部分使你受到啟發，或讓你感到不爽，都請記錄下來。

1. 了解自己具有的影響力

那些認為生命很有意義的人，往往了解他們所做的事情會產生什麼樣的影響。無論你是擔任獸醫助理、為醫院要蓋的新大樓募款，或幫助一位朋友渡過分手後的傷痛期，只要你知道自己為什麼要做這些事情，就可以和一個更大的意義連結，並且滿意自己所做的事情。

我曾經幫一家貸款仲介公司的老闆，讓公司裡的每一個成員都明白自己的重要性。因此，他們都很清楚，自己絕非大機器裡一個無足輕重的小螺絲。即使那些最資淺的分析師也意識到，他們所從事的工作是有價值的：因為有了他們的協助，許多家庭才得以住進夢想中的房子。

我曾經輔導一名廣告公司專員。在我的鼓勵下，她終於鼓起勇氣請幾個大客戶給她一些明確的回饋。在獲得許多好評之後，她說：「知道我所做的工作能夠對別人有些貢獻，真是太有意義了。我們團隊的人常拿製作的除臭劑廣告開玩笑，但現在我看到這些廣告的影響力了。我們所做的宣傳可以幫助客戶獲得更多的收益，讓他們能夠幫員工加薪、升遷，過上好日子。看來我們所做的廣告還是有一些價值的。」

請想一想，你在生活與工作中所扮演的角色，對別人有著怎樣的影響？

你所做的事情，是否對別人或某件事情的最終結果發揮了漣漪效應？

2.願意付出

當我們拋開自身利益，服務他人或完成某件事時，就創造出了意義。相較於那些從未從事志願工作的人，那些擔任義工的人都覺得他們的生命更有意義和目標。英國的一項研究發現：[8]從事志願工作可以增強一個人的幸福感。該項研究甚至換算出：人們在擔任義工時所得到的快樂，相當於每年得到911英鎊（1,120美元）的津貼。

心理學界有所謂「助人快感」（helper's high）的說法，指的是在幫助他人時會產生的快樂之感，但助人的好處並不僅止於此。幫助他人、對他人付出，可以讓我們以某種形式與他人連結，從而讓生命有了意義。要知道，人際關係與幸福感是密不可分的。

我輔導過的許多人都落入了「全有或全無」（all or nothing）的陷阱。他們以為必須花很多力氣做善事（例如在慈善廚房裡幫忙），才能對這個世界做出有意義的貢獻。既然他們沒那麼多時間，就乾脆什麼都不做了。事實上，研究顯示，[9]偶爾做點善事也很好，不僅利人還可利己，因為無論是施者還是受者的幸福感都會增加，只是我們經常低估了別人對我們的善舉的感謝程度。

我的一名客戶在事業有成後，變得很自我中心。後來她列出了一些可以隨手做的善事，開始每天做一項，並且持續了一個月。她會買花送給年老的鄰居，在「得來速」隊伍中請排在她後面的人喝一杯咖啡，在美麗的信紙上寫「想念你」然後寄給朋友和家人，捐贈毛巾給流浪狗收容所，帶新進同事去喝咖啡，掃掉陌生人擋風玻璃上的積雪，當著校長的面讚美兒子的老師，給一個可愛的侍者大筆小費等等。

你今天可以用什麼方式幫助別人呢？

3.增進自我覺察力

有好幾項研究都顯示：[10]那些真正了解自己（包括自己的真實面貌、價值觀、動力、為什麼要做某件事、不喜歡什麼、有哪方面的才華、有什麼能力、害怕什麼等等）的人，往往認為生命是有意義的。

事物的真實性是很難斷定的。一個人真的能夠了解自己的內心嗎？而這又真的可能創造出什麼意義嗎？這兩個問題的答案都是肯定的。

在我輔導客戶時，最有成就感的事情之一，就是陪著他們一起探索，讓他們得以「認識自我」，了解自己的優缺點。

有一名客戶，在我的輔導下，逐漸接受了真實的自我，而不是裝給別人看的模樣。她在一張很大的便利貼上繪製了一幅心智地圖，上面列出她重視什麼（成就、品德和財務安全）、害怕什麼（害怕被別人發現她是個冒牌貨）、對什麼主題特別有感（成長與探索）、生命中不可或缺的人物（她的丈夫和他們的大麥町犬）、什麼事情讓她開心（受到認可、在一個大項目中取得一些小小的成就）、什麼事情會讓她火大（幾乎所有她媽媽對她說的話）、她在哪些方面還需要進步（不要太在意別人對她的看法、對人不要那麼有戒心）等等。這樣的探索讓她看清自己的優點以及有待成長的地方。

你願不願意凝視著鏡中的自己，認識內心深處那個真正的你？哪些事情會讓你產生動力？哪些會讓失去動力？

4. 不一味追求快樂

我們往往是在不快樂時才會體驗到意義。有時我們所做的一些很有意義的事情，都不怎麼快樂，但為了造福他人，我們還是願意犧牲自我（天下的爸媽都是這樣的）。

我的客戶照顧了母親一整年，直到媽媽去世為止。儘管她因此精疲力盡，但這也讓她感覺生命變得更有意義。她把母親的照片放在廚房裡（因為媽媽總是在做菜），提醒自己生命是多麼特別而又短暫。

我的另一位客戶是家事法庭的檢察官。這份工作很嚴肅，一點也不好玩，但她卻覺得這讓她的生命有了意義。過了好幾年後，她渴望嘗試一些不一樣的、沒那麼沉重的工作，於是便開始為一家非營利機構提供法律諮詢服務。

我最近輔導了一位精力充沛的女人。她完成了一場超級鐵人三項比賽。這意味著她必須全力投入比賽（包括游泳3.8公里、騎腳踏車180公里以及跑42公里的馬拉松）前的訓練。每個星期天，她必須練跑3小時，她的兒子打棒球時，她也不能坐在看台上為他加油。她快樂嗎？當她在下著傾盆大雨的寒冷天氣裡，參加這場累人的比賽時，她開心嗎？不，答案是否定的。然而，她認為賽前的準備和實際參賽的過程，是她所從事過的最有意義的活動之一。後來，每當她遇到困難時，她便想到自己當初曾經多麼堅忍不拔。這讓她得以再次撐過難關。

你願不願意偶爾犧牲生命的廣度來換取深度呢？

5. 增強歸屬感

人們在被問到，是什麼事物讓他們感覺生命有意義時，最有可能提到的便是「家庭」。人們從家庭和親密的人際關係所得到的歸屬感，會讓他們感覺自己是受到重視的（其反面便是寂寞，而寂寞已經成了社會的流行病，它

對健康造成的風險相當於一天抽十五根煙[11]）。

正向的人際關係會讓我們感到安心，給我們歸屬感，知道有人在意我們有沒有去練合唱，有人會注意到我們的死活。意義並不是憑空創造出來的，我們的生命之所以有意義，主要是因為他人的緣故。

正向心理學小語：讓我們來談談「重要感」（mattering）[12]——這是我最喜歡的概念之一，也是我經常灌輸給企業客戶的一個概念。「重要感」指的是大家都有的一個需求：被注意。這又包括「增加價值」（adding value）和「感受到自我價值」（feeling valued）這兩個層面。

「增加價值」就是自主地從事自己所擅長且感覺有意義的工作，並且在一天結束時，自豪地認為自己已經盡了全力。

「感覺受重視」則是認為自己的工作表現有受到認可、受到公平的對待而且有歸屬感。歸屬感是很重要的：即使我們的工作表現一流，如果感覺團隊成員、客戶或家人並不在乎我們所做的努力，我們也高興不起來。我有許多能幹的客戶雖然工作表現很傑出，但卻因為感覺沒有人在意而變得很神經質。

你在這兩者之間是否達到了「平衡」？你是否因為自己的工作沒有意義而且對別人沒有貢獻而感到乏味？你是否因為感覺自己不受重視而不知該如何是好？如果你知道自己已經失衡，就可以設法做更多重要的工作，或者告訴你的團隊成員、老闆或家人你需要什麼。

在疫情期間，我曾經輔導一名客戶，他剛得到一份新的工作，每天熬夜，完成許多高品質的工作。他的成就使他充滿幹勁，但他並未感覺自己是團隊的一份子。由於遠距上班的緣故，即使他已經努力與同事建立連結，但還是感覺自己始終是個「新來的」，而他的同事似乎也喜歡獨自工

作，對團隊合作沒有興趣。他試圖融入這樣的環境，也試圖讓同事們注意到他的存在，但過了幾個月之後，他意識到他需要另謀高就，看看能不能找到一個感覺自己受到重視的工作場所。結果他找到了一個重視成員歸屬感的機構。這時他才得到「重要感」，同時找到生命更深刻的意義。

6. 探索靈性世界

如果你能和一個比你更大的存有連結，你將能夠找到生命的意義並且過著美好的生活。許多研究顯示，[13]具有靈性和宗教信仰的人，通常都感覺自己比較幸福。

靈性可以被視為我們與生命本質的連結，源自我們與自己、他人、人文（如藝術、音樂或文學）、自然和超驗事物之間的關係。靈性可能（但不一定）包括有組織的宗教在內。而後者已經被證實可以幫助人們對自己的生活，以及世界形成一個合乎邏輯的觀點，尤其是在他們面臨困境的時候。

研究顯示，[14]每週都參加宗教禮拜儀式的人，無論屬於哪一個教派，大多都認為他們的生命是有意義的。有一項研究甚至發現：這類人的比例高達67%，但在那些從未參加過宗教禮拜儀式的人當中，這種人只占了36%。這並不代表無神論者就認為生命沒有意義，只是他們在嗜好、其他活動和財務

方面找到了更多意義。

　　研究顯示，[15]當一個人有宗教信仰時，有可能比較不怕死，但也可能會更加畏懼死亡。宗教信仰可以藉著「死後生命」或「存在於另一個時空」的說法，使人相信並期盼永生不朽，從而緩解死亡焦慮，但那些擔心因為沒有遵守教義或上帝的教導而無法上天堂的人就會變得更加焦慮。

　　靈性的追尋使我們得以在自己的生命中找到意義。我曾經帶領一個由各公司的執行長所組成的私董會，長達五年的時間。其中有許多企業領導人，都很渴望從原本追求的「成功的生活」轉變為「有意義的生活」，而他們之所以能做到，有一部分是靠著與靈性的世界連結。我永遠忘不了，當我請一位冥想專家在月會中演講時，心裡有多麼忐忑不安。我擔心那些CEO聽到像「靈性療癒」這樣的字眼時，會忍不住翻白眼。幸好，我錯了。那群平日積極進取、重視關鍵績效指標的主管，都全神貫注地聆聽講師所說的每一句話。其中有許多人，甚至還聘請她擔任一對一的冥想與呼吸練習顧問，以幫助他們處於沉穩平衡的狀態，以便「在這個混亂喧囂的世界裡，獲得內心的平靜」（這是其中一位主管的話）。

　　我的許多客戶之前因為忙於其他事務，而不再參加宗教活動，但現在他們都渴望回歸。有許多人怯於談論自己的這種需求，但卻有個聲音一直在耳邊絮絮低語。我想，如果你的內心也有這種聲音，它就值得你重視，或許你可以嘗試回歸某個宗教或靈修活動，看看它是否適合你。

　　你的生命有沒有目標？你的靈修活動是否能幫助你達成那個目標？你會不會想要重新回到某個宗教組織的懷抱，以便再度找到生命的意義？你會不會想要認識新的宗教，以便感受和那個更高的存有的連結？或許在大自然中走一走能夠讓你達成這個目標。

7. 品味人生

　　那些會思索未來或是過去曾克服困難的人，往往會覺得自己的生命更有

意義。

他們所做的便是「品味人生」,也就是充分感受、享受和延伸正向體驗。這樣做能增進幸福感,更積極投入生活,覺得生命更有意義,也能讓我們更加正向和感恩。這些都是從美好的生活中很容易摘取的果實。

「品味人生」指的是全心投入此時此刻所發生的事,一口一口、津津有味地品嚐著風味鮮明的檸檬塔,仔細欣賞藝廊牆上的迷人畫作,欣喜地看著2歲的孩子吹泡泡時臉上的表情,品味每一個當下。

除了品味當下之外,也可以品味過去,但我們很少這麼做。你有多久沒有回顧往日的歡愉時光,看看那些老照片或紀念品,回想上次你去某個風景勝地旅遊時的歡樂情景、你結婚那天的盛況、二〇〇〇年過新年時的種種、你去年做的那場精彩報告,或老闆讚美你是「一顆寶石」的那封電子郵件?

教練的話:我建議你在收件匣裡建立一個名為「溫暖的話語」的資料夾,以存放那些能夠讓你感覺自己很有價值的郵件。如果某人來函,讚美你或對你說了一些很親切友好的話,你就把它放在那個資料夾裡,以便之後能夠重讀,讓你能立刻感受到自身存在的意義。

最後,我們可以「事前品味」,意思就是積極地期待即將到來的好事,例如乘坐遊艇去地中海遊玩。即使去不成地中海,還是可以懷著興奮的心情期待週末和幾個女性朋友一起泡湯,參加兒子精心籌備的鋼琴獨奏會,穿著新買的漂亮鞋子參加即將到來的雞尾酒派對,或計畫星期天晚上要在冰淇淋聖代上添加哪些配料。

8. 主動尋求挑戰

那些感覺生命充滿意義的人，都喜歡面對挑戰、解決問題，並願意承擔能夠發揮自己最大能力的工作，例如處理辦公室其他人都不願意接的工作、編列家庭預算（這也是沒有正常人會願意做的一件事）、修完一門線上課程、以吉他彈奏「范・海倫」（Van Halen）樂團的歌曲、從事高難度的攀岩或嘗試拼一幅1,500片的拼圖。

9. 擁抱痛苦、失落和不適

那些感覺生命很有意義的人，通常都是在經歷過很大的磨難之後，才慢慢重建自己的人生。危機會促使人們追尋生命的意義。

> **正向心理學小語**：我們有必要再談談「心流」，[16]也就是全心投入某個很吸引人的活動時，那種渾然忘我、不覺時間流逝的美妙狀態。要達到這樣的狀態，從事的活動既不能超出自己的能力太多（這會讓你覺得自己是個魯蛇），也不能太簡單（這會讓你覺得毫無挑戰性）。我們往往以為「心流」是那些追逐快樂的人所處的狀態，但事實上那些感覺自己的生命很有意義的人，也經常會達到「心流」的境界。這樣他們在免於無聊與焦慮的同時，也能不斷學習、成長，並創造生命的意義。
>
> 我們可以從那些發生在身上的事情（例如重大的創傷、親愛之人的死亡，或關於「你一定會死」的思索）當中發現生命的意義。這便是所謂的「推的模式」（push model）。但我們也能透過主動的追尋，以及那些讓生命更加充實的時刻找到其意義。這便是所謂的「拉的模式」（the pull model）。也就是說，意義不一定會從天而降，每天都可以主動把意義「拉」進我們的生命中。

> 如果我們能夠刻意探索周遭的事物,便可播下讓意義生根萌芽的種籽。這意味著要抱持著好奇的心態探索世界,以期發現美好的事物或找到能夠點燃心中火苗的活動,並且願意全心投入能夠讓自己進入心流狀態的事物。
>
> 什麼樣的活動能夠讓你進入心流呢?你是否會在生命中追尋足夠的挑戰,讓自己有動力投入其中?

人生在世,難免會遭逢各式各樣的逆境,例如親愛的人死亡、破產、重病成殘、戒不掉的毒癮、瀕死經驗、好不容易找到一份理想工作卻被炒魷魚等。但我們要學習擁抱這些逆境,因為我們往往能從中發現生命的意義。

此外,我們也可以從各種痛苦的學習或成長經驗(例如為了拿到學位而在週末時閉門苦讀,無法去外面追求歡樂)中,找到生命的意義。

創傷(無論大小)也能讓我們看到生命的意義。正如第五章中所討論過的,有30到70%的人,在經歷過創傷事件後都有所成長。[17]

從前我經常輔導那些失去工作,不知道自己下一步要做什麼的人。許多人都認為工作代表了身分。對那些追求成就的專業人士來說,失去工作是一大打擊。就算他們原本就不喜歡那份工作,但也不希望被解雇。何況被解職後,他們還得經歷到處應徵,以為自己有希望被錄取,到頭來卻落空等種種波折,如果心臟太弱,還真無法承受。但這個過程往往是有意義的。我的客戶在事後大多對自己有了進一步的覺察(「我有某些很棒的特質」),變得更謙卑,更了解之前的工作出了什麼問題,更能體會工作的可貴,也更能接納生命的無常。

想一想,你這一生經歷過的不幸。當你撥開困境的瓦礫堆時,是否在那些灰燼中看到了意義?

10. 探索令人心生敬畏的事物

當我們更了解自己的價值觀、所追求的意義，並經歷一些能夠提升心靈層次、同時心生敬畏、超越凡俗並且獲得「啟發的經驗」後，[18]自然就會投身於有意義的活動，過著更深刻的生活。

你是否有過類似這樣的經驗呢？是否曾經因為某件事（例如參觀巨石陣或目睹某個花式滑冰選手表演「後內三周跳」〔triple salchows〕的絕技並贏得金牌）而油然生出敬畏之心呢？你有多久沒有那種臣服於某個浩瀚的存有、渾然忘我的經驗（雖然這聽起來很神祕）了呢？當我們被某個令人驚嘆的事物懾服時，往往會感覺到自身的渺小，並發現這個世界除了我們之外，還有其他的生靈。這種敬畏之感會讓我們醒悟：我們之所以能享受此時此刻，是拜許許多多因素之賜。

教練的話：太空人的敬畏之情。你有沒有聽過「總觀效應」（overview effect）這個說法？[19]指的是太空人從空中俯瞰地球的經驗。美國國家太空總署的太空人曾經一再表示，當他們從太空船裡看到地球的那一刻，不禁油然生出敬畏之心。那種感覺簡直太神奇了。當我們置身於浩瀚的天地中時，往往會自覺渺小。這會使我們得以超脫自我，不再把目光的焦點放在自己身上，煩惱生活中那些微不足道的小事，轉而和他人連結。從這個角度來說，覺察自身的渺小是一件充滿意義的事。

有一組研究人員曾經請六十位年紀較長的成人，在八個星期之內，每天出去走15分鐘。[20]他們將受試者隨機分成兩組。第一組可以隨意走走，第二組則要他們去沒去過的地點散步、照相並捕捉那些令人驚奇、感動的瞬間。結果，第二組表示他們在散步過程中感覺更加喜悅，和周遭的

> 人更有連結，更常微笑，也更感覺自己是這個浩瀚宇宙的一份子，而且在那八個星期的過程中，他們拍攝自己的次數愈來愈少，拍周遭景物的次數則愈來愈多，顯示他們的自我已經逐漸縮小了。

你要如何感受那種面對生命的奧妙時，所油然而生的讚嘆、敬畏與激動之情呢？有什麼地方可以讓你感受到大自然的浩瀚廣袤，並覺察自我的渺小？幸好，你並不一定要花費大量的時間與金錢親自前往大峽谷或月球，才能有那種感受。只要看看那些令人讚嘆的景物照片或影片，也可以達到同樣的效果。

11. 造福後人

研究證明，這種超脫自我的表現，是讓人感覺生命充滿意義的一個關鍵因素。[21]

人類天生有一種需求，想要創造或參與能夠在死後仍能綿延不絕的事物。根據心理學家艾瑞克・艾瑞克森的說法，人類發展的第七個階段是「造福後人 vs. 停滯頹廢」（Generativity vs. Stagnation）。前者指的是對後世的子孫做出貢獻，後者指的是待在自己的舒適區，只關心自身的利益。

那些願意做一些事情（例如教導孩子、創作藝術品、開設一家公司或捐錢給當地的圖書館），讓後人得以受惠的人，都覺得他們的生命充滿意義。

那些透過捐款、種樹或撰寫自助書籍以改變他人生命等方式造福後世的人，不僅能讓自己的聲名永垂不朽，也能讓他人受益。

我最喜歡的演講主題之一，就是如何幫助他人決定要留給後人什麼東西。每次那些出席演講的學員都會以為，他們需要有很多錢，才能達到造福後世的目的，但事實正好相反。要澤被後人，有各式各樣的方法，例如為他人樹立榜樣、展現你的價值觀、講述可以流傳後世的故事、提出創新的點

子、想出新的工作方法、製作足以成為傳家之寶的手工棋子，或在後院種一些樹等等。

要如何讓自己過著有意義的生活呢？在你的有生之年，要如何做出足以造福後人的事？你可以用什麼方式為他人鋪路？在思考了這些問題後，你會不會想要改變自己的人生？

過著有目標的人生

我剛擔任教練不久時，學到了一件事：要讓客戶對你產生反感，最快的方法就是，在第一次見面時就問他們：「你有什麼人生目標呢？」這時他們就會立刻愣住，不知如何是好。（我要向我最初的七十五名客戶道歉。）

一談到「目標」，人們往往會覺得很有壓力，好像非要為自己的人生找到一個目標不可。現在，先讓我們放輕鬆一些。即使你還不太清楚自己的目標，或根本沒有一個目標也沒有關係，你只是還沒發現它罷了。我們的目標是要讓你更清楚——自己活著的理由。

目標存在於意義中。它指的是一件可以做到的事。它可以是一個人一生的抱負、目的或一直努力的方向，例如「從事教育工作」或「治好漸凍症」或「當一個很棒的阿姨」⋯⋯它通常包含你對這個世界或重視的某個志業，做出某種貢獻。

舉例來說，如果你把「從事教育工作」當作人生目標，那你就有可能透過與他人連結、感覺你已經改變了成千上百個學生的命運、對下一代產生了

影響，而找到人生的意義。

　　心理學家發現：[22]那些已經找到人生方向（無論是在人生的哪個階段），並且設定自己想要達成的目標的人，通常比較長壽。因此他們認為愈早找到人生方向，就能愈早受惠。

　　研究人員也證實：[23]一個人如果沒有人生目標，死亡率會是那些已經找到目標者的2.5倍。（好吧！我之前叫你不要有壓力，現在又告訴你：如果沒有目標，很快就會死。生命總是在跟我們開玩笑！）

　　根據調查，[24]在美國，只有40%的人很清楚自己的生命目標。這意味著，有60%的人，或許覺得自己的生命沒有什麼意義。而那些感覺自己的生命已經很有意義的人則說，他們還是會不斷尋求新的意義。這或許是你目前所處的狀態，總是想讓自己愈來愈好。

　　要知道，我們的人生目標不一定要多麼了不起，甚至不必讓別人知道（除非你有一個多管閒事的教練）。我有幾個客戶很希望自己能做大事，例如「帶領一個團隊徹底改革健保」等等，但最近我剛輔導完的一名客戶，卻是以「當個好父親」做為他的人生目標。另一位客戶原本也想為自己設定一個遠大的目標（彷彿有人會給她打分數一樣），但最後卻很興奮的意識到，她的人生目標是「成為別人一天當中的亮點」。她是那種你會希望能夠遇見的人。（我們是不是應該給她打最高分呢？）

　　你可以把人生目標當成活在世上的理由。它不見得和你目前的工作或職業有關，而是命中注定要完成的事。它就像是生命裡的一份禮物。當你在做一件符合生命目標的事時，會感到滿足而充實，彷彿你已經發揮自己最大的潛能。而當你所做的事情和生命目標不一致時，你會感覺了無生氣。

　　我之前輔導過一名女性，因為不知道自己的生命有何意義而感到不安。「我的生命是否沒有意義？」她問。當我們檢視她的「意義評估表」（之後我會請你填寫）中有哪些事物可以讓她找到意義時，她突然靈光一閃，意識到大自然可以為她帶來許多意義。每當她置身戶外時，她總是感覺很有活力，

而且彷彿能夠超脫自我，成為某個巨大的存有的一部分。後來，她加入了一個健行俱樂部，並且打算在退休後過著遠離現代文明的生活。

意想不到的生命目標

在麥可・庫奇（Michael Kutcher）的一生當中，身體健康屢次亮起紅燈。在最近的一次談話中，他告訴我如何歷經磨難找到生命目標。他很小的時候就被診斷出罹患腦性麻痺，13歲時又出現不明原因的心臟衰竭。由於當時他的心臟已經腫大到原來的四倍，醫生說只能再活三、四個星期。接著，他又出現心跳停止的現象，於是醫師預期他只剩下48小時的壽命。幸好因為有人及時捐贈心臟，他才奇蹟般地撿回了一條命。

我們都知道，人們在經歷逆境後，可能會悟出生命的意義，但麥可是怎麼找到他的生命目標呢？他並不是在心臟移植手術後，一覺醒來就很清楚自己有什麼使命。事實上，他後來一直過著提心弔膽的生活，因為他認為心臟的有效期限只有十年。於是，他把握時間，想在死神降臨前，好好過日子：他買了一輛車，結了婚，生了一個孩子，也買了一棟房子。在這個過程中，他逐漸找到生命的意義。

「我是在二〇一〇年找到生命目標的。當時，我的哥哥──美國知名演員艾希頓・庫奇（Ashton Kutcher）在接受《夜線》（Nightline）節目訪問時公開談到我得過腦性麻痺。」在此之前，麥可從未公開過他的殘疾。那次訪問大約過了一個月後，麥可獲邀參加一場為腦性麻痺患者募款的活動，並發表演講。由於他之前從未談論過這個主題，而且病情也才剛曝光不久，因此他不是很願意接受邀約，但後來他突然想到，可以運用剛獲得的知名度為腦性麻痺患者發聲，幫助人們改變對此疾病的看法。

「我知道我的目標是什麼。現在我就是要幫助你們清醒過來。」他希望聽眾能夠這麼想:「我幹嘛要抱怨工作?幹嘛要抱怨小孩?沒錯,我的確碰到了一些煩心事,但眼前這個傢伙已經差不多死了三次,身上還有殘疾,但他卻那麼珍惜生命,心態也那麼正向。」

是不是有一條你意想不到的道路,可以帶領你找到生命目標?有沒有可能因為那條道路非常狹窄,又長滿了野草,所以儘管它就在眼前,你卻沒看到呢?麥可的故事是否能給你一些啟示,讓你以一種不同的眼光,看待你所在意的那些目標,或身邊的一些機會呢?

試著想一下

請想像現在是一九〇三年……你還沒出生,你的父母或許也還沒出生。那是一百多年前,人們碰面、約會、做愛,總而言之,宇宙間所發生的種種事情都促成了你的誕生。那麼,你為什麼那麼幸運,能夠來到這世上呢?你的誕生會為這個世界帶來什麼?

或者,你也可以想像現在是二一三三年。那時你已經死了很久(願你安息)。請想像你正回顧自己的一生。你為什麼有機會降生在人世呢?你活著時是一個什麼樣的人?你對這個世界產生了怎樣的影響?

意義評估表

如果你能找到生命的意義,那是很棒的一件事。以下這個評估表中,你不用考慮答案是對或錯,只要憑著自己的直覺回答即可。[25]

	很有意義	頗有意義	有點意義	沒有意義	沒有太多意義
1	我很重視信仰、宗教和禱告。				我是無神論者，對宗教不感興趣。
2	我和我心目中的神聖事物，以及未知的實相有密切的連結。				我對未知的實相不感興趣，對我來說，神聖也和靈性無關。
3	我一向積極維護人權，以及所有能讓人世變得更加美好的事物。				我對參與社會工作沒有什麼興趣。
4	我需要和大自然和諧共處，對我來說，那就像氧氣一樣。				我一點兒也不想接觸大自然。
5	我認為發現真實的自我是一種崇高的追求。我很想知道真正的我是什麼樣子。				真實的自我？我沒有必要認識。
6	我很注重健康。				我沒有刻意維持或改善自己的健康。
7	我認為做一些具有恆久價值的事情（例如捐贈一張長椅給某座公園並以我的名字來命名，或者留給後人一些東西）是很有意義的。				我才不在乎死了以後是不是有人記得我的名字。為什麼要去管死後的事呢？
8	對我來說，追求新奇的體驗、冒險和變化是非常重要的一件事。				追求變化和新鮮感沒那麼重要啦！我喜歡維持原狀。
9	我想做一個與眾不同的人。				我不需要做一個特立獨行的人，我很樂意融入人群。
10	我喜歡領導別人並對他們發揮一些影響力。				我喜歡追隨他人的腳步。既然有人願意帶頭，我幹嘛還要強出頭呢？
11	我很重視個人的成長。				我從來不想追求什麼目標或發展。
12	我很在意自己是否有成就。				成功的滋味並不像大家說的那麼美妙。
13	我喜歡吸收資訊，期望擁有更多知識。我是個超級好奇的人。				幹嘛要問這麼多問題呢？要掌握所有資訊簡直太辛苦了。

		很有意義	頗有意義	有點意義	沒有意義	沒有太多意義
14	我總是不斷在創造，無論是實際把東西做出來，還是在腦海裡想像它們的樣子。					我不認為想像力和創造力有什麼重要性。我不需要做出什麼東西來。
15	我在許多方面都遵守傳統。					老實說，我覺得遵守傳統沒有什麼意義。誰希望在每個節日都做一樣的事情呢？
16	我是個很實際的人，做事很有效率，也講究實用性。					講究實用聽起來超無趣。
17	去餐廳吃飯時，我總是點同樣幾道菜。有時我一進門，店家就知道我要吃什麼了。					我去外面吃飯時，同一道菜很少點兩次。
18	小時候看了寓言故事後，我無論做人或做事都很講道德。					我不是那麼講究道德，有時也不會在意對錯。
19	我很重視理性，做事總是有理有據。					理性沒那麼重要。邏輯並非唯一重要的事。
20	哪裡熱鬧，哪裡好玩。					嬉戲和找樂子是小孩或傻子才做的事。
21	成為社群的一份子讓我感覺自己很健全，而且有歸屬感。					社群挺討人厭的。
22	真正能讓這個世界轉動的是愛。真希望這個世界有更多的愛。					我向來不懂為什麼人們老是在談論愛。真是太肉麻了。
23	舒適和繁榮是靈魂的良藥。					我認為人過得太舒適就會變得軟弱，容易受到傷害。
24	照顧別人，也被人照顧，是人類的基本需求。					能被人照顧固然很好，但不是必要的。食物和水才是必需品。照顧是奢侈品。
25	我向來體貼別人的需求，也會照顧到自己的需求。					我承認，有人說我很不體貼。
26	我希望大家都能和睦相處並且彼此投契。					衝突才能讓我們產生動力，成為更好的自己。
27	總體來說，我感覺生命是有意義的（重要、有條理、有方向）。					總體來說，我感覺生命空洞的令人沮喪、沒有意義。

了解你的評估結果

1. 填寫這份問卷時，你有什麼感覺？
2. 請把覺得特別有意義的部分標出來。你能不能從這些部分獲取更多的意義？

#	我覺得生命很有意義的部分……	從這些部分獲取更多意義的方法……

3. 請把覺得最沒有意義的部分標出來，並決定是否想要在這些部分做些什麼。請記住，你不一定要在所有或任何一個特定的部分創造意義。只要有些想法，等到之後再來考慮。

#	不是那麼有意義的部分……	我現在想不想針對這些部分做點什麼？	如果可以，你有哪些想法可以讓這些部分更有意義？

4. 去吃塊布朗尼吧！

兼具活力與意義的生活

能夠兼具活力與意義，才是美好的生活。當我們充分投入有意義的活動時，便是全心全力地生活。這時，我們便不再憂心生命缺乏意義，也能平靜

地接納自己的死亡。當我們能像這樣好好生活時，生命便兼具活力與意義。唯有全心投入生命的賽事，而非只當個旁觀者，才能讓自己更有活力，生命也會更有意義。

當我們能夠全心享受生命並且創造意義，我們便是在「熱忱地投入生活」（vital engagement）。[26]也就是說，生活中有許多讓你感到喜悅的事情，而且生命也深具意義。你就是位於第62頁的象限圖的右上方。這時，你正過著極其美好的生活。

有關生命的選擇題

因為我們都喜歡關於生命存在的複選題嘛！

在結束這一章之前，讓我們從較宏觀的角度來看待意義的重要性。看看你是否知道關於生命，人類通常最關切的五件事：[27]

A. 生活、身分、沒有意義、變化、不穩定的Wi-Fi
B. 死亡、姻親、沒有意義、身分、不確定性
C. 死亡、孤立、腰部贅肉、自由、永恆的詛咒
D. 死亡、沒有意義、孤立、自由、身分

如果你的答案是A、B或C，你以後就不用來上課了（不過之後我還是想和你一起出去玩）。如果你答D，讓我敬你一杯。

一般相信，如果我們想要充分發揮自己的潛能，就必須接受人生這五個不可避免的問題。如果生命缺乏意義，我們將陷入一種「存在空虛」（exitential vacuum），變得毫無生命力。這點我們在這一章已經討論的非常透徹了。另外，你可能也注意到，這五大問題的其中之一，便是我們一直在討論的議題：死亡。

當我們認真努力地生活時，若能意識到死亡的必然性，或許就會在生命中找到更深刻的意義，並感恩我們有幸得以擁有這一生。這是我們之所以要覺察死亡的另一個原因。

在討論生命的意義之後，我們很容易回到「你一定會死」這個主題。存在心理治療師艾爾文・霍夫曼（Irwin Hoffman）指出，我們是在「不存在與無意義的持續威脅下」創造出了自己的實相與意義。[28]

如果我們能接納自己即將死亡的事實，便不會把生命浪費在毫無意義的活動上。維克多・法蘭克曾說，死亡不只是構成有意義的生命的一個要素，也是一股動力。這句話出自一個在奧斯威辛集中營失去了父母、弟弟和懷孕的妻子的人，顯得格外有分量。如果我們能刻意面對有關存在的難題，便有機會創造更大的意義。

當我們知道自己必然會死時，就有可能讓生命變得更加豐富。當我們意識到生命的脆弱時，便有可能做出更符合我們的價值觀、更「有意義」的選擇，讓自己的生命更有深度。

一個有意義的挑戰

現在，我要給你一個挑戰，請在接下來的兩個星期內（兩個星期一）做一件有意義的事，例如擔任義工、和你那個10幾歲的女兒策劃一項具有挑戰性的任務，或者研究你的族譜。你可以參加線上的宗教儀式、思考能留給後人最棒的東西，或者打電話給一個年邁的親戚，和他聊聊天氣以外的話題。你可以坐在咖啡店裡，列出「在生命中最重視

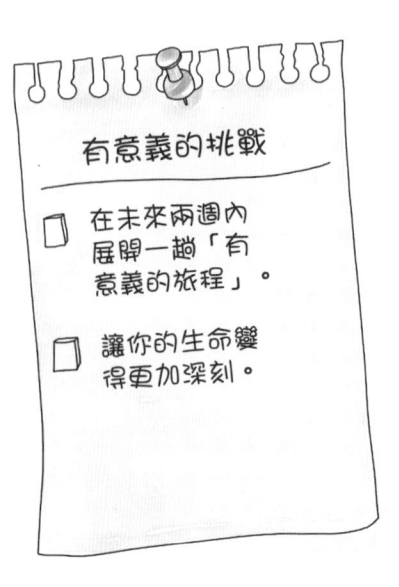

的十件事情」，以增強你的自我覺察。也可以進行一項具有挑戰性，且能讓你進入心流狀態的任務，寫下你對家庭、工作和社區的影響（無論大小），看看有什麼樣的體驗能讓你油然生出敬畏之心，或者在這個月內每晚都記錄三件讓你感恩的事情。總而言之，所有能讓你找到意義的事情，都可以。請記住：追尋意義能夠讓你的生命更有深度。

> 你願意試著在生命中找出意義，真是可喜可賀。最後，我們請曾經榮獲諾貝爾文學獎的哲學家阿爾貝・卡繆（Albert Camus）來做個總結：「生命的意義，就是所有能防止你自殺的事情。」好了，又過了一個星期，我們還沒死。這聽起來挺有意義的。

第十章

數字油畫：讓生活多采多姿的方法

> 告訴我，你打算用狂野而珍貴的一生做什麼呢？
> ——瑪麗·奧利弗（Mary Oliver）／美國詩人

你看你，臉頰紅通通的。不是我在吹牛，你這會兒看起來已經很有活力了。在被灌了那麼多有關生命力和意義的資訊與點子之後，你就像那些喝醉酒的人一樣，樂呵呵的，但有點頭暈目眩。來，喝點水吧。

這並不令人意外。在談了這麼多之後，你怎能不感到暈眩呢？你在前面的好幾章中已經得到很多啟發，而且經過了九章的自我探索，我猜現在你已經迫不及待要做點什麼了。別急，我的目標就是要提供一些實用、可行，而且今天就可以實施的做法（因為你雖然看起來狀態很好，但明天或許就不在了）。

從今天起一直到你掛點前，你想過什麼樣的生活呢？

A.黑白的生活
B.彩色的生活
C.多采多姿的生活
D.煙火式的生活

如果你的答案是 A，那我真不知道你是如何撐過前面九章的。我猜你是

有點被搞糊塗了，或者酒喝得多了。我會給你一顆止痛藥。

如果答案是B，那還行。請你繼續讀下去。

如果答案是C，呵，你可真不賴。

如果答案是D，我不知道你是在故意炫耀還是真的很棒……所以就請多待一會兒吧，朋友！

我們都想要色彩繽紛、閃閃發光、有如彩虹或萬花筒般的生命。我們想要令人讚嘆的人生，想過自己理想中的生活，想要擁有一切。所以既然來到了「數字油畫」*這一章，我們的調色板上就不要全部都是灰色和棕色之類的顏料，是吧？

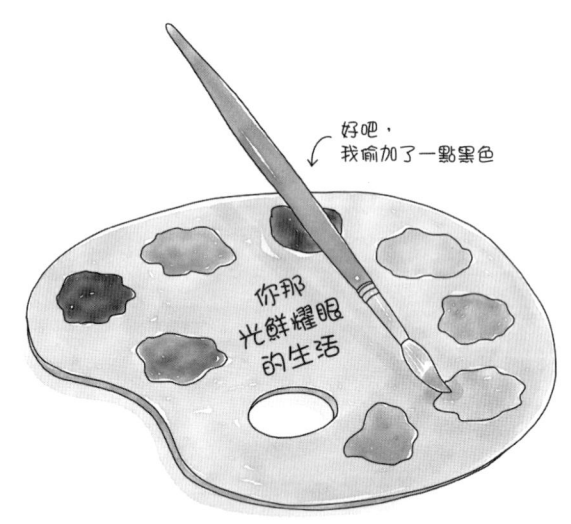

> 好吧，
> 我偷加了一點黑色

> 你那
> 光鮮耀眼
> 的生活

你：等等，這是要上繪畫課嗎？我可沒有貝雷帽呢！

我：別擔心。這只是我用的一個隱喻。

做事情我喜歡一步一步來，因為唯有簡單的步驟，才不會讓人一時之間難以消化。所以，我們將如同播放電影的精彩片段一般，總結一下先前的討論，然後再開始下一步。

---

* 譯註：將國際大師的名畫透過電腦進行分解，變成一個個的小格子，每個格子中都標著數字，只要按照數字將油彩填上，就可完成一幅名畫。

回顧前九章的最佳方式

1. 倒一杯你最喜歡的酒（我想喝「白色俄羅斯」，你隨意）。
2. 坐在一個舒服的地方（最好穿著鬆緊腰帶的長褲）。
3. 準備一些便條紙（或許有幾頁釘在牆上、有幾頁放在腿上，有幾頁攤在地板上，就像電影《美麗境界》〔*A Beautiful Mind*〕的場景那樣）。
4. 以開放的心態閱讀以下這些方法。你可能會覺得，其中有些點子是為你量身定做的，但有些可能嗤之以鼻並想立刻刪除。但即使是那些你不感興趣的點子，也請不要無視。記住，我們現在是要試著做出一些改變。
5. 請把那些讓你有感的點子標出來，並且在空閒時琢磨琢磨，懷著興奮的心情在下一章（也是最後一章）把最喜歡的點子拿出來用。
6. 去吃塊布朗尼。

第一步：善用最有限的資源：時間

> 如果我們過好每一刻，就不用為年歲發愁。
> ——瑪利亞・埃奇沃思（Maria Edgeworth）／愛爾蘭作家

到目前為止，我們所談的內容都是以「有限性」這個概念為基礎，因為我們一生只有大約4,000個星期。因此，我才會不斷提醒你：時間是你最寶貴的資產，而它正在一點一滴地流逝，因此請務必善加利用。說到這裡，我自然得花寶貴的幾分鐘時間，談一談如何節省時間並品味生活。

我喜歡日曆、計時器和沙漏這類東西，因為它們記錄了時間的推移，讓我們知道時光就像個無情的渣男，正一分一秒棄我們而去。但我這樣說並沒有氣憤的意思，因為我已經接受了一個事實：在我們的一生中，時間才是

老大。它會無情的離去，絕不給我們第二次機會，也不會為任何人停留。因此，我們絕對沒有機會再活一次。

一天86,400秒，一週168小時，一年52個星期，時間不斷往前推移，見證了我們的成功與失敗、繁瑣的日常、憂慮與絕望，也見證了所有人的出生、就職、戀情的破滅、公司的合併與收購、疫情的爆發，以及追劇的狂熱。我們可以選擇以何種方式度過每個寶貴的時刻，是要細細品味還是揮霍浪費。

現在，我正用我的時間，來幫助你充分運用你的時間（請掌聲鼓勵）。我要告訴你，**八種在死前可以把自己的生活過得有滋有味的方法**。請回答每一個方法後面所列出的問題，看看哪些點子值得納入你的行動計畫。

1.善用「新起點效應」

如果我們能設定短期目標，就會給自己一些動力，讓我們做出自己所期望的行為。也就是說，在面臨一個新的起點時，會比較容易振作起來，有所作為。所以，我們每到一些重要的時刻就會想訂定新的目標，例如在一月一日（新的一年的開始）立志要變成一個更好的人，在星期一（新的一週的開始）重新回到健身房運動，在九月一日（新的月份的開始）決心戒煙，或在渡假結束（告別「龍舌蘭日出」的國度時）後的第一天開始找新的工作。

那麼，我們該如何運用這種心理呢？如果你在元旦下定的決心，到了二月二十一日就已經後繼乏力（你不再打精力湯，也很想取消健康俱樂部的會員資格），這時你先不要急著放棄。你不妨再找一個新的起點，趁機重新來過。比方說，你可以在下個星期一或另外一個月（或季節）的月初重新開始。在追求目標的過程中，不免偶爾會出現後繼乏力的情況，但只要我們重新設定目標就可以了。星期一就像一個重置按鈕。你可以每個星期都按它一下，讓自己保持動力，堅定地完成心目中重要的事情。

你最近有沒有在努力追求什麼目標呢？當熱情逐漸消退時，可以設定哪

些新起點呢？

2. 善用「終點加速效應」

最近我透過電子郵件和作家丹尼爾‧品克聊天時，談到了死亡對時間所產生的限制。其間，他提到了所謂的「終點加速效應」（fast finish effect），[1]這指的是人們往往會在接近最後期限時，做出更多的努力。例如，當一個新的十年即將到來時，往往會促使我們採取行動，做出一些改變。也就是說，當來到一個十年期的最後一年（例如29歲、39歲、49歲、59歲等等）時，我們往往都會想要努力有所作為。有一項研究顯示：[2]那些首次跑馬拉松的選手當中，有很多都是19、29、39或49歲的人，而且相較於那些比他們小2歲或大2歲的人，他們跑的速度快了2.30%。

在面臨一個重要階段的結束時，我們有機會得以回應自己內心對生命意義的追尋。未來你將面臨哪一個階段的終點，並採取對你有益的行動呢？有哪些終點的到來，會促使你持續朝著自己的目標前進？

3. 了解柯羅諾斯和卡伊洛斯

古希臘人對這個世界的貢獻不只是果仁蜜餅（baklava）而已，還有柯羅諾斯（Chronos）和卡伊洛斯（Kairos）。柯羅諾斯指的是我們對時間的傳統概念，也就是以量化的方式測量時間長短（秒數、時數、天數、周數等等），使我們得以在與人約定的時間準時出現，並讓我們得以計算自己剩下的日子。

卡伊洛斯則是一個比較詩意的概念。指的是我們生命中那些最適宜的時機，例如什麼時候應該辭掉一份讓你沒有成就感的工作、什麼時候要和愛人開始接吻、什麼時候要採摘園子裡的番茄、什麼時候要展開一趟冒險之旅、什麼時候該把筆放下、什麼時候該為了你那嚴重的飲食失調症向專家求助等等。

我這一生一直嚴格管控時間，卻錯失了採取某些行動的時機。你是否也是被按小時計算的生活節奏牽著走，而錯失了那些時機恰巧、意義非凡的時刻所發出的召喚？你要如何放慢步調、留意當下，掌握那些也許就在眼前（或在此刻）的最佳時機呢？

4.想像一個精彩的晚年

研究顯示：[3]從人們對自身晚年的想像，就可以準確地預測出他們實際的晚景。如果我們能清晰地想像出自己未來的模樣，並且相信自己晚年就會成為那樣的人，我們不僅會有更美好的晚年時光，也會更長壽。

研究人員表示，[4]那些在50歲時想像自己老後會過得很好的人，可能會比那些對未來抱持著負面的想法（例如認為自己會成天躺在沙發上，慢性病纏身、必須依賴別人、脾氣暴躁，還會持槍把在他家草坪上玩耍的小孩趕走）的人多活七年半。

請想一想你希望自己老後（無論對你來說幾歲才算老）變成什麼樣的人？[5]你能想像自己老後成為一個富有生命力的人嗎？或許你希望和朋友及家人保持緊密的連結，追求一些具有挑戰性的嗜好、每天多走路，或者不斷上課，學習成長。除此之外，你還有哪些可能性呢？

5.建立明確的時間概念

當我們對時間有著精確的了解（例如知道自己還有幾個星期可活）時，比較會把它當一回事。對於那些距離彷彿很遙遠的事件，我們往往不會有什

麼具體的想法（例如退休對我來說就是很久以後的事，因此我不會急著做相關規劃）。科學家明確指出，[6]當感覺某件事距離我們很遠時，我們就看不清（甚至看不見）相關的細節。相反地，當感覺某件事不久之後就會發生時，細節就會變得比較具體。

問題在於：如果你對於下一個重大事件到來前的那段時間沒有清楚而明確的概念，這段時間可能就會被白白浪費掉。你要如何讓自己對這段時間產生清楚而明確的概念，以便開始有意識地加以運用，以免它不知不覺就溜走了？運用視覺化日曆（visual calendar）是一個不錯的方式。你能做些什麼樣的規劃，以縮短你和未來事件的心理距離呢？以下有幾個方法：

- 把到年底為止，所有的休假時間都事先安排好，以免到時又沒有休假。
- 標出從現在起，到下一個重要的週年慶為止，還有多少時間，並且明確地規劃你想如何慶祝，讓它顯得很特別，也讓你不致於錯過它。
- 在日曆上，以視覺圖像設定你在退休之前要分段達成的財務目標，讓退休生活不再只是一個模糊的概念，而是令人期待的未來。
- 建立一個互動式的Google文件，規劃你很久以後要和死黨們共度的一個週末假期，以便可以事先品味其中的喜悅，使這個假期不致成為「又一個在別墅裡度過的週末」。
- 算算你還有幾個星期可活，以免時光從指縫中溜走（喔，這點我們已經討論過了）。

你要如何讓自己未來的時光感覺更加具體，而不是那麼抽象呢？設定目標、進行規劃是個很好的開始。你可以用什麼方式把那些長遠的目標分割成一個個階段，讓你能明確感受到自己正朝著它邁進呢？

6.明白欲望會隨著時間改變

社會情緒選擇理論（Socioemotional Selectivity Theory, SST）[7]的說法證實了，光憑直覺就可以了解的一個事實：我們對未來剩餘時間的認知，會大大影響做事的動機與目標。當年齡漸長，意識到時間有限時，往往會更想要追求那些有意義的、能帶來情感滿足的目標。當我們年輕力壯、精神煥發時，因為看不到時間的盡頭，所以通常都會追求知識與新奇的事物。這說明了為什麼63歲的老人喜歡和朋友一起在食物銀行當志工，而23歲的年輕人喜歡揹著背包在歐洲各地旅行，而且不知道為什麼會在阿姆斯特丹待得特別久。

當我們看不到時間的盡頭時，往往會優先追求能讓我們充滿生命力的目標。當我們感覺時間有限時，則會優先追求比較有意義，而且能滿足情感需求的目標。但對時間的感覺是可以改變的，我們可以設法改變對時間的認知，讓生命力與生命意義達到平衡的狀態。如果我們持續學習、成長並追求新的事物，就會感覺時間似乎變多了。

如果你年齡較長，是否可以藉著追求新的事物來提升自己的生命力？如果你年紀較輕，是否可以想想自己還有多少日子可活，藉此督促自己追求更有意義的人生呢？

7.增進「時間上的富足感」

我們在討論生命力那一章曾經提過「時間上的富足感」（time affuence）這個概念。指的是一個人認為自己有足夠的時間去做自己該做的事，並滿足自己的需求。有了「時間上的富足感」，我們才不會老是覺得匆匆忙忙。

一個人如果休閒的時間太少，壓力就會變大。但那些自認在時間上很富足的人，[8]則會花更多時間從事可以使人成長的活動、與他人連結，並參加體能活動。

那麼，在大多數人都覺得時間極其匱乏的年代，要如何增進自己在時間上的富足感呢？

這裡有一個好消息。有七項針對6,000多名受試者所進行的研究顯示：[9]花錢買時間，就能提高對生活的滿意度。試想，如果花錢請人代購並宅配生鮮雜貨，就可以省下90分鐘的時間，那不是很棒嗎？如果我們花錢請人打掃房子，就可以省下好幾個小時的時間（而且也不會破壞我們剛做好的指甲），那不是很好嗎？能夠幫我們修剪圍籬、報稅、撈除游泳池裡的落葉、油漆日光室、建造網站的人多的是。當然，你或許夠聰明能幹，可以親自打理這些工作，但除非它們能為你帶來喜悅，不然就應該外包，只要你負擔得起費用。

萬一負擔不起時，該怎麼辦呢？畢竟不是所有人都能夠請人來擦亮家中收藏的那套珍貴銀幣，以便有更多時間去搭遊艇。這時，我們就要發揮創意，一箭雙鵰。比方說，如果想在星期六早上騰出3小時的時間，就可以設法同時做幾件事，例如邀請一個朋友和我們一起上體能訓練課，以兼顧社交與運動的需求，這樣就可以節省一個鐘頭的時間。當我們要開無趣的視訊會議時，也可以利用這個時間來洗衣服（但記得要把鏡頭關掉）。如此一來，又可以節省一個鐘頭的時間。於是，不知不覺間就多了幾個小時可以做讓我們開心且更有生命力的事。但我必須強調，我的目的不是要讓你們把省下來的時間用來回覆電子郵件、整修房子，或為你參與的那項糕點義賣活動烘烤不含過敏原的餅乾。我的目標是要幫助你們，找到更多的閒暇時間做讓生活更有意義的事情。

8.不要輕易讓別人占用你的時間

為了維持「時間上的富足感」，我們也必須捍衛自己所擁有的時間，例如告訴別人：「抱歉，我今晚無法參加委員會的會議，但稍後我會請拉吉告訴我會議的重點。」或者就像某位球星說的：「不就是不，沒什麼好說

的。」當然，如果有人請我幫忙，我不會在說了「不」之後就直接走開，不過大致上的意思就是這樣。我們不需要為了自己無法在週末幫忙義賣公益彩券而頻頻道歉或多做解釋。

另外，如果能給自己留一段時間，什麼也不做，也會創造出時間上的富足感，主要是因為我們在閒閒無事時，比較能夠發揮創意。當我們忙著完成手中的工作時，是很難想出什麼點子或解決方案的，也不可能會有什麼夢想。如果我們能在緊湊忙碌的行程中，一週給自己1小時的空閒，藉此思考、策略並做些人生規劃，就可以讓自己喘一口氣，平靜下來，不致被忙碌的工作牽著鼻子走。久而久之，這樣的感覺也會滲透到生活中的其他面向。

你什麼時候才能為自己留出一小段時間呢？

在我們談論其他議題之前，你是否願意停下來回顧前述七個建議？其中有哪一個最適用於你目前的生活？為什麼這項建議特別值得關注？它對你有何益處？

第二步：找出你缺乏生命力的面向

這一步我們先前已經大致討論過，因為你已經做了相關的所有評估。在回答了「生命力評估測驗」的68個問題（第40頁）、「反自動導航」的52個問題（第209頁）、「意義評估」的27個問題（第273頁）以及其他一些問題後，你現在應該很清楚自己的狀況了。但我們還必須釐清一些細節，因為說自己的生命「缺乏意義」是一回事，但能不能明確指出你在生活中的哪一個面向有這樣的情況，又是另外一回事。

到目前為止，你生活中的各個面向分別位於「活力尺」上的哪一個位置呢？

◉ 工作／事業
◉ 家庭生活
◉ 朋友／社交生活
◉ 伴侶
◉ 健康／體能
◉ 靈性生活
◉ 娛樂／休閒
◉ 財務
◉ 個人成長

如果有一些面向充滿了生命力，那很好，請繼續保持。

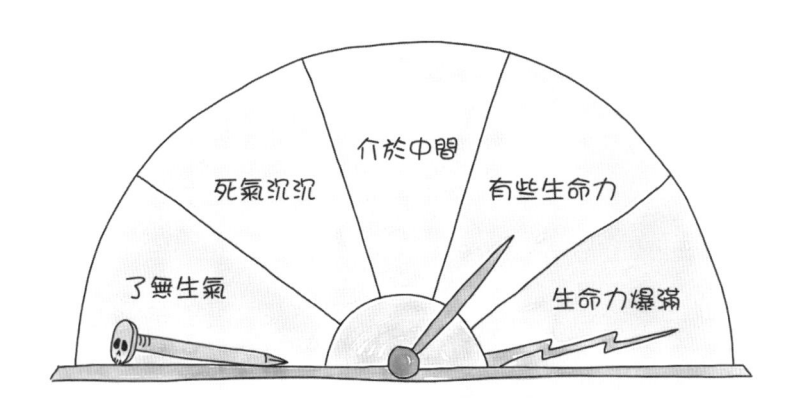

有哪些面向可以再增加一些生命力呢？你不必在這些面向都做出改變。如果有些面向還沒做好要處理的準備，不妨暫時擱置（例如剛生了小孩或剛就任新職，那就不用急著處理休閒生活）。

既然你了解自己在哪些面向缺乏生命力，就比較能夠擬定方案加以改善。

第三步：列出讓你感到後悔的事

　　記得我們在第六章中談到你可能會在臨終時感到後悔的事嗎？現在你可以把它們（無論大小）通通排列出來。記住，要特別著重那些後悔自己沒有去做的事情，而非後悔自己做了的事。

　　看看這份清單，有沒有發現你可能後悔的那些事情，和你缺乏生命力的面向有什麼關聯呢？我想兩者之間很可能有一定程度的關係。

　　在所有你可能會感到後悔的事情中，哪一些最讓你難受呢？它們是否值得你做出一些改變以免將來後悔？

第四步：離開雪花球

　　你應該還記得，在第七章中我們討論了習慣的害處：它會妨礙我們過著精彩豐富的生活。

既然要擁有良好的生活，就必須追求新奇、多樣化的體驗，因此得花一些時間想想，有哪些習慣和生活模式需要調整，以便讓生活變得豐富精彩，而非單調乏味。

有哪些習慣是你想要偶爾做點改變的呢？你打算如何改變？

以下這些點子或許有助增強你的好奇心與冒險性。

激發好奇心

- **列出感興趣的事情**，然後撥出一些時間加以了解。可以透過播客節目、TED演講、文章、訪談，以及和相關的專家喝咖啡等各種方式，更深入了解你感興趣的主題，也可以在能空出的時間內，上網好好的查些資料。

- **設計自己的學習表**。我有一位客戶，每個月都會選一個主題研究，還會寫筆記（甚至做PPT）總結他所學到的重點。或許你可以和一個對這個主題同樣有興趣的朋友一起鑽研，並且彼此分享研究結果。或是向你的同事報告。

- **注意周遭的環境**。想像這是你初次來到你所在的社區，試著用嶄新的眼光觀察周遭的事物。你的後院、你家所在的那條街道、轉角的商店和公園等地，有沒有你沒看過的東西呢？有什麼東西是被你視為理所當然或忽略的？

- **走一條與平日不同的路線**。當你開車到辦公室、送孩子去上游泳課、晚上騎腳踏車時，不妨試著走一條新的路線。新環境比較容易激發你的好奇心。

- **徹底研究即將到來的活動**。不妨安排週末時間，拜訪一座沒有去過的城市，或訂位一家很前衛的餐廳，並事先研究一下去那裡要做什麼或吃什麼。你要去的那個城市有什麼樣的歷史？它最有名的特色是什麼？那裡最好吃的早餐店是哪一家？至於餐館，不妨研究一下那裡的

主廚有什麼樣的背景、他們的酒單上有哪些酒,以及他們為什麼要取名叫「查理的醃小黃瓜專賣店」(Charlie's Cornichon Emporium)?

開始探險

當好奇心被激發出來後,你就可以開始探險了,但不一定要收拾行李。你想知道如何進行一次小小的探險,讓生活不致那麼單調無聊嗎?請記下那些能夠吸引你的建議。

- **養成說「好啊」而非「不,謝謝」的習慣**。當你說「好啊」時,就代表你已經打破慣性,願意嘗試一些新的事物。一開始時可能會感覺不太自在,但最後你可能會發現它挺有趣的,比方說:去一家南太平洋風格的酒吧、上八堂舞蹈入門課、去相親、接下一個眾人矚目的專案計畫、拜訪在底特律的高中死黨、星期五晚上去外面活動(不在家看電視)、偷偷溜到劇院的後台去、試著品嚐鰻魚、去學裸體畫等等。不過,當你拒絕參加那些會耗損能量,或侵犯你界限的活動時,千萬不要有罪惡感。要問問自己,眼前有哪些事情是可以試著做做看的。

- **空出時間蒐集點子**。在這個網路時代,沒有什麼查不到的東西。父母親那個年代只能在一無所知的情況下冒險,但現在我們可以事先做好規劃(儘管開著一輛旅行車、帶著一張地圖就上路或許更酷一些)。

你可以在 *Atlas Obscura* 上找到許多別具一格的探險活動（我的客戶就曾經和他們一起去越南參加一場「從河內到西貢的料理探險」）。另外，Google 也可以告訴你，你家附近或比較遠的地方有哪些新鮮事可做。你什麼時候可以空出時間來探索相關的點子呢？

- 列出「死前要展開的探險活動」。如此一來，當你很想要進行一些特別的活動時，就可以參考這張清單。如果你不事先把這些點子寫下來，等到星期六早晨發現自己有48小時可以運用時，可能會想不到自己要做什麼。請在這張單子上列出至少十二種活動，包括那些「便宜有趣的」（例如在本地的社區活動中心上一堂費用隨喜的冥想課程）以及「昂貴花稍的」（例如去巴塞隆納上侍酒師課程）。在研究了相關的選項後，你的單子上列出了哪些活動呢？

- 找個朋友一起探險。要獨自進行一場洞穴探險可不容易。你可以和一個同樣喜愛冒險的朋友約定，兩人輪流規劃每月一次的探險活動。你可以找誰呢？你想邀請多少人參加這個團體？你想為此製作會員卡嗎？

- 來一場「慢遊式的探險」。這指的是那種小火慢燉式的旅行和探險。如果你不愛太過刺激的活動（如高空彈跳），或許會喜歡那種放慢步調、深入接觸大自然，以及當地的環境與人文的沉浸式體驗。

- 在「事先規劃」和「隨興而為」之間取得平衡。如果你事先做規劃，會比較容易想到一些點子，但如果時時刻刻都依照事前的計畫行事，可能會覺得不太自由。我有位做事非常有計畫的客戶，後來決定不要在渡假前先做規劃（除了住宿之外），隨時隨地想玩什麼就玩什麼，結果她很享受那樣的過程。當你在開車前往某個目的地的途中，經過一座鄉村小鎮時，願不願意調轉車頭去看看那間小巧可愛的古董店？願不願意像我的某位客戶，在開車經過春田市前往芝加哥時，臨時決定駛下公路，去看看該州的首府？我希望有一天能和丈夫帶著行李到

機場，看著螢幕上顯示即將起飛的航班資訊，隨便挑選一個目的地，然後就飛到那裡渡個長週末。你要如何才能下定決心去冒險，並且隨興之所至四處遊走呢？你需要具備什麼樣的心態才能「走那條人跡罕至的路」？

☠ **留心那些偶然的驚喜。**舉個例子，你在一個收不到導航訊號的鄉下迷路，本以為這趟旅遊會很慘，沒想到卻碰到了一個販賣有史以來最棒的農產品攤位。在大自然中探險難免會遇到一些麻煩，因為你會經過一些地圖上根本沒有標明的地方，因此我們必須改變心態，把那些出錯的時刻，當成一個可能會讓你遇到驚喜的機會。你是否已經準備採取這樣的心態，把路上所出的差錯視為意外撿到寶的機會呢？

☠ **來個一日遊！**你為什麼不飛到邁阿密的南海灘（South Beach）去渡個假，然後當天就回家呢？你可以搭早上六點的班機，在一家很棒的旅館買一張游泳池門票，花幾個小時的時間在那裡游泳、閒逛並吃午餐，再搭最後一班飛機回家。二○二一年，我和丈夫在學術休假期間的最後一天就曾經這樣做過。我不得不說，那是我們生命中最美好的時刻之一。你可以去哪裡來個一日遊呢？即使不坐飛機，也可以搭火車或步行（這樣一毛錢也不用花）。

探險活動就像大多數我們想要的事物，是要主動追求的，它不會突然從天上掉下來。我們必須有決斷，有魄力，說走就走。

如果我們能將生命視為一場探險，發揮熱情，全力衝刺，便可以彌補生命的有限性。你要如何為自己安排各種具有冒險意味的活動呢？這些活動可大可小。小者就像請餐館服務生幫你決定菜色，大者就像傳簡訊給你的朋友們，告訴他們：「二月時請到貝里斯（Belize）來找我，因為那一整個月我都會在那裡遠距上班。」你難道不希望在生命的終點，回顧一生時看到的盡是精彩時刻嗎？有哪一個精彩時刻正等著你啟動呢？

> 踏遍大地，在它將你覆蓋之前。
> ——達戈伯特・魯內斯（Dagobert Runes）／美國哲學家

第五步：拓展生命廣度

現在，可否請你重溫第八章所寫的筆記。在此同時，讓我們看看你在第二章中對自己的生命所做的整體評估（第62頁）。在代表生命力的X軸上，你位於哪個位置？

你應該還記得我在做研究時發現：大多數的人都認為自己的生活「有意義卻乏味」，因此很希望自己能變得更有生命力。要達到這個目的，你不妨先參加一些能喚起熱情的活動，因為這樣通常會比尋求生命的意義更容易。況且，正如先前說過的，這類能夠提升生命力的活動，能幫助你找到生命的意義。

或許你已經發現自己有必要花一些時間與精力來提升生命力。或許你已經活得有滋有味，但還是想更有生命力。總而言之，無論你處於哪一個階段，以下這些點子或許可以幫助你拓寬生命廣度：

- 回想一下，何時有過「欣喜若狂、渾身是勁」的感覺。當時你在做什麼？和誰在一起？有什麼樣的想法？希望重新參加哪些活動？
- 允許自己嘗試新的事物。你可以試試感興趣的事物。例如學習葡萄牙語會話、學習刀工、為你在跳蚤市場買的椅子裝上椅墊，甚至塗藍色眼影等等，只要是沒做過而且不熟悉的事情都可以。儘管剛開始時，會感覺自己有些笨拙，但這又何妨？
- 記錄你嘗試過的新事物。當回顧之前嘗試過的新事物時，你一定會覺得很訝異，也會變得更有動力，甚至會讓你想要每週至少嘗試一種新的事物。你希望多久嘗試一次新的事物呢？要和誰分享成功的經驗？

我輔導過的幾個團隊，曾經彼此分享他們在週末時所拍的相關照片，以製造帶有一點競爭性的氛圍，以便鼓勵其他人也勇於嘗試。

☠ **試著重拾童年的愛好**，例如跳跳床、烘焙、和彈鋼琴。

☠ **讓自己處於正向的情緒中**，例如喜悅、愛、感恩、希望、平靜、感興趣、自豪、有趣、虔敬和受到鼓舞等。這類情緒所帶來的愉悅感往往會讓你更有活力。你最先注意到的是哪一種情緒呢？

☠ **查看「讓我快樂的事物」清單**。你可以下定決心每週至少做一件讓自己快樂的事（無論大小），例如傳簡訊給一個很久沒有聯絡的朋友，或在夜裡穿著睡衣跳舞。

☠ **第八章的重點整理**。請在那些仍然能夠讓你產生共鳴的點子旁邊做記號：

☠ 做你認為有價值的事。

☠ 多多走動。

☠ 找一個充滿生命力的榜樣。

☠ 抱著玩遊戲的心態。

☠ 打好人際關係。

☠ 運用你的第六感。

☠ 保持好奇心。

☠ 勇於追求你的人生。

☠ 刻意安排休閒活動。

☠ 重視你的嗜好。

☠ 規劃一些無厘頭的慶祝活動。

☠ 少看3C和社群媒體。

☠ 去渡假。

☠ 不要以為人愈有錢愈快樂。

☠ 採取比較健康的生活方式。

☠ 避開那些會耗損你的能量的人。
☠ 打破你的習慣。

你想做哪些事來拓寬生命廣度呢？請在以下列出一百件（十件也可以）。

拓展我的生命廣度的方式：

☠
☠
☠
☠

第六步：讓生命更有意義

除了快樂與活力之外，我們的生命也需要有意義，如此才能達到平衡狀態。請翻閱你在第九章所寫的筆記，看看哪些地方讓你特別有感。在生命力象限圖中那個代表意義的X軸上，你位於哪一點呢？

無論你的位置是靠近下方（感覺有點空虛、沒有目標），還是在最上方（感覺生命充滿意義），以下這些點子或許可以提供參考：

◉ 回想過去感覺生命比較有意義的時候。當時的情況和現在有何不同？

你現在可以做些什麼來找回那種感覺？
- 為每天早上醒來時所感受到的意義打個分數（1到100）。你要怎麼做才能把分數拉高兩分呢？
- 想想看你所認識的人當中，有哪個人的生活是充滿意義的。這個人有何特質？他是不是在生活和工作上都很有目標？是否樂於服務他人？是否與人有深交？是否致力於做某件事情？是否有靈性？是否樂於為別人付出他們的時間與金錢，並且經常微笑？他們有哪些地方值得你仿效？
- **不一定要有什麼「遠大」的目標**。意義與目標都是相對的。你不一定要創立一個全球性的非營利機構才算有目標。較小的目標也算數，例如：讓你所在的圈子裡的人，都覺得他們是其中的一份子。
- **假設你已經過世了**。你希望別人對你有什麼印象？你要做出什麼樣的改變才能留給後人那樣的印象？
- **聽取他人的意見**。你可以問一個信得過的家人或朋友，看他們認為你的生命有何意義。他們的答案可能會提供你一個新的觀點。也可能你會因此想要做出改變。你想問誰呢？
- 閱讀法蘭克的著作《活出意義來》（*Man's Search for Meaning*）。
- **列出第九章的重點**。請在你認為值得重溫的重點旁做記號：
  - 了解你的影響力（你已經造成的影響）。
  - 樂於付出。
  - 增強自我覺察力。
  - 不一味追求享樂。
  - 增強自己的歸屬感。
  - 多追求靈性事物。
  - 好好品味過去、現在與未來。
  - 主動接受挑戰。

☻ 擁抱痛苦、失落與不適。
☻ 探索那些令人心生敬畏的事物。
☻ 造福後人。

在第273頁的「意義評估表」裡你有特別注意到什麼嗎？有沒有哪些方面覺得特別膚淺？這或許是你可以優先加強的。反過來說，如果有某個方面讓你覺得很有（或有些）意義，或許可以更加投入那些活動。請列出你想用來讓生命更有意義的一百種（或十種）方法。

增進生命深度的方式：

☻

☻

☻

☻

最後一個問題：我們或許很容易分辨自己是否愈來愈有生命力，因為那種既開心又投入的感覺是明顯且容易感受到的。但要如何才能知道生命已經變得更有意義了呢？那是一種什麼樣的感覺？

第七步：有所期待（因為不該期待死亡）

依照正向心理學的說法，最能讓一個人感到快樂的方法之一，就是讓他有所期待。

當心中對某件事情（無論大小）懷有期待時，我們對生活的滿意度就會提升。例如我的一位客戶，對每天的下午茶時間就充滿期待，因為那是她可以休息一下、享受新鮮的爆米花並且玩字謎遊戲的時間。她每天都很期待下午三點鐘的來臨。這讓她每天下午都過得更加開心。

讓自己有所期待的方法

- ☠ **提早留出渡假的時間。**你可以事先規劃假期（無論是外出旅遊、在家渡假或一日遊），因為事前的準備過程和期待的感覺，幾乎就像實際渡假那般令人愉快。研究顯示，[10] 渡假前那種滿懷期待的感覺，往往比假期本身更令人開心（因為在旅程中我們可能會面臨皮膚被曬傷、護照遺失以及小孩吵架等麻煩，這是我們在規劃旅程時不會想到的）。在未來的十二月左右，你打算在哪幾天去渡假呢？打算安排什麼樣的節目讓自己有所期待呢？

- ☠ **提早安排未來的活動。**你可以在三月時就向親朋好友宣布，今年十一月時將會舉辦一個「感友節」（Friendsgiving）派對（如果你愛好此道的話）。這樣就可以提前品味打算準備的那些小點心。我有一名客戶總是利用那些好笑的節日（例如七月第三個星期三的「全國熱狗節」）來找樂子。他會辦一個熱狗派對，而且在那一整年當中，他和邀請的賓客都會滿懷期待。你可以安排什麼樣的活動，讓自己在事前充滿期待？

- ☠ **平凡的事物或許也值得期待。**不是只有一趟奢華的遠方之旅或年度盛事才值得期待。你的生活中那些原本就有但被你視為理所當然的美好

事物同樣也值得期待。我有位客戶，在經過一番省思後才意識到，每個星期五和孫子共度的時光對她來說非常重要，於是她便開始期待每週五的聚會。我和我的丈夫會事先規劃我們每個星期晚餐的菜色。當預定星期四晚上要吃披薩時，我那一整個星期都會懷著期待，考慮我要選擇哪些配料。你的生活中有哪些小事是可以期待的呢？

- **安排能讓你期待的事件或活動。**我會請我的客戶確保他們在未來7天、30天和365天內都有些事情可以期待。其中有位女士想了一個絕妙的辦法，讓她的生活充滿期待。她在日曆上註明，她哪一天要和朋友見面、哪一天要辦生日慶祝會、哪一天工作可以達成目標等，讓自己隨時都有些事情可以期待。現在請把日曆拿出來，看看下週、下個月或明年有什麼事情值得期待。如果沒有，這正足以說明，我們必須為自己創造一些可以期待的事物。你打算創造什麼呢？

請花點時間想一想，要如何規劃自己的生活，讓你有一些事件、經驗、聚會、大餐、節日或亞馬遜的包裹可以期待，讓你更有活力。你希望未來能期待什麼樣的事情呢？

擬定自己的小小願望清單

當你的人生願望沒有那麼宏大時，會比較容易實現。儘管大多數人都知道，絕不可能在死前實現所有心願，但如果我們擬定了一份遙不可及的人生願望清單，卻知道不可能實現，難免還是會有些氣餒。所以我們不妨許下一些小小的願望，讓自己比較有可能採取行動。

我曾經擬定無數個小小的願望清單，並且試圖達成其中幾樣（因為如果沒有寫下來，它們就只是一些夢想而已，不可能會實現）。我和丈夫在每個長週末、夏天、寒假和假期，都會從印表機裡拿出一張紙來，列出「我們想做的所有事情」。比方說，我們目前正在擬定在居家渡假時要做的事情，因為我們不久就要在棕櫚泉的家中渡假。如果不先把想做的事情列出來，很可能就會讓兩天的假期淪為一個平淡無奇的週末。我們需要把一些點子（例如去約書亞樹那座世界聞名的「鉤針編織博物館」）寫下來，才能確保真的會執行。

雖然是容易實現的願望，卻能造成很大的影響，讓我能過著自己想過的生活。我相信如果沒有擬定這些小小願望清單，或許早就被那些千篇一律的例行事務煩死了。

如果我們不想錯過自己的生命，就必須設法駕馭生命。不妨坐下來列出你想要實現的小小願望，而且務必要涵蓋實施的細節，讓自己可以逐項完成，並且對未來有所期待。以下是幾個例子：

- 今年七月要做的事（例如在後院露營、和孩子們一起捉螢火蟲、採草莓）。
- 渡假這一週要做的事（例如每天早晨在床上吃早餐、參觀馬雅廢墟、在海灘上一口氣跑五公里）。
- 寒假要做的二十件事（例如參加閱讀馬拉松、烘烤奶奶的「神祕小精

靈棒」、去市中心區看燈光秀）。
- ⊙ **秋天週末要做的事**（例如舉辦社區南瓜雕刻比賽、在那家可愛的鄉村客棧過夜、去攀岩）。
- ⊙ **這一年要做的工作**（例如舉辦十二場講習會、參加GPA考試、每一季做一次報告）。
- ⊙ **下一個生日到來之前要做的事**（例如做三十六次皮拉提斯、撰寫我的著書計畫、前往聖安東尼旅行）。

你的小小願望清單上有哪些願望呢？可以同時完成好幾項唷！

如果你也想擬一份傳統的人生願望清單，把在死前想完成的大事列出來，也很好。那份清單上的內容可能會有哪些呢？你有沒有可能從中得到一些靈感，以幫助你擬定自己的小小願望清單呢？

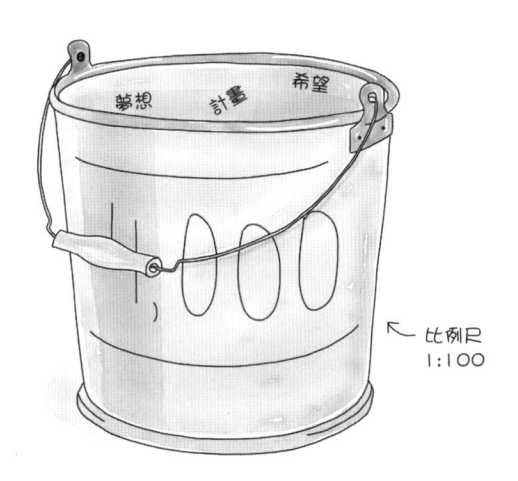

第八步：時時刻刻記住——你一定會死

廢話。

自從我們第一次談到，記住「你一定會死」這個概念以來，你是否時常想到它呢？現在且讓我們來很快地計算一下：自從上次算出你還有多少日子可活以來，到現在又去了幾個星期？如果減掉這些時間，還有多少星期可活？如果你對死亡的概念不像我那樣著迷，也沒有關係。只要稍微著迷就可以了。如果你不喜歡「著迷」這個字眼，是不是可以試著「尊重」它？對死神保持適當的尊重，可以嗎？

在二〇一〇年代，人們一直高呼YOLO（You Only Live Once）*，現在該是我們高呼YODO（You Only Die Once）†的時候了。在第三章中我們曾經談到如何運用一些小物和符碼來幫助我們記住死亡的必然性。除了當時提到的一些點子之外，你還有什麼辦法可以幫助自己記得呢？

◉ 我剛剛在Etsy網站上訂做了一個繡花枕頭，上面寫著「你只能死一次」。你要不要用活潑鮮豔的字體，在自己的枕頭上繡上「你快要死了」這些字樣？

◉ 也可以在一張便利貼上寫下「你將成為一具美麗的屍體」這樣的字眼，將它貼在浴室的鏡子上。

◉ 你的室內裝潢、鑰匙鍊、錢幣和服裝都可以用醒目的骷髏頭圖案來裝飾，讓來到你家或辦公室或看到你的錢包的人為之側目，還以為你是不是加入了某個信奉死神的教派。你可以趁機灌輸他們記住「你一定會死」的觀念。

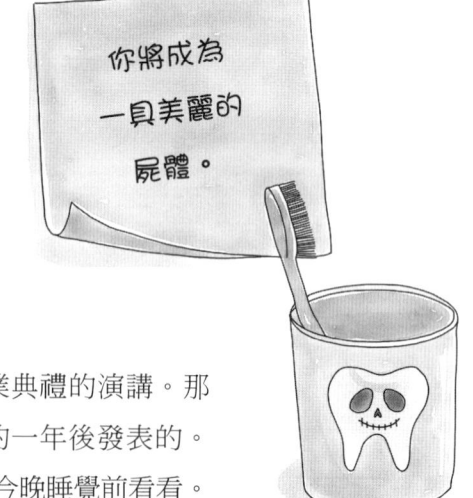

◉ 觀看賈伯斯在史丹福大學畢業典禮的演講。那是他在被診斷出罹患胰臟癌的一年後發表的。如果你還沒看過的話，不妨在今晚睡覺前看看。

◉ 拿出一張白紙，在上面畫一條直線。線的最左邊是起點，代表你出生的日子，最右邊的是終點，代表你死去的那一

---

* 譯註：即「人生只有一次，要活得精彩」之意。
† 譯註：即「你只能死一次」。

天。在這條線上畫一個驚歎號,代表目前你的所在位置,並且時時想到這個驚歎號。

☠ 當你需要一些動力的時候,不妨以下列的方式造句:「人生苦短,不_____就太可惜了_____」,例如「人生苦短,不試試這個做生意的點子就太可惜了」、「人生苦短,不雇用那個媒人就太可惜了」或「人生苦短,這次不去宏都拉斯賞鳥就太可惜了」。現在,就請你試著填空:「人生苦短,不_____就太可惜了」。

☠ 當你需要拋開一些沒有建設性的想法或停止無謂的行動時,也可以試著這樣造句:「人生苦短,幹嘛要_____呢?」,例如「人生苦短,幹嘛要擔心這場生日派對是否完美」、「人生苦短,幹嘛要一直和季立安這種像敵人一般的朋友在一起」或「人生苦短,幹嘛要在意湯姆最近升職的事」現在,就請你自己填空:「人生苦短,幹嘛要_____」。

☠ 最後一個問題:你是否仍在計算,你還有多少日子可活呢?你還剩下多少時間呢?

不得不說,這八個步驟你都做得很不錯。或許你已經解決臨終時會感到遺憾的那些事情,或許你目前正過著很豐富精彩的生活,那真是太棒了!或許你已經意識到,還需要在生命的深度上多下點工夫。這樣也很不錯。有些人可能已經很清楚這些步驟該如何進行,有些人則是滿頭問號。不要擔心,在本書的最後一章,你將有機會釐清你想做也需要做的事情。

我們的時間已經不多了(我指的是在這本書當中)!現在只剩下最後一章!我不知道你們有何感覺,我個人是挺難過的。那我們要怎樣充分運用剩下的時間呢?該如何慢慢品味?我們是否該辦一場派對?如果你帶萊姆過來,我就帶龍舌蘭酒。讓我們來辦一場史上最棒的狂歡會。

第十一章

現在該怎麼做

> 死亡是我們的朋友,因為它讓我們對眼前的一切懷抱著熱情,並且與大自然和愛同在。
>
> ——萊納・瑪利亞・里爾克(Rainer Maria Rilke)／德語詩人

終於到了最後「驗屍」這一章了。老實說,我心裡還真是百感交集,真不希望我們在一起的時間就這樣結束。或許你也有同樣的感受?

你:(用力吞口水)驗屍?
我:不好意思,你是在問我問題嗎?
你:(沒有回應)

是的,「驗屍」指的是檢驗一具屍首,以判定其死因,但我們在這一章要談的東西沒有這麼恐怖啦。至少,據我所知,你還沒死,對吧?所以我們不會解剖你的屍體,至少在接到通知之前不會。

這一章的目的,是為前面十章劃上一個完美的句號。在前一章中,你已經想出許多點子,現在我們必須把那些點子變成一個令人振奮,而且實際可行的計畫。當然,這個計畫無法讓死神不敢找上你,但至少可以讓他有些卻步。

那麼，我們要怎麼樣「驗屍」呢？尤其是在無法解剖屍體的情況下？你可以把這個過程想成是一場美好的葬禮：包含了深刻的省思、靈感、對未來的規劃，還有擁抱與喝酒。

在我們開始之前，可不可以請你先做十次深呼吸？我們在這裡規劃的是你的生命，因此希望你神智清醒、情緒穩定、各種官能都正常，並且抱持著開放的態度，準備試著改變你的餘生。

> **教練的話：忘卻存在 vs. 覺察存在**。哲學家馬丁・海德格宣稱：[1]我們的生活方式只有兩種，不是忘卻生命，就是覺察生命。
>
> 「忘卻生命」指的不是忘記自己把鑰匙放在哪裡，而是「向下沉淪」，活在物質世界裡，逐漸被生命消耗。
>
> 相反地，「覺察生命」指的是全然地覺察活著的感受、生命的脆弱性，以及要為自己的生活方式所負的責任。唯有抱持著這樣的心態，人們才有可能做出重大的改變，也才有可能活出令人驚嘆的生命。
>
> 希望你在規劃接下來要採取的步驟時，能進入這樣的狀態，具有強烈的意願並且積極主動。

我的真實面目

> 馬斯洛曾說:「如果你不打算充分發揮自己的潛能,很可能一輩子都不會快樂。」我們在這裡的目的不只是要防止你變得不快樂,還要幫助你充分發揮自己的潛能

請想一想,你到目前為止思考過的那些問題:你有什麼期望、有什麼夢想、擅長什麼、在意什麼、為什麼來到這世上。請你想像,當充分實現這些想望時,那是什麼模樣?會如何描述你最好的模樣?這樣的你會怎麼做?是什麼樣子?會怎麼說?會過著什麼樣的生活?

◉ 我最重視的價值是:
_____
_____

◉ 我最大的長處是:
_____
_____

◉ 我的生命目標/意義是:
_____
_____

◉ 我什麼時候感覺最有生命力:
_____
_____

☠ 在閱讀本書的過程中，最讓我引以為豪的是（包括做過的事、說過的話和想法）：
_____
_____

☠ 我已經拋開的限制性信念（例如關於自己、生命或他人）或已經不再相信的說法：
_____
_____

☠ 我目前所相信的正面想法（例如關於自己、生命或他人）是：
_____
_____

☠ 在讀了這本書後，我做了哪些事情強化生命力：
_____
_____

☠ 在讀了這本書後，我做了哪些事情讓生命更有意義：
_____
_____

☠ 在讀這本書的過程中，我對自己有了哪些意外的發現：
_____
_____

☠ 目前我認知中的真實自我：
_____
_____

我知道我曾經勸你在閱讀這本書的過程中，讓自己的想法慢慢萌芽，不必急著採取行動，因為我們都知道在最後一章會做個總結。但我也知道你很可能已經做了一些改變，因為你想過更好的生活。那麼，你在哪些方面已經有了特別自豪的成長呢？

必須記住的事

人生在世總會遇到陷阱。我們不能讓它們消失，但可以設法避開，以免脫離原本的軌道。請記住以下提醒：

- **不要給自己壓力**。我輔導過的許多人，都認為自己的生命缺乏廣度與深度，也不夠精彩。或許你也是這類對自己要求很高的人？但你要知道：唯先在評判你的就是自己。即使你過去一直在浪費自己的人生，日子過得死氣沉沉，但那已經是過去的事了。請將它一筆勾消，不要放在心上。你只有今天和未來可以採取行動。今天是你可以把握的機會，而昨天只不過是手機裡的一堆照片以及你幾乎記不得的回憶。至於明天，我一講可就沒完沒了。你要利用今天做出選擇。

- 你一定會經常偏離原本的計畫。這不是因為你是個魯蛇，而是因為你很忙碌，所以經常會被一些瑣碎的事情絆住（例如密碼需要重設、要

回答別人提出的尷尬問題,或者接下上司臨時交代的任務等等),以致無法過著你渴望的生活。但如果你心中有個藍圖,知道什麼才是最重要的,就比較容易回到原來的軌道。

☻ **聚沙成塔,集腋成裘**:要增進生命的廣度與深度,必須從小處著手,透過一點一滴的積累,才能造就精彩的人生。或許你膽識過人,喜歡大破大立,就像我的一名女性客戶。她有一天一覺醒來,就決定要辭去工作,搬到佛羅里達礁島群,並投注所有心血,在 Etsy 網路平台上開一家店,以滿足她創作藝品的需求。如果你也喜歡這樣,那就儘管去做。但請記住:大多數人都會偏向採取漸進的方式,來提升自己的生命力,例如不參加原訂的讀書會,而是待在家裡一邊泡澡一邊看書,讓自己有段必要的獨處時光。再舉一個例子,假設你決定每天早上起床後就喝一大杯水,然後當天剩下的時間再喝七杯,這看起來不是什麼了不得的努力,但對你的身心健康卻有很大的影響。這樣一個小小的改變,會在你不知不覺間產生複利效果,到最後你就會養成一個健康的習慣,每天早晨第一件事情就是去喝一杯水。說穿了,我們的生命就是由數個 5 分鐘的片段所組成。每天醒著的時間,就是由 192 個這樣的美好的小片段加在一起,最後形成了我們的一生。你要如何運用這些生命片段呢?

☻ **每個人對美好生活的定義都不相同**。對你來說,所謂的「精彩豐富的生活」或許是更努力工作或減少工作時數、多參加一些活動或少參加一些活動、為了學習而上更多的課程或少上一些課程,並且應用所學、多多與人往來或減少社交活動、改掉一些無趣的習慣或建立健康的習慣、花錢買經驗或存錢讓自己安心、設定目標或沉浸在夢想中等等。美好的生活完全因人而異。今天你心目中的美好生活到了明年此時,可能就不一樣了,而這意味著你正逐漸成長進步。

- **豪奢生活的迷思**。我喜歡過著認真、有目標的生活。這樣才不會覺得自己在浪費時間。但正如先前所言，這並不意味著必須像那些搭乘飛機環遊世界、吃魚子醬的億萬富翁一樣，過著富裕奢華的日子，因為快樂並非建立在豪華旅程、前排座位和美味食物上。應該說，這些東西都可以讓人開心，沒什麼不好。如果你可以負擔得起，那就盡情享受吧！但要記住：豪奢度日並非通往良好生活的唯一途徑。

- **不要和他人比較**。當我們拿自己的生活和他人做比較時，可能會感覺自己的生活並沒有那麼精彩。心志不夠強大的人，並不適合瀏覽社群媒體上別人尋歡作樂的貼文，尤其是其他人似乎都去超級時尚的咖啡廳喝咖啡，或搭乘私人噴射機四處旅遊，機上還有吃到飽的魚子醬。如果你不能從別人尋歡作樂的生活中得到啟發，那你還是少看一些3C吧。不和他人比較真的是一種福氣。

☠ **不要讓恐懼妨礙了你。**有些人會害怕自己真正想要的事物，於是便巧妙地對自己搞破壞（看看那些想要創業卻從未付諸行動的人……害怕被拒絕或害怕失敗，都會癱瘓一個人的行動力。關於這點，本人多少有些切身的體會）。我們可能會鄭重其事的宣稱：「有一天我將會……」，後來卻不敢付諸實行，因為要讓自己不失敗遠比讓自己成功容易多了。「希望與夢想的墓園」有一長串的候補名單，我希望你的名字永遠不會出現在上面。儘管心中害怕，但我們還是可以勇敢地追求自己的目標。想想從前你雖然心中忐忑不安，但還是勇往直前的經驗。你會發現你其實經常做一些困難的事。那麼，何妨再做一次呢？

☠ 「**自信地朝著夢想前進**。去過你想像中的生活。」亨利‧大衛‧梭羅（Henry David Thoreau）這句話向來是我最喜歡的名言之一。這或許是因為我一直在努力變得更有自信，也或許因為我贊同應該允許自己過我們所想像的生活。你是否也是如此呢？你想做什麼？過著怎樣的生活？想成為什麼樣的人？只要想想你在閱讀這本書的過程中所記的筆記，或腦海裡浮現的想法，就有答案了。希望你能懷著信心、振作精神、鼓起勇氣過想要的生活。

☠ 你可能還記得，在第七章中填寫過一份「讓你的生活更加精彩」的同意書（第196頁）。如果你像大多數人一樣，那可能需要允許自己做出更大的轉變。以下哪些是你需要允許自己去做的呢？

☠ 搬到海邊（任選一座海岸）。

☠ 終止一段沒有愛、也沒有生氣的關係。

☠ 辭掉一份沒有前途的工作。

☠ 在沒有伴侶的情況下再生一個小孩。

☠ 從你辛苦創立的公司退休（或把它賣掉，或送給別人）。

☠ 疏遠一個不投契的朋友。

- 離開教會（或任何一個不適合你的機構）。
- 裝修你的廚房，即使你的兄弟姊妹沒什麼錢。
- 離開你已經任職多年的那個理事會。
- 回到學校讀一個學位（無論你幾歲，只要你頭腦還清楚）。
- 整修自己門面（如果這樣能讓你更有自信、更開心）。
- 開始兼職做個自由工作者。
- 去跑步（或走路）45分鐘（當孩子抱怨你為什麼不在家幫他們準備微波三明治的時候）。
- 去做你想做的任何事情（只要有分寸、不犯法就行）。

現在該是愛自己的時候了，因為你做了該做的事，並且遠離那些該捨棄的事物。

我希望你能注意，不要一不小心就讓生命溜走，不要隨波逐流，而是善用才能和這個世界分享你的特別之處，多吃一點培根、乳酪或巧克力，去你已經在Google上查了無數次的地方旅遊，不要到了生命的終點才感覺自己沒有好好生活。

或許你希望做一些小小的調整，讓自己的生活更精彩。或許你想要有個脫胎換骨的大轉變。正如先前所言，你想過什麼樣的生活，完全由自己決定。那麼，你選擇過什麼樣的生活呢？

一旦選擇，就要堅持

現在，一切就要見真章了！你要挑選一件你想做的事，然後開始規劃，以便真正做到，避免它成為一個永遠不會實現的夢想，讓你的生命逐漸枯萎（我們都知道被擱置的夢想會導致靈魂的癌症）。

在開始之前，請你告訴自己：

☠ 我值得這麼做。

☠ 我希望在死前好好生活。

☠ 我還有＿＿＿＿＿＿天可活，我要充分利用這些時間。

☠ 我不要對目前的生活感到自滿。

> **教練小語**：自滿是無聲的殺手（好吧，高血壓也是啦）。自滿會澆熄你心中的火焰，並且導致遺憾。正如我們所知，遺憾是死神最愛的東西。我們必須去除自滿的心態，以免生命遭到扼殺。無論哪一天，只要採取行動，認真生活，而不光是活著，那便是你的勝利，也是死神的挫敗。今天是勝利的日子，因為你正積極地規劃如何充分運用時間。我對你的將來充滿期待。

選擇一件事來做

關於你的生命，今天要做出何種選擇？

在經過這麼多的思索，做了這麼多評估後，你是否想拓寬生命廣度，讓它變得更加精彩豐富？還是使它變得更有意義呢？這或許可以幫助你找到要聚焦的重點。

我知道你的作風：你想在生命中刮起一陣旋風。在我的激勵下，你可能會想要開始進行三十三件從未做過的事。我雖然認同你的感受，也知道你為什麼想要做得比預期更好，但如果只選擇一件事並且一直做下去，你將會比較能夠持之以恆。沒錯，一件就好了，哪怕是小事也行。有一句古老的諺語：「如果同時追逐兩隻兔子，往往一隻都抓不到。」這句話提醒我們要專

注、聚焦並且把事情簡化。

　　我曾經輔導過一個覺得自己的生活「有意義但乏味」的女性。她熱切地想要提升生命力，於是便一頭栽了進去。她以為光選一件事（例如在星期二傍晚打一場刺激的匹克球）來做，太像B型人會做的事了，於是便同時做了八件事：她報名法語課，安排一天和姊妹們一起做波蘭甜甜圈，把她的客廳和餐廳漆成「萬歲洋紅」色，把運動時間從晚上改為早上，請爸媽把她的薩克斯風寄來，以及報名非洲草原旅遊團等等。我還沒說完，就已經累到不行了。可想而知，她也覺得很累。她承認，她的薩克斯風好幾個星期之前就寄到了，但還沒把箱子打開呢。所以，你要小心，不要讓這種事情發生在你身上。要控制節奏。

　　只要一些小小的舉動就能讓生活變得更好。這些小事可以彌補先前對自己生命的虧欠。我們需要證明自己確實有心認真生活。舉例來說，你可以先從逛現代藝術博物館開始，或讓自己變得更有好奇心，查查某個字的字源。在做這些事情時，我們可以表揚一下自己：「耶！我的生活變得更豐富了」，然後就可以開始做下一件事情，例如每個星期利用三個早上的時間跟著APP進行冥想。

　　當你已經證明能夠做到自己所選擇的事（例如一個星期有兩天在晚餐前散步），讓自己的生命變得更有活力時，你就可以往上疊加，開始做別的事情。重點是：你的行動要實際可行並且持之以恆。如果你追求生命力，到頭來卻搞得自己不勝負荷，變得像具殭屍一樣，那就太諷刺了。

　　即便你想做個徹底的改變（例如把所有的家具都賣掉以便籌錢移居海外），你還是可以一次一件，按部就班的完成。

　　現在，就讓我們把重點放在所選擇的這件事上。在所有你認為可以成長、發展、改變，讓生活逐漸變得更好的事情中，有哪一件最特別呢？

你：（有點喘不過氣來，額頭上微微冒汗）我的筆記上有很多點子和夢想耶！我該選擇哪一個呢？

我：做選擇確實是一件很不容易的事！我很高興你面對這麼奢侈的一個問題。不過我明白你的感覺可能像是面對一桌子甜點，卻不知道該從何下手！

讓我們再談談甜點。

要你從這些點子當中選出一個，就像是從食品儲藏櫃裡拿出750種材料，把它們放在流理台上，看看要如何做出一些什錦布朗尼一樣。你面前有各式各樣的材料（各種目標、打算、夢想、希望，或許還有在第一章和第十章之間想出來的一些還不太成熟的計畫）。每個看起來都很甜美可口。

面對這麼多想做的事（例如在死前造訪全世界的195個國家），你可能會不知從何下手。沒有關係，只要先選擇目前你認為最重要的那一個就好了，其他的都可以慢慢來。我們再以做布朗尼來打比方，有些材料很適合放在布朗尼裡面，有些則不太搭。無論是巧克力脆片、花生醬、杏仁、乃至蝴蝶餅都可以放在一起，做成很棒的布朗尼。但火雞肉乾就不太行了，或許下次再放吧！

看看擺在流理台上的那些材料（即在第十章寫的那些摘要筆記），你可能會本能地把某些東西拿開，下次再用。現在，請想一想以下這些問題：

☠ 在時間有限的情況下，最想做哪件事呢？

☠ 哪些點子讓你光想就覺得興奮、渾身是勁？

☠ 有哪些事情做起來並不容易，讓你有點害怕，但你知道一旦做到了就會很有成就感？

☠ 有沒有哪一件事情是可以輕易做到，所以可以先做，以便讓你有動力繼續前進？

- 你想到的那件事,是否其實是由兩個部分組成?或許可以把它拆開,這樣比較容易做到?
- 你所選擇的這件事,是否能增進生命的廣度與深度?

以上這幾個指標供你參考。你可以從中得到一些線索,看看要做出什麼樣的選擇。以下有一些範例……

- 或許你想參加澳洲大堡礁的水肺潛水之旅。
- 或許你想和那個不知何故逐漸疏遠的朋友重修舊好。
- 或許你想完成那幅被擱在地下室角落的水彩畫。
- 或許你希望每天吃一些綠色蔬菜。
- 或許你想回到教會,這樣就有個地方可以告解。
- 或許你要做的事情就是申請攻讀時裝設計課程。
- 或許你想請上司幫你加薪。
- 或許你終於決心要試做那道南非咖哩肉末。
- 或許你想到費城觀賞最喜歡的樂隊的演唱會。
- 或許你想要開始做伴侶諮商。
- 或許你決定凍卵。
- 或許你想和老闆談談,是否可以一個星期只工作四天。
- 或許你想參加禁語靜坐營。
- 或許你想要出其不意地去探視86歲的老爸,給他一個驚喜。他一直很體諒你,知道你工作很忙,可是他看到你會很高興,而你也很想看看他。

在下個星期之前,你想做什麼事來讓自己更有生命力呢?你可以寫在這裡:

```
       你所選擇的一件事
    
    
    
    
    哇,這感覺真棒!
```

　　在你做到這件事之後,還想做哪些事呢?不過,請你先跟著我唸一遍:「這些都要等到以後再說,我不會在今天之內把它們通通都做完。」

　　太棒了!或許可以把這份清單的內容謄寫在冰箱的白板上,以提醒你有那麼多好事在等著你呢!

　　現在我們要來談談如何開始做你選擇的那件事,因為光有夢想,沒有計畫是不行的。

如何進行

　　你的小小願望清單上,列出了許多能夠讓你開心並充滿活力、可以增進生命廣度與深度的點子,接著你又選出了要優先進行的事。那接下來該怎麼做呢?如果你不做出一點努力,這些計畫和點子必然不可能實現。那麼,積

極努力生活和光有想法但終其一生都沒有實現願望的人，又有什麼不同呢？

「通往地獄之路，皆由諸多良善的意圖所鋪成。」這點我很清楚，因為這是我的寫照。我得非常努力才能將許多夢想付諸行動，我很容易在有了夢想之後因為忙於生活而遲遲沒有採取行動，並因此悔恨。你知道要讓自己採取行動的祕訣是什麼嗎？其實說穿了就一點兒也不稀奇，那便是：

你的日曆。

唯有在日曆上規劃，想做的事情才有可能實現。我知道這方法聽起來無趣極了，但如果不這麼做，如何能夠把想法化為實際的行動呢？你要如何實現要做的事呢？你要如何逐一實現小小願望清單上的夢想，且不致把所有的時間都耗在生活中大大小小的事務上？所以，當你選擇要做的事之後，就必須將它列入你的時間表。

當然，在規劃時間表時，你得留下一些彈性空間，而非嚴格死板、不容變通。如果你把計畫寫在日曆上，就可以擠出更多時間做你認為重要的事。

如果你想坐在爐火邊，一邊喝南非國寶茶，一邊看科幻小說，享受生活中美好的片刻，就必須先做規劃，寫在你的日曆上，和自己訂個約會，否則這樣的時光是不會憑空掉下來的。

假設你認為當務之急，是強化你和朋友之間的情誼，那麼你有兩個選擇：

第一個選擇：什麼也不做，沒有刻意和任何一個朋友親近（因為當你既忙碌又疲倦的時候，很容易產生惰性）。

第二個選擇：活用日曆規劃你和朋友交往時間，例如在星期五下午用FaceTime和某個朋友聊天、在下星期四和死黨在酒吧參加問答比賽，或預定六月十九日和你並不討厭的那對夫婦一起去白山山脈健行。你和朋友之間的情誼是否能夠增長，關鍵就在於有沒有安排時間和他們在一起。

想多做點運動嗎？那就每個星期留出兩、三個時段運動，或者找個健身教練，請他每個星期三上午幫你上一堂課。想要推動一項令你興奮的工作計畫嗎？就在工作日預留幾個時段，以免同事強迫你跟著他們一起開會。想要讓自己有所成長嗎？那就報名上課，並且真的上完所有的課程，就像我的一位客戶那樣（她為了成為一個經過認證的營養教練，每週特地抽出兩個晚上的時間，在睡覺前上1小時的線上課程）。想過著令人讚嘆的生活嗎？那就不時抽出幾個小時讓自己的生活更豐富、更有意義。

豐富精彩而有意義的生活不會從天而降，因此你必須騰出時間做自己想做的事。比方說，留給自己星期六下午三點到五點的時間。

我有一位客戶，在日曆上用最喜歡的鮮豔海藍色標示出她的「活力時間」。她說，如果她一眼看過去，發現有哪一個星期沒有用藍色標出的活動，她就知道必須做調整了。

據我所知，如果我們不希望自己過著平淡無奇的日子，唯一的方式就是花一點心思，想想要如何讓日子變得好玩且有意義。你可以為自己留出一天或一個週末的時間做些什麼呢？

現在，請看看自己的日曆。你可以在什麼時間做想做的事，讓自己每天、每個星期和每個月都過得開心呢？在下一個星期到來前，你可以安排什麼樣的活動？

不要再等了，現在就開始生活

> 讓我們假裝自己已經到了生命的盡頭。無論什麼事情都不要再拖延。
>
> ——塞內卡（Seneca）／古羅馬哲學家

你現在正處於一個關鍵時刻。你已經知道該如何過好餘生，你握有自己人生考題的答案，可以在未來的人生一路高分通過。你知道自己想要什麼、下一步該做什麼。你很清楚接下來的每一步，毫不困惑。

然而，人生不免會出現各式各樣、大大小小的差錯，然後你可能就會先擱下想做的事，等到以後再說。

除此之外，你也可能會喪失勇氣，不敢申請那筆獎學金，不敢約心儀的女孩，不敢試穿跑鞋，不敢打電話給陌生的大客戶，不敢剪瀏海。

所以，請你聽我一句勸。

採取行動！在你還來不及打消念頭時就趕緊做！如果你一直把計畫延到「明年夏天」或「工作比較不忙的時候」，你可能不會有什麼感覺，但終有一天你會面對死亡。不要擱置那些會讓你

新聞快報

在你打消念頭之前趕緊做

感到喜悅的事情。不要等到快要來不及的時候，才開始生活，因為你可能活不到那個時候。

等到最後一刻才做該做的事（就像你每次報帳或付信用卡費那樣）也是一種生活方式，但是如果你已經讀到這一章，你應該知道那不是你想要的生活。

> 哲學家威廉・詹姆斯（William James）曾說：「拖延是生命的殺手。世上最令人疲累的，莫過於一件未完成的工作。」我們來到這世上，不是為了拖延或扼殺自己的生命。如果你想要過著充滿興味的生活，就應該採取行動，讓自己更有活力，而不是一味的把想做的事情往後拖延。

你：你到底想說什麼？
我：（跪在地上，像個傳教士般大聲的說）不要把生命封存起來！

下面這些話你聽起來是不是很熟悉？

- 退休後，我們就去克羅埃西亞海岸旅遊。
- 等到工作不那麼忙的時候，我就要蓋一間屬於自己的工作坊。
- 等到我對自己的外觀更有自信的時候，我就要開始約會。
- 我打算等孩子們上大學之後，就開始寫作。
- 一旦天氣好轉，我就要開始利用午餐休息時間去散步。
- 我為傑服喪期滿後，就會報名參加那個旅行團。
- 下回我們舉辦大型的慶祝會時，就會打開那瓶好酒。
- 等忙完這個收購案後，我週末就不再工作了。

- 總有一天，我要去動物收容所當志工。
- 等我比較有經驗的時候，就會開始和相關的人士面談，收集資料，準備找份新的工作。
- 等到我感覺自己的身材夠好時，就會再度開始穿短褲。
- 明年感恩節的時候，我會去探望阿姨。
- 升遷之後，我就會報名那個線上課程。
- 如果我能在聖誕假期前，和哥哥冰釋前嫌就好了。
- 等到我們的生活比較安定後，就會帶全家人到富士山和東京旅遊。
- 等到我可以申請學術休假時，就會開始撰寫俳句詩集。
- 等我比較有空的時候，就會再度去上中文課。
- 我希望有朝一日能從事簿記的工作。
- 好了，我不能再舉例了，否則會一直講個沒完。

　　我們很容易把生命視為理所當然，並且總是把美好的生活留到「日後」，因為我們以為「日後」一定會到來。但你說不定下個週末就死了，去克羅埃西亞旅遊的計畫就跟著你一起進棺材。你想等到學術休假時再撰寫俳句集？或許還沒等到上司准假，你就沒命了。我聽起來口氣很兇，對吧？

　　你希望我的口氣溫和一點嗎？好吧！你想蓋一間工作坊？如果等太久，你的風溼性關節炎可能會惡化，讓你根本做不了木工。想等到升遷之後再去上課？萬一那門課程可以幫助你升遷呢？或萬一你根本就沒有機會升遷呢？那是不是就不要上課了？你想等到工作比較不忙的時候再去東京（奇怪，我們為什麼常常會欺騙自己，認為工作有一天會變得輕鬆一些呢？），萬一你真的等到了「適當的時間」，也去了東京，但那時你可能已經67歲，根本沒有體力做想做的事（爬富士山確實需要一定程度的體力），那該怎麼辦呢？又或者在你還沒抵達，富士山就已經爆發了（因為它是一座活火山），那不是很慘嗎？

有哪些事情是你想做卻遲遲未做,而且你在棺材裡一定會為此而感到極其後悔的呢?梭羅曾說:「你不該推遲任何事情⋯⋯要做就立刻做,否則就會錯失良機。你必須活在當下,把握每一個機會,在每分每秒中找到自己的永恆。只有傻子才會站在機會的島嶼上,看著遠處的陸地。其實那塊陸地並不存在,生活也捨此無他。」²

等等,你說什麼?「那塊陸地並不存在,生活也捨此無他」?但是我們將來總有一天會變得更有成就、更有見識、更成功、更討人喜歡,我們的生活也會變得更豐富、更有意義呀!不是嗎?確實,有些人總是巴望著將來美好的生活會在某個地方等著我們,黃金年代就會到來。

但這都是狗屁。

千萬不要等待。

今天晚上就把你家最好的那一套碗盤拿出來用。今天就開始設計你的書法生意網站。今天就展開生命的第一章(因為你永遠不會知道,什麼時候會到最後一章)。無論你身上的牛仔褲有多緊,今晚就開始透過網路交友吧。無論你的工作有多忙,今天就去報名那堂「美味點心」課吧(因為工作永遠做不完的)。無論在一週哪一天,只要你很開心自己還活著,就把那瓶上等的好酒打開吧。

你還在等什麼呢？趕緊做想做的那件事吧，以免因為自己的惰性、受傷、生病、倦怠、上司，甚至你被閃電擊中等等原因，而做不成。不要等。

死後回顧

你願不願意看在我們的交情分上，跟著我做最後一次練習呢？（你當然願意囉！你現在已經開始過著精采的生活，願意嘗試各種新事物，而且我們在一起這麼久，你拒絕我似乎也有點不太禮貌吧。）這一回，你就配合一下吧。

1. 在你的生活中，最自豪的是哪些部分？為什麼？
2. 你曾經因為修正自己的人生方向，而避免了那些憾事？
3. 當你在人生中迷失方向時，曾經做出哪些改變？
4. 可不可以舉出一些例子，說明你的人生有多麼豐富精采？
   （可以想像一些可能沒有做過的事情。）
5. 可不可以舉出一些例子，說明你的人生多麼有意義？
   （同樣的，可以想像一些沒做過的事。）
6. 是什麼因素讓你熱愛生活？想一想，它有什麼特別的地方？
7. 你這一生曾經愛過誰？喜歡什麼？
8. 為了讓那些還活著的人認真生活，你對他們有什麼忠告？
9. 既然你已經死了，你希望在別人眼中是一個什麼樣的人？

在你離開之前

瞧，你已經讀完這本書了！現在的你看起來多麼有生命力呀！你已經活力滿滿，準備要認真投入生活了。我們要為你舉辦一個慶祝會。

在這趟旅程中，看了這麼多文字，有了這麼多想法，做了這麼多思考，體驗到各種情緒與存在的焦慮，現在你已經明白人生中，最重要的事是什麼，知道下一步要做什麼，也誓言要採取行動。你已經開始為這個只有一次、無法重來的人生負起責任。希望你因此感到自豪。

還有那位正坐在餐桌主位大啖美食的死神。他尤其為你感到驕傲，因為你見到他時並未試圖自殺，也因為你在這幾章裡面都表現的很勤奮。他正在舉杯向你致意，以便提醒你：你終有一天**還是得死**呢！

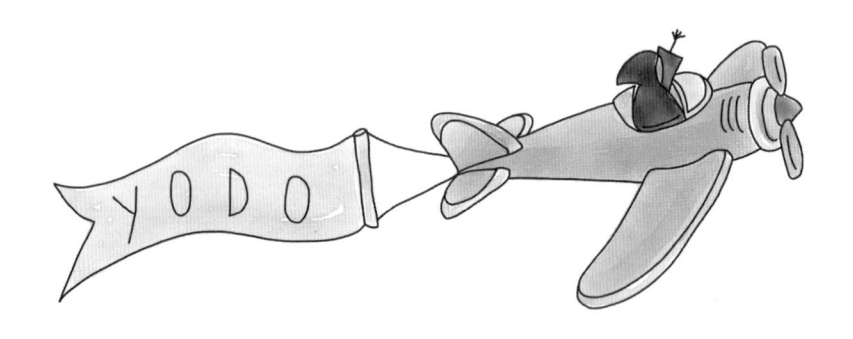

套句海明威說過的話：[3] 所有動人的故事都以死亡告終。

邀請死神進入我們的日常生活，而非躲避他或到最後才出乎意料之外的遇見他，這對我們有什麼好處呢？我發現：如果我們不想浪費生命，最好、最聰明的方式莫過於，記得「你一定會死」。這樣我們才能將眼光聚焦在那些重要的事物上。

我們需要數算自己還有多少日子可活，才會猛然警醒，開始認真的生活。你的時間就像萊姆口味的奶油夾心海綿蛋糕一樣，不知不覺就不見了。

死亡會提醒我們要好好生活。當想到生命短暫時，就會珍惜自己幸而得以擁有的一切，並且想知道：「接下來還可能會怎樣呢？」死亡是我們面臨的最大生存困境。在面對這樣的困境時，我們會強烈感覺到自己應該充分利用剩餘的時間。

沒有人能夠長生不死。我們最終都會到同一個地方（不，不是麥當勞的得來速，不過如果你剛好在那裡排隊，可以幫我買一份大薯嗎）。正因為我們的生命短暫，因為不知道死神何時會現身把我們帶走，我們才會認真看待生命。

在這匆忙而有限的人生中，你可以迷迷糊糊、打發時間，也可以認真生活，並做出讓生命更有廣度和深度的選擇。

我希望你能長命百歲，但這是我在這場為你舉辦的派對上說的醉話。我真正希望的是：不要浪費生命，過著你在看過這本書後，理想中兼具廣度與深度、豐富精彩的生活。我知道你渴望的很多，而我也真心希望你都能得到。

當你不再將生命視為理所當然，就完全有可能活出你想像中的人生。明天不一定會到來。你只活一次，也只死一次。因此，你應該去過你在臨終回顧自己的一生時，會感到驕傲的人生。讓我們把握剩餘的時光吧。

現在⋯⋯你是否已經規劃好想做的事情了呢？還沒嗎？趕緊開始規劃吧。

然後去吃一塊布朗尼。

謝辭

謝謝死神和我喝了許久的咖啡，讓我有時間把這本書寫完（我已經把這本書獻給你了，死神，所以我就不再拍你馬屁了）。

謝謝那位讓我敬畏的經紀人Laura Mazer。Laura，我何其有幸能得到你的首肯，願意和我合力撰寫這本以死亡為動力的書（當我們第一次透過電子郵件聯絡，我因為自己可能太過興奮而向你道歉後，你說：「那些不曾嚐過喜悅與熱情滋味的人才能保持冷靜。」當時，我就知道我們兩人會很合得來）。我希望我能像你一樣超級精明、慷慨、熱情洋溢，但同時又出奇地平靜安詳。

謝謝Voracious了不起的編輯Thea Diklich-Newell。聰明的Thea（如果你不是那麼可愛的話，我簡直會被你嚇到），做事出奇地有效率（你在刪減我那些多餘的文字時，用的似乎是手術刀，而不是切肉刀），頭腦出奇的聰慧明智（你可以把這個詞刪掉嗎？我在考你呢！），做人出奇的體貼（總是顧全我的創意），個性也出奇的酷（從你身上那謎樣的墓碑刺青就可以看出來）。

謝謝Voracious / Little Brown的一流團隊：

- 謝謝Katherine Akey強而有力的行銷工作以及Lauren Ortiz所做的宣傳。感謝你們忍耐我這個菜鳥所問的各種問題，也謝謝你們的鼓勵、創意以及幕後所流的血汗與眼淚（希望血、淚不要太多，但出點汗倒是無妨）。你們兩人的工作看似毫不費力，但我知道事實並非如此。

- 謝謝Pat Jalbert-Levine引導這本書通過各個出版階段（例如審稿、設計和排版）。謝謝團隊成員Matthew Perez、Carol McGillivray和Emily Baker的努力。我敬佩你們對細節的執著，也很高興從你們那裡學到Shit-disturber應該寫成shit disturber才對，因為連字號是很重要的。
- 謝謝Kirin Diemont在設計方面的建議（因為我在製作封面時簡直害怕的六神無主，但又不想被人看出來）。
- 感謝Ghenet Harvey為本書製作有聲書，感謝Finlay Stevenson（世界發音冠軍）的指導。感謝媒體部的Sebastian Zetin和Jerry Maybook在技術方面的支援。

謝謝DEY的團隊成員（Rimjhim、Andy和Jessica）幫忙宣傳這本書。和你們這些既專業又好相處的人共事，真是令人開心。你們是真正的好手。感謝我們之間建立的每個連結。我要請你們喝一杯白色俄羅斯。

謝謝本書中提到的所有人。你們的經驗讓我們想要在餘生設法增進生命的廣度與深度。也謝謝我在書中所引述並提及的許多研究人員與專家。你們所做的工作值得被發揚光大。

謝謝我的朋友和客戶。你們不但為我加油打氣，也會好奇地提出各種問題，傳送滿是表情符號的活潑簡訊給我，還關心我會不會在寫作這本書並且兼任繪圖工作的過程中死掉。

謝謝我86歲的爸爸（他說他已經多活了416個星期，因此每活一天就賺一天）。爸，我知道您關心我，但您對這本書感興趣和參與的程度（您不僅鼓勵我寫信給出版社，詢問他們是否願意幫我出書，當我在線上幫您預購一本時，您還寄現金給我）仍出乎我的意料之外。知道您以我為榮，讓我非常開心（我知道您看書的時候常會睡著，所以我並不期望您真的看完這本書。就算您把它當成門擋，我還是很愛您）。

謝謝我的老貓安迪（它應該有三隻爪子都進了棺材）。你雖然經常賴在

我懷裡（那裡原本是我要放筆記型電腦的地方）不走，妨礙了我的工作，卻讓我很開心，所以咱們就扯平了。

　　謝謝我的丈夫。你是我之所以想要活得更有廣度與深度的真正原因。我簡直等不及要和你一起變老，一起進棺材。希望我們住進養老院後，仍能記得一起共度的精彩而充實的人生。在你的陪伴下過了1,400個星期後，我感覺已經擁有所想要的一切。讓我們一起對抗死亡的到來。

參考資料

第一章　死前驗屍：你的人生

1. Cantril, H. (1965). *The pattern of human concerns*. Rutgers University Press.
2. Deaton, A. (2008). Income, health, and well-being around the world: Evidence from the Gallup World Poll. *Journal of Economic Perspectives*, *22*(2), 53–72. https://www.aeaweb.org/articles?id=10.1257/jep.22.2.53
3. World Happiness Report. (2023). *World happiness report 2023*. https://worldhappiness.report/ed/2023/
4. Sheldon, K. M., & Lyubomirsky, S. (2021). Revisiting the sustainable happiness model and pie chart: Can happiness be successfully pursued? *Journal of Positive Psychology*, *16*(2), 145–154.
5. Gallup. (2023). *State of the global workplace: 2023 report*. https://www.gallup.com/workplace/349484/state-of-the-global-workplace-2022-report.aspx
6. Hamarta, E., Ozyesil, Z., Deniz, M., & Dilmac, B. (2013). The prediction level of mindfulness and locus of control on subjective well-being. *International Journal of Academic Research*, *5*(2), 145–150.

第二章　你想讓自己置身何處？

1. Kaplan, D. M. (1984). "Thoughts for the times on war and death": A psychoanalytic address on an interdisciplinary problem. *International Review of Psycho-analysis*, *11*(2), 131–141.
2. National Institute of Mental Health. (2023, July). *Major depression*. https://www.nimh.nih.gov/health/statistics/major-depression

第三章　與死神約會：認識生命的終點

1. United Nations. (2023). *Population division*. https://www.un.org/development/desa/pd/
2. Roser, M., Ortiz-Ospina, E., & Ritchie, H. (2013). *Life expectancy*. OurWorldInData.org. https://ourworldindata.org/life-expectancy
3. Covey, S. R. (2020). *The 7 habits of highly effective people*. Simon & Schuster.
4. Dweck, C. S. (2006). *Mindset: The new psychology of success*. Random House.

5. Kurtz, J. L. (2008). Looking to the future to appreciate the present: The benefits of perceived temporal scarcity. *Psychological Science*, *19*(12), 1238–1241.
6. Singh, R. R. (2012). *Death, contemplation, and Schopenhauer*. Ashgate.
7. Schumacher, B. N. (2010). *Death and mortality in contemporary philosophy*. Cambridge University Press.
8. Duckworth, A. (2016). *Grit: The power of passion and perseverance* (Vol. 234). Scribner.
9. Emmons, R. A., & McCullough, M. E. (Eds.). (2004). *The psychology of gratitude*. Oxford University Press.
10. Moon, H. G. (2019). Mindfulness of death as a tool for mortality salience induction with reference to terror management theory. *Religions*, *10*(6), 353.
11. Inforum. (2023). "Doug died": Fargo man has the last laugh. https://www.info rum.com/newsmd/doug-died-fargo-man-has-the-last-laugh

第四章　致命的否認：避免存在危機

1. Becker, E. (1973). *The denial of death*. Macmillan.
2. Proulx, T., & Heine, S. (2006). Death and black diamonds: Meaning, mortality, and the meaning maintenance model. *Psychological Inquiry*, *17*(4), 309–318. https:// doi.org/10.1080/10478400701366985
3. Yalom, I. D. (1980). *Existential psychotherapy*. Basic Books.
4. Snape, J. (2023, September 14). "My ultimate goal? Don't die": Bryan Johnson on his controversial plan to live for ever. *The Guardian*. https://www.theguardian .com/society/2023/sep/14/my-ultimate-goal-dont-die-bryan-johnson-on-his -controversial-plan-to-live-for-ever
5. Iverach, L., Menzies, R. G., & Menzies, R. E. (2014). Death anxiety and its role in psychopathology: Reviewing the status of a transdiagnostic construct. *Clinical Psychology Review*, *34*, 580–593.
6. Cicirelli, V. G. (1998). Personal meanings of death in relation to fear of death. *Death Studies*, *22*(8), 713–733.
7. Gesser, G., Wong, P. T. P., & Reker, G. T. (1988). Death attitudes across the lifespan: The development and validation of the death attitude profile (DAP). *OMEGA—Journal of Death and Dying*, *18*(2), 113–128.
8. Lavoie, J., & de Vries, B. (2004). Identity and death: An empirical investigation. *OMEGA—Journal of Death and Dying*, *48*(3), 223–243.
9. Singh, R. R. (2012). *Death, contemplation, and Schopenhauer*. Ashgate.
10. Holcomb, L. E., Neimeyer, R. A., & Moore, M. K. (1993). Personal meanings of death: A content

analysis of free-response narratives. *Death Studies, 17*(4), 299–318.

11. Juhl, J., & Routledge, C. (2016). Putting the terror in terror management the-ory: Evidence that the awareness of death does cause anxiety and undermine psychological well-being. *Current Directions in Psychological Science, 25*(2), 99–103. https://doi.org/10.1177/0963721415625218
12. Taylor, S. E., & Brown, J. D. (1988). Illusion and well-being: A social psychological perspective on mental health. *Psychological Bulletin, 103*(2), 193.
13. Kesebir, P. (2014). A quiet ego quiets death anxiety: Humility as an existential anxiety buffer. *Journal of Personality and Social Psychology, 106*(4), 610–623.
14. Cicirelli, V. G. (2001). Personal meanings of death in older adults and young adults in relation to their fears of death. *Death Studies, 25*(8), 663–683.
15. Sinoff, G. (2017). Thanatophobia (death anxiety) in the elderly: The problem of the child's inability to assess their own parent's death anxiety state. *Frontiers in Medicine, 4*(11). https://doi.org/10.3389/fmed.2017.00011
16. Boyatzis, R., Smith, M. L., & Van Oosten, E. (2019). *Helping people change: Coaching with compassion for lifelong learning and growth*. Harvard Business Press.
17. DeWall, C. N., & Baumeister, R. F. (2007). From terror to joy: Automatic tuning to positive affective information following mortality salience. *Psychological Science, 18*(11), 984–990.
18. Gilbert, D. T., Pinel, E. C., Wilson, T. D., Blumberg, S. J., & Wheatley, T. P. (1998). Immune neglect: A source of durability bias in affective forecasting. *Journal of Personality and Social Psychology, 75*(3), 617–638.
19. Grant, A. M., & Wade-Benzoni, K. A. (2009). The hot and cool of death awareness at work: Mortality cues, aging, and self-protective and prosocial motivations. *Academy of Management Review, 34*(4), 600–622.
20. Greenberg, J., Solomon, S., & Pyszczynski, T. (1997). Terror management theory and research: Empirical assessments and conceptual refinements. In M. P. Zanna (Ed.), *Advances in experimental social psychology* (Vol. 29, pp. 61–139). Academic Press.
21. Yaakobi, E., Mikulincer, M., & Shaver, P. R. (2014). Parenthood as a terror management mechanism: The moderating role of attachment orientations. *Personality and Social Psychology Bulletin, 40*(6), 762–774. https://doi.org/10.1177/0146167214525473
22. Cozzolino, P. (2006). Death contemplation, growth, and defense: Converging evidence of dual-existential systems? *Psychological Inquiry, 17*(4), 278–287. https://doi.org/10.1080/10478400701366944
23. Rosenblatt, A., Greenberg, J., Solomon, S., Pyszczynski, T., & Lyon, D. (1989). Evidence for terror management theory I: The effects of mortality salience on reactions to those who violate or uphold

cultural values. *Journal of Personality and Social Psychology, 57*(4), 681–690.
24. Cox, C. R., Cooper, D. P., Vess, M., Arndt, J., Goldenberg, J. L., & Routledge, C. (2009). Bronze is beautiful but pale can be pretty: The effects of appearance standards and mortality salience on sun-tanning outcomes. *Health Psychology, 28*(6), 746.
25. Belmi, P., & Pfeffer, J. (2016). Power and death: Mortality salience increases power seeking while feeling powerful reduces death anxiety. *Journal of Applied Psychology, 101*(5), 702–720.
26. Roberts, T. A., Goldenberg, J. L., Power, C., & Pyszczynski, T. (2002). "Feminine protection": The effects of menstruation on attitudes towards women. *Psychology of Women Quarterly, 26*(2), 131–139. https://doi.org/10.1111/1471-6402.00051
27. McGregor, H. A., Lieberman, J. D., Greenberg, J., Solomon, S., Arndt, J., Simon, L., & Pyszczynski, T. (1998). Terror management and aggression: Evidence that mortality salience motivates aggression against worldview-threatening others. *Journal of Personality and Social Psychology, 74*(3), 590.
28. Frias, A., Watkins, P. C., Webber, A. C., & Froh, J. J. (2011). Death and gratitude: Death reflection enhances gratitude. *Journal of Positive Psychology, 6*(2), 154–162.
29. Kosloff, S., & Greenberg, J. (2009). Pearls in the desert: Death reminders provoke immediate derogation of extrinsic goals, but delayed inflation. *Journal of Experimental Social Psychology, 45*(1), 197–203.
30. Cozzolino, P. J., Staples, A. D., Meyers, L. S., & Samboceti, J. (2004). Greed, death, and values: From terror management to transcendence management theory. *Personality and Social Psychology Bulletin, 30*(3), 278–292.
31. Wade-Benzoni, K. A., Tost, L. P., Hernandez, M., & Larrick, R. P. (2012). It's only a matter of time: Death, legacies, and intergenerational decisions. *Psychological Science, 23*(7), 704–709. https://doi.org/10.1177/0956797612443967
32. Frias, A., Watkins, P., Webber, A., & Froh, J. (2011). Death and gratitude: Death reflection enhances gratitude. *Journal of Positive Psychology, 6*(2), 154–162. https://doi.org/10.1080/17439760.2011.558848
33. Vail, K. E., Juhl, J., Arndt, J., Vess, M., Routledge, C., & Rutjens, B. T. (2012). When death is good for life: Considering the positive trajectories of terror management. *Personality and Social Psychology Review, 16*(4), 303–329. https://doi.org/10.1177/1088868312440046
34. Jonas, E., Schimel, J., Greenberg, J., & Pyszczynski, T. (2002). The scrooge effect: Evidence that mortality salience increases prosocial attitudes and behavior. *Personality and Social Psychology Bulletin, 28*, 1342–1353. http://dx.doi.org /10 .1177 /014616702236834
35. Wade-Benzoni, K. A., Tost, L. P., Hernandez, M., & Larrick, R. P. (2012). It's only a matter of

time: Death, legacies, and intergenerational decisions. *Psychological Science, 23*, 704–709. http://dx.doi.org/10.1177/ 0956797612443967

36. Belmi, P., & Pfeffer, J. (2016). Power and death: Mortality salience increases power seeking while feeling powerful reduces death anxiety. *Journal of Applied Psychology, 101*(5), 702–720. https://doi.org/10.1037/apl0000076

37. Peterson, C., & Seligman, M. E. P. (2004). *Character strengths and virtues.* Oxford University Press; American Psychological Association Press.

38. Oren, G., Shani, A., & Poria, Y. (2019). Mortality salience—shedding light on the dark experience. *Journal of Heritage Tourism, 14*(5–6), 574–578. https://doi.org/10.1080/1743873X.2019.1585438

39. Arndt, J., Routledge, C., & Goldenberg, J. L. (2006). Predicting proximal health responses to reminders of death: The influence of coping style and health optimism. *Psychology and Health, 21*(5), 593–614.

40. Boyd, P., Morris, K. L., & Goldenberg, J. L. (2017). Open to death: A moderating role of openness to experience in terror management. *Journal of Experimental Social Psychology, 71*, 117–127. https://doi.org/10.1016/j.jesp.2017.03.003

41. Harmon-Jones, E., Simon, L., Greenberg, J., Pyszczynski, T., Solomon, S., & McGregor, H. (1997). Terror management theory and self-esteem: Evidence that increased self-esteem reduced mortality salience effects. *Journal of Personality and Social Psychology, 72*, 24–36.

42. Kastenbaum, R. (2004). *On our way: The final passage through life and death.* University of California Press.

第五章　當頭棒喝：與死神擦肩而過

1. Greyson, B. (1993). Varieties of near-death experience. *Psychiatry, 56*(4), 390–399.

2. Kuhl, D. (2002). *What dying people want: Practical wisdom for the end of life.* Public Affairs.

3. Tedeschi, R. G., & Calhoun, L. G. (2004). Posttraumatic growth: Conceptual foundations and empirical evidence. *Psychological Inquiry, 15*, 1–18.

4. Cole, B. S., & Pargament, K. I. (1999). Spiritual surrender: A paradoxical path to control. In W. R. Miller (Ed.), *Integrating spirituality into treatment: Resources for practitioners* (pp. 179–198). American Psychological Association.

5. Noyes, R. (2019). The human experience of death or, what can we learn from near-death experiences? In R. A. Kalish (Ed.), *The final transition* (pp. 51–60). Routledge.

6. Greyson, B. (2022). Persistence of attitude changes after near-death experiences: Do they fade over time? *Journal of Nervous and Mental Disease, 210*(9), 692–696.

7. Koo, M., Algoe, S. B., Wilson, T. D., & Gilbert, D. T. (2008). It's a wonderful life: Mentally

subtracting positive events improves people's affective states, contrary to their affective forecasts. *Journal of Personality and Social Psychology, 95*(5), 1217–1224.
8. Josselson, R. (2008). *Irvin D. Yalom: On psychotherapy and the human condition*. Jorge Pinto Books.
9. Dickens, C. (1905). *A Christmas carol*. Victor.
10. Miller, W. (2004). The phenomenon of quantum change. *Journal of Clinical Psychology, 60*(5), 453–460. https://doi.org/10.1002/jclp.20000

第六章　遺憾的好處

1. Saffrey, C., Summerville, A., & Roese, N. J. (2008). Praise for regret: People value regret above other negative emotions. *Motivation and Emotion, 32*(1), 46–54. https://doi.org/10.1007/s11031-008-9082-4
2. Leach, F. R., & Plaks, J. E. (2009). Regret for errors of commission and omission in the distant term versus near term: The role of level of abstraction. *Personality and Social Psychology Bulletin, 35*(2), 221–229.
3. Kedia, G., & Hilton, D. J. (2011). Hot as hell! The self-conscious nature of action regrets. *Journal of Experimental Social Psychology, 47*(2), 490–493.
4. Kedia, G., & Hilton, D. J. (2011). Hot as hell! The self-conscious nature of action regrets. *Journal of Experimental Social Psychology, 47*(2), 490–493.
5. Roese, N. J., & Summerville, A. (2005). What we regret most... and why. *Personality and Social Psychology Bulletin, 31*(9), 1273–1285.
6. Diener, E., & Seligman, M. E. (2002). Very happy people. *Psychological Science, 13*(1), 81–84.
7. King, L. A., & Hicks, J. A. (2007). Whatever happened to "what might have been"? Regrets, happiness, and maturity. *American Psychologist, 62*(7), 625–636.
8. Neimeyer, R. A., Currier, J. M., Coleman, R., Tomer, A., & Samuel, E. (2011). Confronting suffering and death at the end of life: The impact of religiosity, psychosocial factors, and life regret among hospice patients. *Death Studies, 35*(9), 777–800.
9. Orenstein, G. A., & Lewis, L. (2023). Eriksons stages of psychosocial develop-ment. [Updated November 7, 2022]. In: *StatPearls* [Internet]. StatPearls Publishing. https://www.ncbi.nlm.nih.gov/books/NBK556096/

第七章　習慣：削弱生命力的殺手

1. Dunn, W. W. (2000). Habit: What's the brain got to do with it? *Occupational Therapy Journal of Research, 20*(1 suppl), 6S–20S.
2. Sinclair, M. (2011). Is habit "the fossilised residue of a spiritual activity"? Ravaisson, Bergson,

Merleau-Ponty. *Journal of the British Society for Phenomenology, 42*(1), 33–52.

3. Avni-Babad, D., & Ritov, I. (2003). Routine and the perception of time. *Journal of Experimental Psychology: General, 132*(4), 543.

4. Avni-Babad, D., & Ritov, I. (2003). Routine and the perception of time. *Journal of Experimental Psychology: General, 132*(4), 543.

5. Ryan, R., & Deci, E. (2000). Self-determination theory and the facilitation of intrinsic motivation, social development, and well-being. *American Psychologist, 55*(1), 68–78. https://doi.org/10.1037/0003-066X.55.1.68

6. Nakamura, J., & Csikszentmihalyi, M. (2003). The construction of meaning through vital engagement. In C. Keyes & J. Haidt (Eds.), *Flourishing: Positive psychology and the life well-lived* (pp. 83–104). American Psychological Association. https://doi.org/10.1037/10594-004

7. Keshen, A. (2006). A new look at existential psychotherapy. *American Journal of Psychotherapy, 60*(3), 285–298.

8. Bench, S. W., & Lench, H. C. (2013). On the function of boredom. *Behavioral Sciences, 3*(3), 459–472.

9. Bagheri, L., & Milyavskaya, M. (2020). Novelty-variety as a candidate basic psychological need: New evidence across three studies. *Motivation and Emotion, 44*, 32–53.

10. González-Cutre, D., Sicilia, Á., Sierra, A., Ferriz, R., & Hagger, M. (2016). Understanding the need for novelty from the perspective of self-determination theory. *Personality and Individual Differences, 102*, 159–169. https://doi.org/10.1016/j.paid.2016.06.036

11. Kahneman, D., Diener, E., & Schwartz, N. (1999). *Well-being: Foundations of hedonic psychology*. Russell Sage Foundation.

12. González-Cutre, D., Romero-Elías, M., Jiménez-Loaisa, A., Beltrán-Carrillo, V. J., & Hagger, M. S. (2020). Testing the need for novelty as a candidate need in basic psychological needs theory. *Motivation and Emotion, 44*(2), 295–314.

13. Kashdan, T. B., & Silvia, P. J. (2009). Curiosity and interest: The benefits of thriving on novelty and challenge. In C. R. Snyder & S. J. Lopez (Eds.), *Oxford Handbook of Positive Psychology* (Vol. 2, pp. 367–374). Oxford University Press.

14. Gallagher, M. W., & Lopez, S. J. (2007). Curiosity and well-being. *Journal of Positive Psychology, 2*(4), 236–248.

15. Kashdan, T. B., Gallagher, M. W., Silvia, P. J., Winterstein, B. P., Breen, W. E., Terhar, D., & Steger, M. F. (2009). The curiosity and exploration inventory-II: Development, factor structure, and psychometrics. *Journal of Research in Personality, 43*(6), 987–998.

16. Oishi, S., & Westgate, E. C. (2022). A psychologically rich life: Beyond happiness and meaning.

Psychological Review, 129(4), 790.

第八章　增進生命的廣度：有趣＋玩樂＋生活的樂趣

1. Ryan, R. M., & Frederick, C. (1997). On energy, personality, and health: Subjective vitality as a dynamic reflection of well-being. *Journal of Personality, 65*(3), 529–565.
2. Uysal, R., Satici, S. A., Satici, B., & Akin, A. (2014). Subjective vitality as mediator and moderator of the relationship between life satisfaction and subjective happiness. *Educational Sciences: Theory and Practice, 14*(2), 489–497.
3. Kark, R., & Carmeli, A. (2009). Alive and creating: The mediating role of vitality and aliveness in the relationship between psychological safety and creative work involvement. *Journal of Organizational Behavior: The International Journal of Industrial, Occupational and Organizational Psychology and Behavior, 30*(6), 785–804.
4. Peterson, C., & Seligman, M. E. (2004). *Character strengths and virtues: A handbook and classification* (Vol. 1). Oxford University Press.
5. Cigna Healthcare. (2023). *Vitality: The next generation measure of health*. https://newsroom.cigna.com/the-state-of-vitality-in-the-united-states-chapter-1
6. Ryan, R. M., & Frederick, C. M. (1997). On energy, personality, and health: Subjective vitality as a dynamic reflection of well-being. *Journal of Personality, 65*, 529–565.
7. Kemp, S. (2023, January 26). *Digital 2023: Global overview report*. DataReportal. https://datareportal.com/reports/digital-2023-global-overview-report
8. Statista. (2023, June). *Average daily time spent watching TV per capita in the United States from 2009 to 2022, by age group*. https://www.statista.com/statistics/411775/average-daily-time-watching-tv-us-by-age/
9. Veerman, J. L., Healy, G. N., Cobiac, L. J., Vos, T., Winkler, E. A., Owen, N., & Dunstan, D. W. (2012). Television viewing time and reduced life expectancy: A life table analysis. *British Journal of Sports Medicine, 46*(13), 927–930.
10. Lebow, S. (2022, May 17). *Shifting patterns mean US adults are spending more time with media on entertainment devices*. Insider Intelligence. https://www.insiderintelligence.com/content/us-adults-spending-more-time-with-media
11. Akın, A. (2012). The relationships between internet addiction, subjective vitality, and subjective happiness. *Cyberpsychology, Behavior, and Social Networking, 15*(8), 404–410.
12. Hunt, M. G., Marx, R., Lipson, C., & Young, J. (2018). No more FOMO: Limiting social media decreases loneliness and depression. *Journal of Social and Clinical Psychology, 37*(10), 751–768.
13. Lebow, S. (2022, May 17). *Shifting patterns mean US adults are spending more time with media*

on entertainment devices. Insider Intelligence. https://www.insiderintelligence.com/content/us-adults-spending-more-time-with-media

14. European Society of Cardiology. (2018, August 28). *Take a vacation—it could prolong your life*. https://www.escardio.org/The-ESC/Press-Office/Press-releases/Take-a-vacation-it-could-prolong-your-life

15. Killingsworth, M. A., Kahneman, D., & Mellers, B. (2023). Income and emo-tional well-being: A conflict resolved. *PNAS, 120*(10), e2208661120. https://doi.org/10.1073/pnas.2208661120

16. Åkerstedt, T., Ghilotti, F., Grotta, A., Zhao, H., Adami, H. O., Trolle-Lagerros, Y., & Bellocco, R. (2019). Sleep duration and mortality—does weekend sleep matter? *Journal of Sleep Research, 28*(1), e12712.

17. Alves, A. J., Viana, J. L., Cavalcante, S. L., Oliveira, N. L., Duarte, J. A., Mota, J., Oliveira, J., & Ribeiro, F. (2016). Physical activity in primary and secondary prevention of cardiovascular disease: Overview updated. *World Journal of Cardiology, 8*(10), 575.

18. Ahmadi, M. N., Clare, P. J., Katzmarzyk, P. T., del Pozo Cruz, B., Lee, I. M., & Stamatakis, E. (2022). Vigorous physical activity, incident heart disease, and cancer: How little is enough? *European Heart Journal, 43*(46), 4801–4814.

19. Li, S., Lear, S. A., Rangarajan, S., Hu, B., Yin, L., Bangdiwala, S. I., Alhabib, K. F., Rosengren, A., Gupta, R., Mony, P. K., Wielgosz, A., Rahman, O., Mazapuspavina, M. Y., Avezum, A., Oguz, A., Yeates, K., Lanas, F., Dans, A., Abat, M. E.... & Yusuf, S. (2022). Association of sitting time with mortality and cardiovascular events in high-income, middle-income, and low-income countries. *JAMA Cardiology, 7*(8), 796–807.

20. GBD 2017 Diet Collaborators. (2019, April 3). *Health effects of dietary risks in 195 countries, 1990–2017: A systematic analysis for the Global Burden of Disease Study 2017*. https://www.thelancet.com/journals/lancet/article/PIIS0140-6736(19)30041-8/fulltext

21. Harvard School of Public Health. (2017). *The importance of hydration*. https://www.hsph.harvard.edu/news/hsph-in-the-news/the-importance-of-hydration /#:~:text=Drinking%20enough%20water%20each%20day,quality%2C%20cognition%2C%20and%20mood

22. Christakis, N. A., & Fowler, J. H. (2013). Social contagion theory: Examining dynamic social networks and human behavior. *Statistics in Medicine, 32*(4), 556–577.

23. Welzel, C., & Inglehart, R. (2010). Agency, values, and well-being: A human development model. *Social Indicators Research, 97*, 43–63.

24. Prilleltensky, I. (2016). *The laughing guide to well-being: Using humor and science to become happier and healthier*. Rowman & Littlefield.

25. Holt-Lunstad, J., Smith, T. B., & Layton, J. B. (2010). Social relationships and mortality risk: A meta-analytic review. *PLoS Medicine, 7*(7), e1000316.

26. Dutton, J. E. (2003) *Energize your workplace: How to create and sustain high-quality connections*

at work. Jossey-Bass.

27. Cigna Healthcare. (2023). *Vitality: The next generation measure of health*. https:// newsroom.cigna.com/the-state-of-vitality-in-the-united-states-chapter-1

28. Sianoja, M., Syrek, C. J., de Bloom, J., Korpela, K., & Kinnunen, U. (2018). Enhancing daily well-being at work through lunchtime park walks and relaxation exercises: Recovery experiences as mediators. *Journal of Occupational Health Psychology, 23*(3), 428.

29. Kashdan, T. B., & Silvia, P. J. (2009). Curiosity and interest: The benefits of thriving on novelty and challenge. *Oxford Handbook of Positive Psychology, 2*, 367–374.

30. Whillans, A. V., Weidman, A. C., & Dunn, E. W. (2016). Valuing time over money is associated with greater happiness. *Social Psychological and Personality Science, 7*(3), 213–222.

31. U.S. Bureau of Labor Statistics. (2022, August 22). *Men spent 5.6 hours per day in leisure and sports activities, women 4.9 hours, in 2021*. U.S. Department of Labor. https://www.bls.gov/opub/ted/2022/men-spent-5-6-hours-per-day-in-leisure-and-sports-activities-women-4-9-hours-in-2021.htm

32. Mansfield, L., Daykin, N., & Kay, T. (2020). Leisure and wellbeing. *Leisure Studies, 39*(1), 1–10.

33. Dweck, C. S. (2006). *Mindset: The new psychology of success*. Random House.

34. MacLeod, A. K., & Conway, C. (2005). Well-being and the anticipation of future positive experiences: The role of income, social networks, and planning ability. *Cognition & Emotion, 19*(3), 357–374.

35. McCullough, M. E. (2002). Savoring life, past and present: Explaining what hope and gratitude share in common. *Psychological Inquiry, 13*(4), 302–304.

第九章　增進生命的深度：追尋活著的意義

1. Frankl, V. E. (1985). *Man's search for meaning*. Simon and Schuster.

2. Baumeister, R. F., & Vohs, K. D. (2002). The pursuit of meaningfulness in life. *Handbook of Positive Psychology, 1*, 608–618.

3. Schnell, T. (2009). The sources of meaning and meaning in life questionnaire (SoMe): Relations to demographics and well-being. *Journal of Positive Psychology, 4*(6), 483–499. https://doi.org/10.1080/17439760903271074

4. Fredrickson, B. L., Grewen, K. M., Coffey, K. A., Algoe, S. B., Firestine, A. M., Arevalo, J. M., Ma, J., & Cole, S. W. (2013). A functional genomic perspective on human well-being. *Proceedings of the National Academy of Sciences, 110*(33), 13684–13689.

5. Gesser, G., Wong, P., & Reker, G. (1988). Death attitudes across the life-span: The development and validation of the death attitude profile (DAP). *Omega Journal of Death and Dying, 18*(2), 113–128. https://doi.org/10.2190/0DQB-7Q1E-2BER-H6YC

6. Routledge, C., & Juhl, J. (2010). When death thoughts lead to death fears: Mortality salience

increases death anxiety for individuals who lack meaning in life. *Cognition and Emotion*, *24*(5), 848–854. https://doi.org/10.1080/02699930902847144

7. Cohen, R., Bavishi, C., & Rozanski, A. (2016). Purpose in life and its relationship to all-cause mortality and cardiovascular events: A meta-analysis. *Psychosomatic Medicine*, *78*(2), 122–133. https://doi.org/10.1097/PSY.0000000000000274

8. Lawton, R. N., Gramatki, I., Watt, W., & Fujiwara, D. (2021). Does volunteering make us happier, or are happier people more likely to volunteer? Addressing the problem of reverse causality when estimating the wellbeing impacts of volunteering. *Journal of Happiness Studies*, *22*(2), 599–624.

9. Kumar, A., & Epley, N. (2023). A little good goes an unexpectedly long way: Underestimating the positive impact of kindness on recipients. *Journal of Experimental Psychology: General*, *152*(1), 236–252.

10. Schlegel, R. J., Hicks, J. A., Arndt, J., & King, L. A. (2009). Thine own self: True self-concept accessibility and meaning in life. *Journal of Personality and Social Psychology*, *96*(2), 473–490.

11. King, M. (2018). Working to address the loneliness epidemic: Perspective-taking, presence, and self-disclosure. *American Journal of Health Promotion*, *32*(5), 1315–1317.

12. Prilleltensky, I., & Prilleltensky, O. (2021). *How people matter: Why it affects health, happiness, love, work, and society*. Cambridge University Press.

13. Garssen, B., Visser, A., & Pool, G. (2021). Does spirituality or religion positively affect mental health? Meta-analysis of longitudinal studies. *International Journal for the Psychology of Religion*, *31*(1), 4–20.

14. Pew Research Center. (2015, November 3). *U.S. becoming less religious, Chapter 2: Religious practices and experiences*. https://www.pewresearch.org/religion/2015/11/03/chapter-2-religious-practices-and-experiences/

15. Bassett, J., & Bussard, M. (2018). Examining the complex relation among reli-gion, morality, and death anxiety: Religion can be a source of comfort and concern regarding fears of death. *Omega Journal of Death and Dying*. https://doi.org/10.1177/0030222818819343

16. Nakamura, J., & Csikszentmihalyi, M. (2009). Flow theory and research. *Handbook of Positive Psychology*, *195*, 206.

17. Calhoun, L. G., & Tedeschi, R. G. (Eds.). (2014). *Handbook of posttraumatic growth: Research and practice*. Routledge.

18. Rudd, M., Vohs, K. D., & Aaker, J. (2012). Awe expands people's perception of time, alters decision making, and enhances well-being. *Psychological Science*, *23*(10), 1130–1136.

19. Yaden, D. B., Iwry, J., Slack, K. J., Eichstaedt, J. C., Zhao, Y., Vaillant, G. E., & Newberg, A. B. (2016). The overview effect: Awe and self-transcendent experience in space flight. *Psychology of Consciousness: Theory, Research, and Practice*, *3*(1), 1–11.

20. Sturm, V. E., Datta, S., Roy, A. R. K., Sible, I. J., Kosik, E. L., Veziris, C. R., Chow, T. E., Morris, N. A., Neuhaus, J., Kramer, J. H., Miller, B. L., Holley, S. R., & Keltner, D. (2022). Big smile, small self: Awe walks promote prosocial positive emotions in older adults. *Emotion, 22*(5), 1044–1058.
21. Schnell, T. (2011). Individual differences in meaning-making: Considering the variety of sources of meaning, their density and diversity. *Personality and Individual Differences, 51*(5), 667–673. https://doi.org/10.1016/j.paid.2011.06.006
22. Shiba, K., Kubzansky, L. D., Williams, D. R., VanderWeele, T. J., & Kim, E. S. (2022). Purpose in life and 8-year mortality by gender and race/ethnicity among older adults in the US. *Preventive Medicine, 164*, 107310.
23. Alimujiang, A., Wiensch, A., Boss, J., Fleischer, N. L., Mondul, A. M., McLean, K., Mukherjee, B., & Pearce, C. L. (2019). Association between life purpose and mortality among US adults older than 50 years. *JAMA Network Open, 2*(5), e194270–e194270.
24. Pew Research Center. (2018, November 20). *Where Americans find meaning in life.* https://www.pewresearch.org/religion/2018/11/20/where-americans-find-meaning-in-life/
25. Schnell, T. (2009). The sources of meaning and meaning in life questionnaire (SoMe): Relations to demographics and well-being. *Journal of Positive Psychology, 4*(6), 483–499.
26. Nakamura, J., & Csikszentmihalyi, M. (2003). The construction of meaning through vital engagement. In C. Keyes and J. Haidt (Eds.), *Flourishing: Positive psychology and the life well-lived* (pp. 83–104). American Psychological Association. doi:10.1037/10594-004
27. Kretschmer, M., & Storm, L. (2018). The relationships of the five existential concerns with depression and existential thinking. *International Journal of Existential Psychology and Psychotherapy, 7*, 20.
28. Hoffman, I. Z. (1998). *Ritual and spontaneity in the psychoanalytic process: A dialectical-constructivist view*, p. 16. Analytic Press.

第十章　數字油畫：讓生活多采多姿的方法

1. Pink, D. H. (2019). *When: The scientific secrets of perfect timing*. Penguin.
2. Alter, A. L., & Hershfield, H. E. (2014). People search for meaning when they approach a new decade in chronological age. *Proceedings of the National Academy of Sciences, 111*(48), 17066–17070.
3. Turner, S. G., & Hooker, K. (2022). Are thoughts about the future associated with perceptions in the present? Optimism, possible selves, and self-perceptions of aging. *International Journal of Aging and Human Development, 94*(2), 123–137.
4. Levy, B. R., Slade, M. D., Kunkel, S. R., & Kasl, S. V. (2002). Longevity increased by positive self-perceptions of aging. *Journal of Personality and Social Psychology, 83*(2), 261.

5. Pew Research Center. (2009, June 9). *Growing old in America: Expectations vs. reality*. https://assets.pewresearch.org/wp-content/uploads/sites/3/2010/10/Getting -Old-in-America.pdf
6. Galfin, J. M., & Watkins, E. R. (2012). Construal level, rumination, and psycho-logical distress in palliative care. *Psycho-Oncology, 21*(6), 680–683.
7. Carstensen, L. L., Isaacowitz, D. M., & Charles, S. T. (1999). Taking time seriously: A theory of socioemotional selectivity. *American Psychologist, 54*(3), 165.
8. Kasser, T., & Sheldon, K. M. (2009). Time affluence as a path toward personal happiness and ethical business practice: Empirical evidence from four studies. *Journal of Business Ethics, 84*, 243–255.
9. Whillans, A. V., Dunn, E. W., Smeets, P., Bekkers, R., & Norton, M. I. (2017). Buying time promotes happiness. *Proceedings of the National Academy of Sciences, 114*(32), 8523–8527.
10. Nawijn, J., Marchand, M. A., Veenhoven, R., & Vingerhoets, A. J. (2010). Vaca-tioners happier, but most not happier after a holiday. *Applied Research in Quality of Life, 5*(1), 35–47.

第十一章　現在該怎麼做

1. Heidegger, M. (1962). *Being and time* (J. Macquarrie & E. Robinson, Trans.). Harper and Row. (Original work published 1927)
2. Thoreau, H. D. (2009). *The journal of Henry David Thoreau, 1837–1861.* New York Review Books. (Original work published 1859)
3. Hemingway, E. (2002). *Death in the afternoon*, p. 100. Simon and Schuster.

國家圖書館出版品預行編目 (CIP) 資料

只死一次的人生：一生不過 4000 週，與其倒數，不如行動，正向心理學教你如何立刻改變、不留遺憾／喬迪・威爾曼（Jodi Wellman）著；蕭寶森譯. -- 初版. -- 臺北市：遠流出版事業股份有限公司, 2025.09
面；　公分. --（大眾心理館；A3383）
譯自：You Only Die Once: How to Make It to the End with No Regrets.
ISBN 978-626-418-289-8（平裝）

1.CST: 自我實現　2.CST: 生活指導
177.2　　　　　　　　　　　　　114009011

大眾心理館 A3383

只死一次的人生

一生不過 4000 週，與其倒數，不如行動，正向心理學教你如何立刻改變、不留遺憾

You Only Die Once
How to Make It to the End with No Regrets

作者　喬迪・威爾曼（Jodi Wellman）
譯者　蕭寶森

責任編輯　洪淑暖
特約編輯　林怡君

出版四部
總編輯・總監　王秀婷
主編　洪淑暖、李佳姍

發行人　王榮文
出版發行　遠流出版事業股份有限公司
地址　104005 台北市中山北路一段 11 號 13 樓
客服電話　(02) 25710297　傳真：(02) 25710197
劃撥帳號　0189456-1
缺頁或破損的書，請寄回更換

ISBN 978-626-418-289-8
2025 年 9 月 1 日初版一刷
定價：新台幣 630 元

著作權顧問　蕭雄淋律師
有著作權・侵害必究 Printed in Taiwan

封面設計　朱陳毅
內頁排版　李秀菊

遠流博識網
http://www.ylib.com
客服信箱 ylib@ylib.com
FB 遠流粉絲團

Copyright © Jodi Wellman, 2024
This edition arranged with Wendy Sherman Associates, Inc. through Andrew Nurnberg Associates International Limited

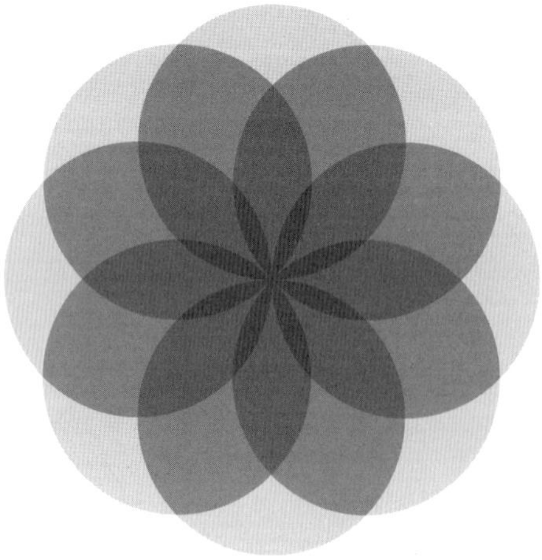